客户关系管理基础与实践

编著　马莉婷
参编　林　桓　施　玮　黄　晓

北京理工大学出版社
BEIJING INSTITUTE OF TECHNOLOGY PRESS

内容提要

本书立足于应用型本科高校的特点，注重培养学生的实践技能，较系统、全面地阐述了客户关系管理最重要的知识模块，包括客户关系管理概述、客户的识别及选择、客户开发、客户信息的收集、客户分级、客户沟通、客户满意、客户忠诚、客户流失及挽回、电子商务时代下的客户关系管理等十章。

本书体例形式丰富，每章开篇均设置有“学习目标”“导入案例”模块；在章节中穿插小案例及补充资料，设置有“小链接”模块；在每章最后均设置有“本章小结”“关键术语”“配套实训”“课后习题”“讨论案例”等模块。

本书不但可作为高等院校电子商务、市场营销、工商管理、国际经济与贸易、经济学、信息管理与信息系统、会计学、金融学等相关专业的教材，同时也可作为电子商务、市场营销相关从业及创业人员的学习参考用书。

图书在版编目（CIP）数据

客户关系管理基础与实践／马莉婷编著．—北京：北京理工大学出版社，2019.8（2022.8 重印）
ISBN 978－7－5682－7497－5

Ⅰ．①客…　Ⅱ．①马…　Ⅲ．①企业管理－供销管理－高等学校－教材　Ⅳ．①F274

中国版本图书馆 CIP 数据核字（2019）第 186200 号

出版发行／北京理工大学出版社有限责任公司
社　　址／北京市海淀区中关村南大街 5 号
邮　　编／100081
电　　话／（010）68914775（总编室）
（010）82562903（教材售后服务热线）
（010）68944723（其他图书服务热线）
网　　址／http://www.bitpress.com.cn
经　　销／全国各地新华书店
印　　刷／涿州市新华印刷有限公司
开　　本／787 毫米×1092 毫米　1/16
印　　张／11.5
字　　数／271 千字
版　　次／2019 年 8 月第 1 版　2022 年 8 月第 3 次印刷
定　　价／35.00 元

责任编辑／李慧智
文案编辑／李慧智
责任校对／周瑞红
责任印制／李志强

图书出现印装质量问题，请拨打售后服务热线，本社负责调换

前　言

随着市场竞争日益激烈，企业已意识到客户的重要性，这不仅关系到企业自身的利润，更加关系到企业的稳定与长远发展。如今，企业与企业之间的竞争焦点已转变为争夺客户，从而使客户关系管理的重要性愈加凸显。企业开始注重提升客户体验，以提升客户满意度，维系客户忠诚度。

本书系统阐述客户关系管理的理论和方法，使读者能了解建立客户关系、维护客户关系及挽救客户关系的思路，并能够根据企业特点识别客户、选择客户、区分客户、开发客户、与客户互动、提升客户满意度、维系客户忠诚度，为企业进行科学的客户关系管理打下基础。本书包括客户关系管理概述、客户的识别及选择、客户开发、客户信息的收集、客户分级、客户沟通、客户满意、客户忠诚、客户流失及挽回、电子商务时代下的客户关系管理等十章。每章开篇均设有“学习目标”“导入案例”模块；在章节中穿插小案例及补充资料，设置了“小链接”模块；在每章最后还设有“本章小结”“关键术语”“配套实训”“课后习题”“讨论案例”等模块。

本书是如下项目的研究成果：教育部2018年第二批产学合作协同育人项目（实践条件和实践基地建设项目）：跨境电子商务创新创业生态圈建设方案（项目编号：201802154071）；教育部2017年第二批产学合作协同育人项目（教学内容和课程体系改革项目）：基于中国（福建）自由贸易试验区的电子商务专业创新课程体系建设（项目编号：201702067015）；2018—2020年福建省终身教育重点项目（课题研究项目）：创新视角下终身教育电子商务教学资源建设研究；2018年福建省省级本科教学团队：电子商务创新创业实战实验教学型本科教学团队；2017年福建省高等学校创新创业教育改革项目（精品资源共享课）：电子商务创业实践（项目编号：17CXKC02）；2017年福建江夏学院校级教学团队项目：《电子商务》系列课程教学团队（项目编号：17JXTD07）；2016年福建江夏学院校级一般规划教材项目：客户关系管理基础与实践。

本书由福建江夏学院马莉婷教授担任主编，负责全书的策划、统稿工作。具体编写：第一、二、四章由马莉婷教授编写；第七、八、九、十章由福建商学院林桓讲师编写；第三、六章由阳光学院黄晓讲师编写；第五章由阳光学院施玮副教授编写。

本书的编写得到了彭丽芳教授、王洪利教授、范一青副教授的大力支持，在此深表感谢。本书参考了国内外同行的许多著作和文献，引用了部分资料，特向这些作者表示诚挚的谢意。

由于编者水平有限，加之时间仓促，书中难免存在不足之处，敬请专家、读者批评、指正。

马莉婷

目录

第一章　客户关系管理概述 …………………………………………………………（1）
导入案例　阿里巴巴在美国纳斯达克上市 ……………………………………………（1）
第一节　客户关系管理的起源和发展 …………………………………………………（2）
第二节　客户、客户关系、客户关系管理 ……………………………………………（3）
第三节　客户关系管理的研究内容、发展目标 ………………………………………（10）
本章小结 ……………………………………………………………………………（13）
关键术语 ……………………………………………………………………………（13）
配套实训 ……………………………………………………………………………（13）
课后习题 ……………………………………………………………………………（13）
讨论案例　苹果公司的客户关系管理 …………………………………………………（15）
第二章　客户的识别及选择 …………………………………………………………（17）
导入案例　唯品会的会员体系 …………………………………………………………（17）
第一节　客户识别 ……………………………………………………………………（19）
第二节　客户识别的内容、步骤 ………………………………………………………（20）
第三节　客户选择的要点 ………………………………………………………………（26）
第四节　客户选择的原则 ………………………………………………………………（29）
本章小结 ……………………………………………………………………………（31）
关键术语 ……………………………………………………………………………（32）
配套实训 ……………………………………………………………………………（32）
课后习题 ……………………………………………………………………………（32）
讨论案例　付费会员模式的奥秘 ………………………………………………………（33）
第三章　客户开发 …………………………………………………………………（35）
导入案例　安利客户开发的成功之道 …………………………………………………（35）
第一节　营销导向的开发理念 …………………………………………………………（36）

第二节 推销导向的开发策略 …… (46)
本章小结 …… (52)
关键术语 …… (52)
配套实训 …… (52)
课后习题 …… (53)
讨论案例 星巴克的客户关系管理 …… (53)
第四章 客户信息的收集 …… (55)
导入案例 贴心为客户服务的蓝天大酒店 …… (55)
第一节 客户信息及其重要性 …… (56)
第二节 客户信息处理流程 …… (59)
第三节 保护客户信息的安全性 …… (66)
本章小结 …… (69)
关键术语 …… (70)
配套实训 …… (70)
课后习题 …… (70)
讨论案例 八达通非法出售客户个人资料 …… (71)
第五章 客户分级 …… (73)
导入案例 汇丰银行客户分级管理 …… (73)
第一节 客户分级的意义 …… (74)
第二节 客户分级的方法 …… (75)
第三节 管理各级客户的策略 …… (81)
本章小结 …… (89)
关键术语 …… (90)
配套实训 …… (91)
课后习题 …… (91)
讨论案例 兴业银行家庭理财卡的客户分级 …… (92)
第六章 客户沟通 …… (95)
导入案例 招商银行的客户沟通 …… (95)
第一节 客户沟通的作用与内容 …… (97)
第二节 企业与客户沟通的途径 …… (98)
第三节 客户与企业沟通的途径 …… (101)
第四节 客户沟通方案设计 …… (102)
第五节 如何处理客户投诉 …… (105)
本章小结 …… (109)
关键术语 …… (109)
配套实训 …… (110)

课后习题 …… (110)
讨论案例 处理客户投诉的技巧 …… (110)
第七章 客户满意 …… (113)
导入案例 美国西南航空“讨好”顾客的故事 …… (113)
第一节 对客户满意及客户满意度的认识 …… (114)
第二节 衡量客户满意度的指标 …… (115)
第三节 影响客户满意的因素及提升客户满意的策略 …… (116)
本章小结 …… (123)
关键术语 …… (124)
配套实训 …… (124)
课后习题 …… (124)
讨论案例 万科的客户满意度打造 …… (125)
第八章 客户忠诚 …… (127)
导入案例 日本化妆品公司维持客户忠诚度的秘诀 …… (127)
第一节 对客户忠诚的认识 …… (128)
第二节 客户忠诚的类型 …… (131)
第三节 衡量客户忠诚度的指标 …… (132)
第四节 影响客户忠诚的因素及提升客户忠诚的策略 …… (134)
本章小结 …… (137)
关键术语 …… (138)
配套实训 …… (138)
课后习题 …… (138)
讨论案例 新航以优质服务塑造客户忠诚度 …… (139)
第九章 客户流失及挽回 …… (142)
导入案例 酒店的客户是怎样流失的? …… (142)
第一节 客户流失的原因 …… (143)
第二节 对客户流失的识别 …… (146)
第三节 正确对待客户流失 …… (147)
第四节 挽回流失客户的策略 …… (149)
本章小结 …… (150)
关键术语 …… (151)
配套实训 …… (151)
课后习题 …… (151)
讨论案例 宝洁面临的严峻挑战 …… (152)
第十章 电子商务时代下的客户关系管理 …… (153)
导入案例 星巴克客户关系管理战略创新 …… (153)

第一节　电子商务时代下客户关系管理的新特点 ……………………………… (154)
第二节　电子商务平台客户关系管理的流程 ……………………………… (155)
第三节　电子商务平台的客服工具及技巧 ……………………………… (158)
第四节　客户满意度调查的具体操作 ……………………………… (166)
第五节　电子商务平台客户关系管理案例 ……………………………… (172)
本章小结 ……………………………… (173)
关键术语 ……………………………… (173)
配套实训 ……………………………… (173)
课后习题 ……………………………… (174)
讨论案例　京东“以人为本”的客户关系管理 ……………………………… (175)
参考文献 ……………………………… (176)

第一章

客户关系管理概述

学习目标

◇ 知识目标

掌握客户、客户关系、客户关系管理的含义；客户及客户关系的分类；客户关系管理的研究内容、发展目标；

理解企业管理客户关系的意义；

了解客户关系管理的起源和发展；了解国内外常见的CRM软件。

◇ 技能目标

通过试用，体会CRM软件的功能；了解CRM在国内外的应用概况。

导入案例

阿里巴巴在美国纳斯达克上市

2014年9月19日21：30，阿里巴巴集团正式在纽约证券交易所（简称“纽交所”）敲钟上市，代码为BABA，按68元的招股价计算，融资规模超过218亿美元。股价报收93.89美元，涨幅达38.07%，成为全球最大的IPO。

阿里巴巴董事会主席马云、软银CEO孙正义等阿里巴巴高管、股东出现在了纽交所敲钟现场，但在台上敲响上市铜钟的是阿里巴巴的8名客户。8名客户分别为两位网店店主、快递员、用户代表、一位电商服务商、网络模特和云客服，来自美国的农场主皮特·维尔布鲁格（他的果园盛产车厘子，而这些水果通过天猫卖到了远在地球另一端的中国）。马云等阿里巴巴高管、股东，则在台下向他们挥手致意。马云希望以此展示其一直奉行“客户第一，员工第二，股东第三”的商业原则。

“我们奋斗了这么多年，不是为了让我们自己站在那里，而是为了让他们站在台上。我们努力15年的目的，是希望他们成功，因为我们相信只有他们成功了，我们才有可能成功。”马云在纽交所现场说。马云在接受美国媒体NBC采访时说到，他不关心股价，只关心能不能很好服务客户。他认为应该相信科技，相信年轻人。

讨论：马云奉行的商业原则与阿里巴巴的成功有何关联？

早在20世纪60年代，管理学界的泰斗彼得·德鲁克就指出，“企业经营的真谛是获得并留住客户”。如今，企业的竞争焦点已经由产品转移到争夺有限的客户资源上。

第一节　客户关系管理的起源和发展

一、客户关系管理的起源

在工业经济时代，企业通过提高生产效率以最大限度地降低成本，同时建立质量管理体系以控制产品质量，从而取得市场竞争优势。因此，工业经济时代是以“产品”生产为导向的卖方市场时代，也可称为产品经济时代。产品生产的标准化及企业生产规模的大小决定其市场竞争地位，企业管理最重要的目标就是成本控制和利润最大化。

生产力的不断进步逐渐改变了全社会生产能力不足和商品短缺的状况。随着商品越来越丰富并出现剩余，消费者的选择范围也越来越大，消费者占据了主导地位，全球市场步入了买方市场时代，企业管理的重点也从“以产品为中心”转变为“以客户为中心”。与此同时，消费者的需求开始呈现出差异化、个性化特征。为了提高客户的满意度企业必须充分收集客户信息、准确把握并快速响应客户需求的变化，提供便捷的购买渠道、个性化的产品及服务，并给予经常性的客户关怀。而且，企业也尝试着去衡量每一个客户可能带来的盈利能力，并委派专门的客户代表负责管理客户、维系客户关系。在此背景下，接触客户、管理企业与客户的关系显得越发重要，客户关系管理的重要性被普遍认同，相关理论、方法和工具也逐渐得到了完善。

（一）接触管理

20世纪80年代，美国出现的“接触管理”被认为是客户关系管理的起源。接触管理又称接触点管理，是指企业决定在什么时间（When）、什么地点（Where）、如何接触（How，包括采取什么接触点、何种方式）与客户或潜在客户进行接触，并达成预期沟通目标，以及围绕客户接触过程与接触结果处理所展开的管理工作。最初的客户关系管理系统应用范围较为有限，主要针对的是营销部门内部的解决方案，如销售能力自动化（Sales Force Automation，SFA）和客户服务支持（Customer Service Support，CSS）。

（二）客户关怀

20世纪90年代初期，接触管理演变为建立在电话服务中心和客户数据库营销基础上的“客户关怀（Customer Care，CC）”。在营销数据库的基础上，客户关怀中心提供了加强企业与客户之间关系的渠道。一些大型跨国公司为了避免残酷的价格竞争，纷纷设立独立的客户关怀部门，利用数据库获取和存储现实客户和潜在客户的信息，通过数据挖掘结果分析客户偏好，提供合适的产品和服务，在保留老客户的同时获取更多的新客户。客户关怀包括客户服务（向客户提供产品信息和服务建议）、产品质量（应符合有关标准、适合客户使用、保证安全可靠）、服务质量（与企业接触过程中客户的体验）和售后服务（售后查询、投诉、维护和修理）。

（三）具备整体交叉功能的 CRM 解决方案

20 世纪 90 年代中期，一些软件企业推出了具备整体交叉功能的 CRM（Customer Relationship Management，客户关系管理）解决方案，它把内部数据处理、销售跟踪、市场、客户服务请求等融为一体，为企业营销人员提供及时、全面的客户信息，使其清晰地了解每位客户的需求和购买情况，以便提供相应的服务。这一时期，CRM 系统的功能以 SFA 为主。到了 90 年代后期，CRM 得到了大量企业的广泛应用。

（四）CRM 管理理念和战略的提出

20 世纪 90 年代末期，CRM 受到企业、学者和政府的高度重视，并被提升到了管理理念和战略的高度。美国 IBM、Gartner 等企业认为 CRM 的产生与新经济和新技术有关，新经济促使了市场自由化，带来了竞争和客户个性化，而 CRM 成为有效满足客户个性化的关键。

客户关系管理最早是由美国 Gartner Group（高德纳咨询公司）于 1997 年正式提出的。Gartner Group 认为，所谓的客户关系管理就是为企业提供全方位的管理视角，赋予企业更完善的客户交流能力，最大化客户的收益率。随着管理学和营销学理念的不断发展与演变，客户关系管理的重要性日益被企业所重视，与客户关系管理有关的理论研究也不断深入。

二、客户关系管理的发展

1999 年，CRM 的理念传入我国。2000 年下半年，我国开始对 CRM 进行深入研究，并形成了 CRM 的开发热潮。2000 年年末，Oracle 公司邀请合作伙伴 HP、EMC 和普华永道在北京共同举办了“想客户所想”客户关系管理应用研讨会；2000 年 10 月，Avaya 公司也举办了一场声势浩大的“CRM 论坛”；IBM 公司将 12 月定为“CRM”月，同时利用公司网站进行解决方案的“热卖活动”。2000 年 12 月，我国信息化部举办了“首届客户关系管理国际研讨会”，从而掀起了我国客户关系管理研究与应用的热潮。

在我国，CRM 的应用已经覆盖了几乎所有的行业，但不同行业的应用程度有所差别。调查显示，CRM 应用最广泛的是金融、电信及 IT（软、硬件及相关领域）行业，这些行业中的企业信息化程度较高，自身业务流程较为完整，通过应用 CRM 或部分功能往往能迅速建立起与客户之间的有效价值链，产生良好的效应。

第二节　客户、客户关系、客户关系管理

一、对客户的认识

（一）客户

客户是指购买企业产品或服务的个人或企业组织，同时也泛指企业的内部员工，代理商、分销商等合作伙伴，以及企业价值链中的上下游伙伴，甚至竞争对手等。

小链接

营销对象、客户、消费者、用户

营销对象（Marketing Target）：企业营销活动的客体，即假想的目标客户群和影响到的受众；

客户（Customer）：购买或者有意购买企业产品和服务的群体，即包括现实客户和潜在客户；

消费者（Consumer）：是指以生活消费为目的，购买或使用产品和服务的人，换句话说，消费者必须是产品或服务的最终使用者；

用户（User）：正在使用产品或服务的个人或群体，用户可能不是购买的客户而仅仅是使用者。

下面，举例说明营销对象、客户、消费者、用户之间的区别。例如，Y超市销售特仑苏牛奶，那么Y超市即为特仑苏牛奶的客户，但不是消费者；王先生从电视上看到特仑苏牛奶的广告，则王先生为特仑苏的营销对象；进而，王先生从Y超市购买特仑苏牛奶送给生病住院的朋友，那么王先生就成为Y超市的客户，而王先生的朋友则是特仑苏牛奶的消费者或用户。

（二）客户的形成

对于企业而言，对客户的模糊认识形成了猜想客户；进而，当有了更为明确的对客户的预期后，形成了预期客户。预期客户中的合格者，通过企业的努力，开发成功，就成为现实客户。现实客户又可以分为首次购买客户、重复购买客户，进而发展成为企业的成员、拥护者直至合伙人。当然，在任何一种状态下，客户都有可能停止购买，发生流失。客户的形成过程如图1－1所示。

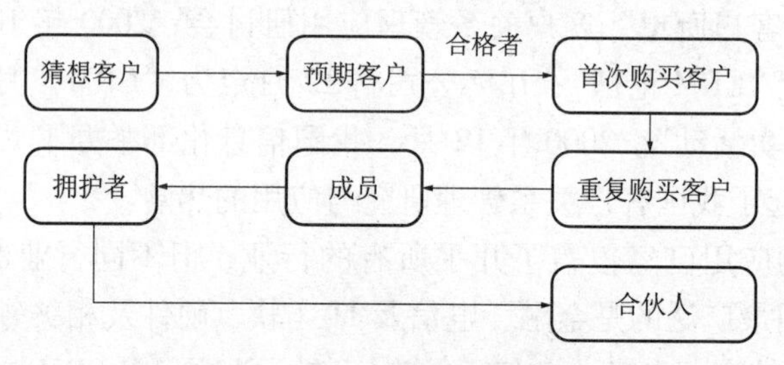

图1－1　客户的形成过程

猜想客户是企业从自身角度出发，需要考虑目前正在研发、销售的产品，主要用于满足客户的哪些需求。

预期客户是指企业根据生产出的产品和前期猜想，预测客户群体的特征。如企业预测某产品更适合“80后”人群的需求；也可按照爱好、性格、地域及个性需求等进行客户群体细分，从而筛选出更加合适、精准的客户群体。

（三）客户的分类

1. 以客户与企业的关系为分类标准

以客户与企业的关系为分类标准，可以分为非客户、潜在客户、目标客户、现实客户和流失客户。

（1）非客户。

非客户是指没有与企业产生交易，不太可能购买企业产品或服务的群体。

（2）潜在客户。

潜在客户是指对企业产品或服务存在需求且具备购买能力的待开发客户。这类客户与企业存在着销售合作机会，属于企业有待挖掘并需大力争取的客户。

（3）目标客户。

目标客户是指企业或商家提供产品、服务的对象。目标客户属于企业主动瞄上的群体。识别目标客户是企业市场营销工作的开端，通过有针对性地开展营销活动，可将目标客户开发为现实客户。

（4）现实客户。

现实客户是指企业产品或服务的现实购买群体，属于购买需求已经得到满足的客户。

（5）流失客户。

流失客户是指曾经使用过企业产品，但现在不再购买的客户。

2. 以客户来源的部门为分类标准

以客户来源的部门为分类标准，客户可以分为终端客户、中间客户、公利客户。终端客户是指企业产品或服务的直接消费者，包括个人客户和企业客户；中间客户购买企业产品或服务，但并非直接的消费者，如批发商、零售商；公利客户是指代表公众利益，向企业提供资源，然后直接或间接从企业获利中收取一定比例费用的客户，如政府机构、行业协会或新闻媒体等。

3. 以客户所处的地域为分类标准

以客户所处的地域为分类标准，客户可以分为国内客户、国外客户、本区域客户、外区域客户等。

4. 以客户的结算方式为分类标准

以客户的结算方式为分类标准，客户可以分为现金客户、预付款客户、赊销客户等。

5. 以客户所欠应收款情况为分类标准

以客户所欠应收款情况为分类标准，客户可以分为无欠款客户、短期欠款客户、长期欠款客户、呆死账客户等。

6. 以客户对企业的赢利贡献为分类标准

以客户对企业的赢利贡献为分类标准，客户可以分为 VIP 客户、主要客户、普通客户和小客户。

（1）VIP 客户。

VIP 客户的购买金额在企业的销售额中占有的比例最大，对企业贡献的价值最大，他们位于金字塔的顶层，一般情况下占企业客户总量的 1% 左右。

（2）主要客户。

主要客户指的是除 VIP 客户外，购买金额所占的比例较多，能够为企业提供较高利润的客户。这种类型的客户约占企业客户总量的 4%。

（3）普通客户。

普通客户的购买金额所占的比例一般，能够为企业提供一定的利润，占企业客户总量的

15%左右。

（4）小客户。

小客户占企业客户总量的80%左右。虽然人数众多，但其能为企业提供的盈利却不多，他们位于金字塔的底层。

7. 以客户提供的价值能力为分类标准

以客户提供的价值能力为分类标准，可将客户分为灯塔型客户、跟随型客户、理性客户和逐利客户。

（1）灯塔型客户。

灯塔型客户是指具有某一典型的基本特征的客户，如对新生事物和新技术非常敏感，喜欢新的尝试，对价格不敏感，是潮流的领先者。这类客户多在产品引入期就会尝试首次购买，能为企业贡献很高的价值。

（2）跟随型客户。

跟随型客户是真正的感性消费者，他们比较在意产品能带给自己的心理满足和情感特征，对价格不一定敏感，但十分注重产品的品牌形象。

（3）理性客户。

理性客户在购买产品时比较谨慎，他们相信自己的判断，会从多方面进行比较，不完全依赖于某一品牌，对产品的质量、价格等较为敏感。此类客户不具备交易价值，只能为企业提供购买价值和口碑价值。

（4）逐利客户。

逐利客户对价格较为敏感，一般会在某产品的价格具有较强吸引力的时候选择购买，或者是在产品进入成熟期后期或衰退期时，价格下降到期望的最低点时，才会尝试首次购买。此类客户只能为企业提供最基本的购买价值与信息价值。

小链接

新潮的客户细分

“新潮”是一家主要通过产品目录和互联网销售女性服饰和配件的零售商。通过对客户交易历史和反馈数据进行细分，“新潮”发现其客户可分为两类：一类是对价格变化比较敏感的客户；另一类是偏好名牌，通过穿戴名牌来提升自身形象的客户。

根据客户细分结果，“新潮”决定改变以往使用单一产品目录的营销方式，决定对不同客户采用不同的促销方案。对价格敏感的客户进行折价促销；对注重品牌形象的客户强调潮流和时尚，但没有价格优惠，以免给客户带来产品是廉价货的印象。调整营销策略后，“新潮”的销售业绩大幅提升。

二、对客户关系的认识

（一）客户关系

（1）客户关系是指企业与客户之间的相互作用、相互影响、相互联系的状态。

（2）理解客户关系需要注意的要点。

①客户关系有生命周期，包含客户关系的建立、发展、维持甚至破裂等阶段。

②企业在加强客户关系的同时，不仅要关注关系的行为特性，也要考虑客户的感觉等非物质的情感因素，情感因素难以被竞争对手模仿，有利于形成企业的核心竞争力。

③客户关系的建立有时间跨度，企业需要有足够的耐心和毅力去培养客户关系。

④交易的完成并非客户关系的结束，而仅仅是开始；企业应秉承关系营销的思维而非交易营销。

⑤在供过于求的时代，客户要求较高，一般较为挑剔，要注重提升客户体验，否则企业的努力可能功亏一篑。

（二）客户关系的类型

1. 基本型

基本型的客户关系表现为销售人员把产品销售出去后就不再与客户接触。

2. 被动型

被动型的客户关系表现为销售人员把产品销售出去，同意或鼓励客户在遇到问题或有意见时联系企业。

3. 负责型

负责型的客户关系表现为产品销售完成后，企业及时联系客户，询问产品是否符合客户的要求，有何缺陷或不足，有何意见或建议，以帮助企业不断改进产品，使之更加符合客户的需求。

4. 能动型

能动型的客户关系表现为销售完成后，企业不断联系客户，询问有关改进产品的建议并提供新产品的信息。

5. 伙伴型

伙伴型的客户关系表现为企业不断地协同客户努力，帮助客户解决问题，支持客户的成功，实现共同发展。

（三）企业管理客户关系的意义

1. 有效整合企业对客户服务的各种资源

通过管理客户关系，企业可以将为客户服务的各类资源如QQ、MSN、阿里旺旺、E-mail、Newsgroup（新闻组）、FAQ（常见问题解答）、Call Center（呼叫中心）、微信、微博等进行整合，为客户提供个性化、高效、满意的服务。

2. 提升销售额与利润率

利用CRM系统提供的多渠道的客户信息，可以确切了解客户的需求，增加销售的成功概率，有效提升销售额，促进增量购买和交叉购买。同时，由于对客户信息的充分把握，业务人员能够有效地把握客户需求，抓住客户的兴趣点，开展针对性销售，避免通过降价的途径获得交易机会，从而提升利润率。客户保留增加5%带来的利润增长比例如表1－1所示。

表1-1 客户保留增加5%带来的利润增长比例

行业	利润增长/%
广告代理业	95
银行储蓄	85
出版业	85
汽车家庭保险业	84
汽车服务业	81
信用卡	75
配送业	45
软件业	35

莱赫尔在对一些行业进行细致的量化研究后，发现客户保留或忠诚度每增加5%，利润的增长是巨大的，为35%～95%不等。

3. 提高客户满意度与忠诚度

客户关系管理为客户提供形式多样的沟通渠道，同时确保各类沟通方式中数据的一致性与连贯性，可以有效地收集客户的信息。利用收集到的客户信息，企业可以更好地了解客户的个性化需求，并对客户需求做出迅速而正确的反应，从而提高客户的满意度，进而提高客户的忠诚度。

4. 降低企业的营销成本

由于对客户进行识别和群组分类，并对其特征进行分析，描绘了精准的用户画像，企业市场推广与营销策略的针对性大幅提升，既节省了时间和资金，又有效降低了企业的营销成本。

小链接

增量购买、交叉购买

增量购买是指客户增加已购产品的购买数量。比如客户原计划购买10件A产品，现在决定一次性购买20件A产品。

交叉购买是指客户购买该企业生产的其他产品或拓展与该企业的业务范围。比如客户最初购买海尔洗衣机，觉得很满意，又继续购买了海尔的其他家用电器。

三、对客户关系管理的认识

（一）客户关系管理

关于客户关系管理的定义，目前学术界和企业界还没有统一的定义，都从不同角度提出了自己的观点。

Gartner Group（高德纳咨询公司）最早提出客户关系管理的定义，认为客户关系管理是整个企业范围内的战略，这个战略目标通过组织细分市场，培养客户满意行为，将从供应商到客户的系列处理过程联系在一起，使得利润、收益、客户满意度最大化。

GRM Guru. com 认为客户关系管理是在营销、销售和服务业务范围内，对现实的和潜在的客户关系及业务伙伴关系进行多渠道管理的一系列过程和技术。

IBM 认为客户关系管理是指与客户建立起长期、稳定、相互信任的密切关系，从而为企业吸引新客户，维系老客户，提高效率和竞争优势。

SAP 认为客户关系管理的核心是对客户数据的管理。客户数据库是企业最重要的数据中心，记录了企业在整个市场营销与销售的过程中和客户发生的各种交互行为，以及各类有关活动的状态，并提供各类数据的统计模型，为后期的分析和决策提供支持。

综上，可以对客户关系管理做出如下较为全面的定义：

客户关系管理是运用现代信息技术挖掘和积累客户信息，有针对性地为客户提供有价值的产品和服务，发展和改善客户关系，提升客户的满意度和忠诚度，培养客户长期的忠诚度，以提高企业竞争力，实现客户价值最大化和企业收益最大化之间的平衡。

客户关系管理是现代信息技术、经营理念和管理思想的结合体，它以信息技术为手段，通过对以“客户为中心”的业务流程的重新组合和设计，形成一个自动化的解决方案，以提高客户的忠诚度，最终实现业务操作效益的提高和利润的增长。

（二）客户关系管理的关键

可见，客户关系管理是提升企业的绩效和竞争力的策略。其核心是“以客户为中心”，其策略是提高客户满意度（Customer Satisfaction），信息技术是其重要的手段和基础。

案 例

泰国东方饭店的成功秘诀

泰国的东方饭店堪称亚洲饭店之最，几乎天天客满，不提前一个月预定是很难有入住机会的，而且客人大都来自西方发达国家。泰国在亚洲算不上特别发达，但为什么会有如此诱人的饭店呢？他们靠的是真功夫，是非同寻常的客户服务，也就是客户关系管理。

著名的管理培训专家余世维先生曾经在他的讲座中谈到过自己的亲身经历。他因公务经常出差泰国，并下榻泰国东方饭店，第一次入住时良好的饭店环境和服务就给他留下了深刻的印象，当他第二次入住时几个细节更使他对饭店的好感迅速升级。

那天早上，在他走出房门准备去餐厅的时候，楼层服务生恭敬地问道：“余先生是要用早餐吗？”余先生很奇怪，反问：“你怎么知道我姓余？”服务生说：“我们饭店规定，晚上要背熟所有客人的姓名。”这令余先生大吃一惊，因为他频繁往返于世界各地，入住过无数高级酒店，但这种情况还是第一次碰到。

余先生高兴地乘电梯下到餐厅所在的楼层，刚刚走出电梯门，餐厅的服务生就说：“余先生，里面请。”余先生更加疑惑，因为服务生并没有看到他的房卡，就问：“你知道我姓余？”服务生答：“上面的电话刚刚下来，说您已经下楼了。”如此高的效率让余先生再次大吃一惊。

余先生刚走进餐厅，服务生微笑着问：“余先生还要老位子吗?”余先生的惊讶再次升级，心想：“尽管我不是第一次在这里吃饭，但最近的一次也有一年多了，难道这里的服务生记忆力那么好?”看到余先生惊讶的目光，服务生主动解释说：“我刚刚查过电脑记录，您在去年的6月8日在靠近第二个窗口的位子上用过早餐。”余先生听后兴奋地说：“老位子！老位子!”服务生接着问：“老菜单？一个三明治，一杯咖啡，一个鸡蛋?”现在余先生已经不再惊讶了，“老菜单，就要老菜单!”余先生已经兴奋到了极点。

上餐时餐厅赠送了余先生一碟小菜，由于这种小菜余先生是第一次看到，就问：“这是什么?”服务生后退两步说：“这是我们特有的某某小菜。”服务生为什么要先后退两步呢？他是怕自己说话时口水不小心落在客人的食品上，这种细致的服务不要说在一般的酒店，就是美国最好的饭店里余先生都没有见过。这一次早餐给余先生留下了终生难忘的印象。

后来，由于业务调整的原因，余先生有三年的时间没有再到泰国去，在余先生生日的时候突然收到了一封泰国东方饭店发来的生日贺卡，里面还附了一封短信，写着：“亲爱的余先生，您已经有三年没有来过我们这里了，我们全体人员都非常想念您，希望能再次见到您。今天是您的生日，祝您生日愉快。”余先生当时激动得热泪盈眶，发誓如果再去泰国，绝对不会到任何其他的饭店，一定要住在泰国东方饭店，而且要说服所有的朋友也像他一样选择泰国东方饭店。余先生看了一下信封，上面贴着一枚六元的邮票。六块钱就这样买到了一颗心，这就是客户关系管理的魔力。

泰国东方饭店非常重视培养忠实的客户，并且建立了一套完善的客户关系管理系统，使客户入住后可以得到无微不至的人性化服务。用他们的话说，只要每年有十分之一的老顾客光顾，饭店就会永远客满。这就是泰国东方饭店成功的秘诀。

小链接

CRM 软件

目前，CRM 市场上比较知名的国内软件有用友、天剑、Turbo CRM、金蝶、联想、彩练、中圣、易达伟业、奥捷特、维音数码、讯鸟软件、汇卓科技、浪潮通软等。而在中高端市场，国外品牌占有很高的市场份额，比如 Oracle siebel、SAP、Salesforce 、Avaya 呼叫中心等。

第三节　客户关系管理的研究内容、发展目标

一、客户关系管理的研究内容

（一）建立客户关系

建立客户关系包括三个环节：认识客户，选择客户，开发客户。

（二）维护客户关系

维护客户关系包括五个环节：对客户信息的掌握，对客户的分级，与客户进行互动与沟通，对客户进行满意度分析，并实现客户的忠诚。

（三）挽救客户关系

在客户关系破裂的情况下，应注重恢复客户关系，挽回已流失客户。

二、客户关系管理的“三维”发展目标

（一）更多

“更多”即通过客户关系管理带动客户数量的增长。企业应注重维系老客户，同时需要采用多种途径开发客户，不断增加新客户，以扩充企业的客户资源。通过图 1－2，可以加深对“更多”的理解。

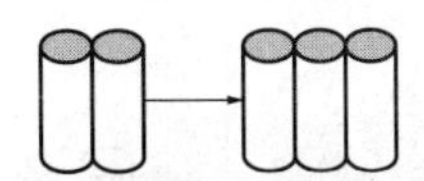

图 1－2　客户关系管理的三维发展目标（更多）

客户保持率对客户基数的影响如表 1－2 所示。2019 年 A、B 两家企业都拥有 1 000 名客户，每年新增的客户数都为 100 人。但由于 A 企业与客户保持着比较密切的关系，所以客户的流失率为 5%，而 B 企业的客户流失率为 10%。短短三年之后，A 企业的客户总数量比 B 企业高出了 9.9%，可见客户保持的重要性。庞大的客户基数也意味着更大的利润源泉和竞争优势。

表 1－2　客户保持率对客户基数的影响

单位：人

年份	A 企业（客户流失率 5%）			B 企业（客户流失率 10%）		
	现有客户数	新增客户数	总客户数	现有客户数	新增客户数	总客户数
2019	1 000	100	1 100	1 000	100	1 100
2020	1 045	100	1 145	990	100	1 090
2021	1 088	100	1 188	981	100	1 081

可以通过挖掘和获取新客户、赢返流失客户、识别新的细分市场以达到“更多”的目标。

小链接

强生“宝宝用好，您用也好”

强生公司 1887 年成立于美国，是世界最具综合性、分布范围最广的健康护理产品制造商、健康服务提供商。“强生婴儿”是强生公司全球知名的婴儿护理品牌。100 多年以来，

强生婴儿受到了几代妈妈的信赖，这个商标，包含着妈妈和宝宝之间奇妙的感情纽带，被众多消费者和保健专家们认为是婴儿护理方面的专业品牌。“强生婴儿”系列洗护产品在包装上标明“宝宝用好，您用也好”，刷新了成年消费者对“强生婴儿”系列洗护产品的认知，成功地将其细分市场由婴幼儿市场拓展到了成人市场。

（二）更久

“更久”即延长客户生命周期。客户生命周期（Customer Lifetime Circle，CLC）是指从企业与客户建立业务关系到完全终止关系的全过程。客户生命周期是客户关系水平随时间变化的发展轨迹，它动态地描述了客户关系在不同阶段的总体特征。客户生命周期可分为考察期、形成期、稳定期和退化期等四个阶段。考察期是客户关系的孕育期，形成期是客户关系的快速发展阶段，稳定期是客户关系的成熟期和理想阶段，退化期是客户关系水平发生逆转的阶段。“更久”可以通过培养客户忠诚度、挽留有价值的客户、减少客户流失、放弃无潜在价值的客户等来延长客户生命周期，与客户保持长期关系。通过图1－3，可以加深对“更久”的理解。

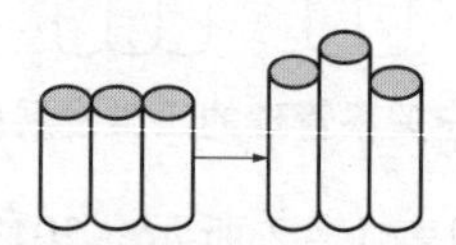

图1－3　客户关系管理的三维发展目标（更久）

（二）更深

“更深”即促进客户关系质量的全面提升。企业应注重客户关怀，维护客户关系，以提升客户为企业贡献的价值。“更深”的实现途径有：交叉销售、追加销售及购买升级等。

1. 交叉销售

交叉销售也称关联营销、交叉购买，是指借助CRM，发现客户的多种需求，并通过满足其需求而销售多种相关服务或产品的营销方式。比如，淘宝网店的搭配套餐，可以为客户推荐关联商品组合，并制定套餐组合优惠价，从而吸引客户购买套餐，既提升了客单价，又有效地满足了客户“一站式购齐所需物品”的需求。

2. 追加销售

追加销售是既能提高利润，又能提升客户满意度的双赢策略。即通过努力，为客户已经愿意进行的交易进一步增加产品的感知价值，同时提供增值服务供客户购买，以提升企业利润。

3. 购买升级

购买升级是指由于对企业及其产品、服务的信任度提升，客户从购买低利润率的商品转至购买高利润率的商品，为企业贡献更大的价值。通过图1－4，可以加深对“更深”的理解。

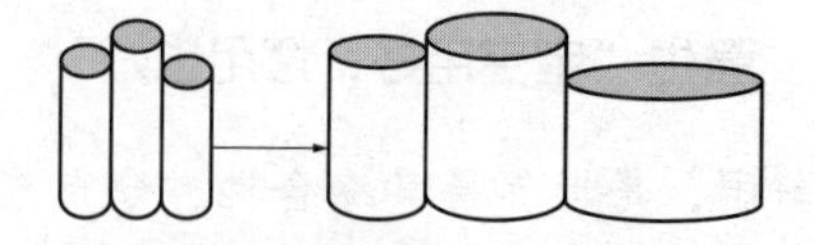

图1－4　客户关系管理的三维发展目标（更深）

本章小结

在当前“以客户为中心”的经济时代，企业管理必须要从“产品导向”转变为“客户导向”，只有快速响应并满足客户个性化与其瞬息万变的需求，企业才能在激烈的市场竞争中得以生存和发展。

客户是指购买企业产品或服务的个人或企业组织，同时也泛指企业的内部员工，代理商、分销商等合作伙伴，以及企业价值链中上、下游伙伴，甚至竞争对手等。

客户关系是指企业与客户之间的相互作用、相互影响、相互联系的状态。

客户关系包括基本型、被动型、负责型、能动型、伙伴型等类型。

企业管理客户关系的意义在于可以有效整合企业对客户服务的各种资源、提升销售额与利润率、提高客户满意度与忠诚度、降低企业的营销成本。

客户关系管理（Customer Relationship Management，CRM）是运用现代信息技术挖掘和积累客户信息，有针对性地为客户提供有价值的产品和服务，发展和改善客户关系，提升客户的满意度和忠诚度，培养客户长期的忠诚度，以提高企业竞争力，实现客户价值最大化和企业收益最大化之间的平衡。

客户关系管理是提升企业的绩效和竞争力的策略。其核心是“以客户为中心”，其策略是提高客户满意度（Customer Satisfaction），信息技术是其重要的手段和基础。

客户关系管理的研究内容包括建立客户关系、维护客户关系及挽救客户关系。

客户关系管理的“三维”发展目标是更多、更久和更深。

关键术语

客户	客户关系	客户关系管理	非客户
潜在客户	目标客户	现实客户	流失客户
增量购买	交叉购买	购买升级	

配套实训

1. 上网搜集资料，归纳总结 CRM 在我国应用的概况和技术发展趋势。
2. 在线注册试用微软的 Dynamic CRM 或其他公司的 CRM 在线版，撰写试用报告。

课后习题

一、单选题

1. 在日益激烈的市场竞争环境下，企业仅靠产品的质量已经难以留住客户，（　　）成为企业竞争致胜的另一张王牌。

A. 产品　　B. 服务　　C. 渠道　　D. 价格

2. 在电子商务时代，企业客户关系管理的核心理念是（　　）。

A. 企业利润最大化　　B. 以产品为中心

C. 以客户为中心　　D. 以技术应用为中心

3. （　　）指的是正在使用产品或服务的个人或群体。

A. 客户　　B. 营销对象　　C. 用户　　D. 消费者

4. （　　）不属于以客户来源为分类标准对客户进行分类的结果。

A. 终端客户　　B. 中间客户　　C. 赊销客户　　D. 公利客户

5. （　　）的客户关系表现为企业不断地协同客户努力，帮助客户解决问题，支持客户的成功，实现共同发展。

A. 基本型　　B. 负责型　　C. 能动型　　D. 伙伴型

6. 企业实施客户关系管理的最终目标是（　　）。

A. 把握客户的消费动态

B. 针对客户的个性化特征提供个性化服务，最大化客户的价值

C. 做好客户服务工作

D. 尽可能多地收集客户信息

二、多选题

1. 下列属于广义上的“客户”的有（　　）。

A. 企业价值链中的上下游伙伴

B. 竞争对手

C. 企业的内部员工

D. 相关企业

2. 下列属于按客户与企业的关系进行分类的客户群体有（　　）。

A. 潜在客户　　B. 现实客户　　C. 目标客户　　D. 流失客户

3. 下列关于客户关系管理理念的说法，正确的是（　　）。

A. 客户关系管理是一套智能化的信息处理系统

B. 客户关系管理是提升企业的绩效和竞争力的策略

C. 要求企业“以客户为中心”的业务模式向“以产品为中心”的业务模式转变

D. 要求通过先进的现代信息技术发展来支持、改进业务流程

三、判断题

1. 只有大型企业才需要实施客户关系管理，小型企业不需要。（　　）

2. 消费者是分层次的，而客户可以看成一个整体，不需要进行严格区分。（　　）

3. 实施客户关系管理是指企业要购买一个CRM软件，然后运用于企业内部管理。（　　）

4. 维持老客户的成本要大大高于获取新客户的成本。（　　）

5. 客户关系管理的目标是实现向“更多”“更久”“更深”的客户关系发展。（　　）

四、问答题

1. 如何理解客户、客户关系、客户关系管理？
2. 如何理解客户、营销对象、消费者、用户之间的区别？
3. 如何对客户进行分类？
4. 客户关系有哪些类型？
5. 客户关系管理的研究内容有哪些？
6. 如何理解客户关系管理的“三维”发展目标？

讨论案例

苹果公司的客户关系管理

苹果公司（Apple Inc.）是美国一家高科技公司。由史蒂夫·乔布斯、斯蒂夫·沃兹尼亚克和罗·韦恩（Ron Wayne）等人于1976年4月1日创立，并命名为苹果电脑公司（Apple Computer Inc.），2007年1月9日更名为苹果公司，总部位于加利福尼亚州的库比蒂诺。

在《福布斯》发布的2018年全球最具价值品牌100强排行榜中，苹果公司第8次夺冠，品牌价值达到1 828亿美元。由于其核心粉丝群，只有苹果公司能够以999美元的价格定价一部手机，并在不到两个月的时间内销售2 900万部。苹果公司近1/4的销售额来自中国，这暗示了其在全球的影响力。2018年8月2日晚间，苹果盘中市值首次超过1万亿美元，股价刷新历史最高位至203.57美元。

苹果公司原来只是一家生产笔记本电脑的公司，在中国乃至全球都没有较大的市场份额。然而近年来随着iPhone、iPad等产品的发售，苹果产品逐渐被世人所熟知。苹果的成功得益于其先进的客户关系管理理念和做法。

1. 尽力满足客户的使用体验

苹果公司根据客户内在因素决定的属性分类，如性别、年龄、信仰、爱好和收入等。在这些因素中，苹果公司格外注重客户的爱好和情感需求，并以客户使用的便利性为中心，尊重客户的感受，把良好的客户体验作为企业的核心竞争力。苹果的策略是针对特定的客户体验，围绕客户体验设计产品，不断进行产品的开发和销售。据称，乔布斯曾在见到一款厨房家电产品后，着迷于其设计，要求苹果设计人员将Mac计算机参照该家电的设计来打造。

乔布斯曾经担心那些沉迷于计算机的技术专家们缺乏与公众交流的技巧会影响客户体验，后来便从充满活力、懂得服务而且了解计算机的年轻人中选择客户顾问。

2. 全力提升客户满意度和忠诚度

苹果公司非常重视客户忠诚度的建立。在乔布斯的推动下，人们对苹果产品质量的印象非常好，苹果在产品生产中使用昂贵的材料，尽可能通过自己的专卖店和网络商店销售产品。此外，乔布斯亲自向全世界推销新品，并整理独具创新特色的产品推广材料，尊重客户的使用感受，以确保潜在客户对产品的第一印象是高品质的，并渴望马上拥有。

宾夕法尼亚大学沃顿商学院的营销学教授彼得·法德尔曾说，客观地说，苹果犯下很多错误，但苹果产品的铁杆粉丝，甚至是偶尔买苹果产品的客户，都对苹果产品有高度的认同感。很少有其他公司能够做到这一点。我们可以看出，苹果公司的客户忠诚度很高，而且客户忠诚度一旦形成，其他公司要想改变客户的倾向就很困难了。据称，改变苹果与客户关系的关键事件是 iPod 的发布，苹果由一个奢侈品牌摇身一变成为大众品牌。

3. 贴心的客户服务

苹果呼叫中心是世界规模最大的呼叫中心之一。据称，每天客户打入电话近 200 万余个，而且数量还在不断增加，其热线接通率也非常高，回答问题的相应时间和准确性都是最高的。苹果拿下 2007 年、2008 年的最短解决问题通话记录，在一个常见问题的咨询中，苹果客服不到 1 分钟就能够解决用户问题，而其他有些厂商则用多达 5 分钟。据其他机构的调查结果显示，苹果客服团队的满意度高达 80%。苹果公司通过呼叫中心开发市场、赢得订单、实现订单，并利用客户数据库提供售后服务。

此外，调查显示，苹果的网站搜索高效而有序，PDF 手册资料也非常完善，方便查阅，苹果商城的 FAQ 设置非常合理，成功解决了相关产品的使用问题收集，用户可以直接登录商城去查看产品的使用方法，让用户真正体验到 Apple 大家庭的欢乐。

苹果公司的零售店不仅是苹果公司创新的展示窗口，它的理念、设计和布局都紧紧围绕着苹果公司的产品战略，不遗余力地满足客户需求，提升客户体验。用户的电脑或电子设备有问题时，寻求客服帮助往往是一件很麻烦的事。为解决此类问题，苹果动用了零售商店中的 Genius Bars（天才吧）。无论购买地是在哪里，天才吧的客服人员都会免费检查所有的苹果产品，甚至会帮助客户处理一些与技术支持无关的问题，只要苹果产品在保修期就不会收取任何费用。通过这一服务，苹果客户的产品一旦有问题就可以到这里寻求帮助，这也帮助苹果公司成为市场上提供最好客户服务的公司。

阅读上述资料，分组讨论以下问题：

1. 苹果公司的客户关系管理有何秘诀？
2. 苹果公司如何满足客户的使用体验？
3. 苹果公司如何提升客户的满意度和忠诚度？
4. 苹果公司为客户服务的渠道有哪些？

第二章

客户的识别及选择

学习目标

◇ 知识目标

掌握客户识别的含义、内容及步骤；好客户的含义、大客户的含义；客户选择矩阵图；选择客户应遵循的原则；

理解客户识别的必要性；理解大客户与好客户之间的关系；理解小客户与好客户之间的关系；

了解客户识别及选择在企业实践中的运用。

◇ 技能目标

运用所学的客户识别及选择的理论知识，帮助企业正确识别及选择客户。

导入案例

唯品会的会员体系

唯品会首席财务官杨东皓曾说：70%的回头客提供了90%的销售额，并称回头客是唯品会的核心竞争力所在。回头客是唯品会最大的财富，留住回头客的是物流以及在移动端的布局。

为了提高配送速度、保障用户体验，唯品会没有采用直接发货的模式，而是采用“干线+落地配+自营仓库”的物流体系；为了避免被同类公司模仿，唯品会组成了800位透彻了解消费心理的买手团队，这些都是无形的竞争门槛。

“提高服务品质、提升自身价值”是必须脚踏实地落实的标准。淘宝在2003年成立，唯品会在2008年成立，在淘宝几乎一枝独秀的时候，唯品会还是拥有了属于自己的天地，这就是服务品质和自身价值的力量。

唯品会的 logo 十分简单，鲜明的底色加上汉字，印在产品所有的周边上，这对于顾客的视觉冲击力很强，强化顾客记忆点。不管是店铺、桌椅、员工服装、包装袋，在所有物件上强化顾客接触点，顾客想忘记都难。

对于黏性不同的顾客，唯品会建立阶梯型会员体系，只要在唯品会上有过一次消费行为，就可以成为会员，不过这种普通会员只能享受基本的待遇和优惠。所以唯品会把会员分成银卡、金卡、白金卡三个等级。等级越高，越能享受到在限定时间发售、并且存货有限的商品，把更大的折扣留给回头客。唯品会的会员等级如图 2－1 所示。

会员等级			
等级名称	银卡	金卡	白金卡
门槛V值	0	10 000	50 000

图 2－1　唯品会的会员等级

在唯品会上，可以看到满 1 000 元减 200 元的折扣，也能看到 9.9 元包邮的优惠，不同消费层次的人群各取所需。对商品做出划分，有针对所有顾客的引流商品，有固化主力顾客的利润商品，有可能成引流商品、利润商品的潜力商品，当然，还有关联度低、销量一般的边缘商品。每个类目的存在都有它的意义，对于不同的人群制造不同的利润矩阵，才能尽可能地留住客户。

为提升客户体验，唯品会还采用定向邀请的方式鼓励客户付费成为超级 VIP。开通超级 VIP 可尊享三大特权：无限免邮、专享优惠、免费退货。目前，金卡会员开通超级 VIP 需支付 129 元的年费，银卡会员开通超级 VIP 需支付 149 元的年费。

讨论：唯品会的会员体系有何特点？

随着市场竞争愈加激烈，消费者有了越来越多的选择余地，消费需求日益呈现出多样化、复杂化、个性化等趋势。消费者的选择决定着企业的未来和命运，任何企业要想在激烈的市场竞争中求得生存和发展，就要设法吸引消费者，将其开发为客户，并设法与其建立长期的、良好的关系。可是如果无法知道客户的需求，无法分辨哪些客户是有价值的，哪些客户是有发展潜力的，那么客户关系管理将无从谈起。因此，客户识别及选择将成为客户关系管理实际运作过程中非常重要的管理技术。

客户识别及选择是客户关系管理活动的基础性工作。客户识别的目的是帮助企业了解客户的构成与价值，寻找合适的目标群体或个体，并有针对性地发展关系战略，制定营销策略，合理配置资源。

第一节　客户识别

一、客户识别的必要性

（一）不是所有的购买者都是企业的客户

客户需求具有明显的差异性，每个客户由于其自身年龄、性别、职业、学历、收入等各方面因素将导致其需求具有明显的差异性和个性化；对于企业而言，其资源是有限的，只能运用有限的资源去满足一部分客户的需求。因此，由于客户需求的差异性和企业资源的有限性，因此企业必须在购买者中进行选择，并非所有的购买者都是企业的客户。

（二）不是所有的客户都能给企业带来收益

事实上，客户天生就存在差异，有优劣之分，不是每个客户都能够带来同样的收益，都能给企业带来正价值。有的客户可能是“麻烦的制造者”，他们会提出不合理的要求、带来负面的口碑效应，不管企业做了多大的努力，都不能令他们满意。甚至，还有的客户会给企业带来负面的风险，如信用风险、资金风险、违约等。一般来说，优质客户带来大价值，普通客户带来小价值，劣质客户带来负价值。

（三）没有选择客户可能造成企业定位模糊

没有选择客户可能造成企业定位的模糊，不利于树立鲜明的企业形象。例如，红旗车是由中国一汽集团直接运营的高端品牌。1958 年，红旗牌轿车诞生，成为国家领导人和国家重大活动的国事用车。在 20 世纪六七十年代，红旗轿车成为中国汽车工业的一面旗帜。改革开放之后，红旗在继续承担“国车”重任的同时，开始不断向市场化、商业化的方向冲击。红旗向下延伸到中低档公务车，乘坐者群体从“局长——处长——乡长、村长”不断拓展，销量却一路下跌。这就是由于客户对于红旗轿车的定位出现了混淆，不能在客户心目中树立一个清晰、独特的形象。

（四）选择正确的客户是企业成功开发客户、实现客户忠诚的前提

对于企业而言，潜在客户和目标客户之间的重合部分，容易开发成功；但如果企业没有选好客户，或者选错了客户，那么建立客户关系的难度就会增大，成本就会提高；同时，就算一时建立了客户关系，但由于企业不能持续为客户提供满足其需求的产品和服务，也容易导致客户流失。

二、客户识别的内涵

（一）客户识别的概念

客户是企业最重要的资源，客户关系管理也要求以“客户为中心”来构架企业，但并非每个客户都是上帝，并非所有的客户都能给企业带来效益，并非所有客户都是企业应该争取或能够争取的。

1897 年，意大利经济学家帕累托发现在经济和社会生活中无处不在的“二八法则”，即

80%的结果源于20%的原因。“二八法则”强调重要的少数和次要的多数。实践表明，占比20%左右的公司客户，贡献了80%左右的利润。谢登（Sherden）把它修改为80/20/30，意思是顶部20%的客户创造了80%的公司利润，然而，占比30%的客户消耗了50%的公司利润，这些客户热衷于企业的各种促销计划，一旦发现无法获得任何优惠，就会选择其他提供优惠的企业。

这意味着由于各类客户贡献的利润各不相同，因此平等对待每一类客户并无必要。公司应该剔除那些最没有价值的客户，以增加公司利润。与其耗费大量精力和成本去追逐每一个客户，不如先明智地预先识别客户，定位客户群后，再低成本、高效率地挖掘那些高价值、高潜力的优质客户，通过合理的客户发展策略来建立良好的客户关系。例如，IBM公司之前秉承的客户服务宗旨是令所有客户满意，以牺牲利润为代价；之后为提升利润，做出调整：区别对待不同层级的客户，以便降低服务小客户的成本，并开始适当地收取维修费。该措施实施一年后，公司整体利润大幅上扬。这说明了客户识别及区分对待不同层级客户的意义。

客户识别是指通过一系列技术手段，根据大量客户的特征、购买记录等可得数据，找出谁是企业的潜在客户、客户的需求是什么、哪类客户最有价值等，并把这些客户作为企业客户关系管理的实施对象，从而为企业成功实施客户关系管理提供保障。

（二）客户识别的要点

（1）要注意客户范围的界定。客户是个广义的概念，不仅包括现实客户（同时具备购买力和购买欲望），还包括潜在客户（缺乏购买力或（和）购买欲望的客户）；不仅包括购买产品满足生活所需的消费者，还包括企业供应链上的任何一个环节，如供应商、分销商、经销商、批发商和代理商等成员。

（2）需明确客户的类别和属性。不同客户对企业利润的贡献差异很大，满意度和流失率都不同。那么在企业资源有限的情况下，如何把有限的资源分配在对企业贡献较大及非常具有潜力的客户群体上，放弃或部分放弃那些对企业利润没有贡献，甚至使企业亏损、浪费企业资源的客户，将成为企业管理者不得不考虑的问题。

第二节　客户识别的内容、步骤

一、客户识别的内容

（一）识别潜在客户

潜在客户是指缺乏购买力或（和）购买欲望的客户。识别潜在客户需要遵循的原则有：摒弃平均客户的观点；寻找那些关注未来，并对长期合作关系感兴趣的客户；搜索具有持续性特征的客户；对客户的评估态度具有适应性，并且能在与客户的合作问题上发挥作用；认真考虑合作关系的财务前景。

（二）识别有价值的客户

可将客户分为交易型客户和关系型客户。交易型客户只关心价格，没有忠诚度可言。关系型客户更关注商品的质量和服务，愿意与供应商建立长期稳固的合作关系，客户忠诚度更高。交易型客户带来的利润非常有限，结果往往是关系型客户在给交易型客户的购买进行补贴。在实践中，可以先分离出交易型客户，再分析关系型客户。

可将有价值的关系型客户分为三类：

1. 给公司带来最大利润的客户。对此类客户，应重点维系客户关系。

2. 带来可观利润并且有可能成为最大利润来源的客户。对于此类客户，要加强联系，不断提升客户为企业贡献的价值。

3. 现在能够带来利润，但正在失去价值的客户。对此类客户，要注意其流失的可能性，并采取措施设法挽留。

（三）识别客户的需求

1. 客户需求

客户需求是指客户希望获得高效的、优质的服务及在服务过程中得到尊重和关怀。

2. 客户需求的类型

（1）根据客户需求的内容来分，可以将客户需求分为信息需求、环境需求、情感需求和便利需求。

信息需求是指客户需要企业提供与产品或服务有关的信息，包括产品或服务的质量、性能、价格、品种等方面的信息。环境需求是指客户需要企业提供与服务相适应的环境状况。情感需求是指客户在情感上需要获得客服人员的理解和认同。便利需求是指客户希望企业通过增加服务设施、改进服务流程等方式来减少客户在时间、精力、体力等方面的耗费。

（2）根据客户的需求是否明确来分，可以分为直接需求和潜在需求。

客户的直接需求是指客户有意识的、明确的欲望，且市场上早已存在某个特定的商品或服务与之对应。直接需求直观明了，客服人员较容易把握。满足客户的直接需求要求客服人员有较强的专业能力，熟悉企业的产品和服务。

客户的潜在需求是指没有表达出来却隐藏于客户内心的需求。由于各种原因，这些需求客户往往不会直接说出来，或者客户自身也没有意识到。潜在需求往往只通过一些神色或含混不清的语言传递出来，这就需要客服人员仔细观察，引导客户，发现并满足客户的潜在需求。

3. 识别客户需求的方法

（1）召集重要客户举行会议。

客户服务代表和其他人员定期召集重要客户举行会议，讨论客户的需求、想法和对服务的期望。

（2）设置意见箱、发放意见卡和问卷。

很多公司在客户看得见的地方设置意见箱。他们把意见卡和简短问卷放置在接待区、产品包装上、商品目录服务中心或客户容易接触到的点，以征求客户对产品或服务的意见。

（3）开展多种形式的调查。

公司通过邮寄、电话和网络等多种方式开展调查。

（4）分析客户数据库。

客户数据库提供了丰富的客户信息，可以通过分析客户信息，了解客户的需求。

（5）直接征询客户意见。

客户服务代表在与客户沟通时可以直接询问客户对企业的看法，这些反馈将指导客户服务代表与客户的交往行为，并指导公司对产品或服务的选择。

（6）考察竞争对手。

考察竞争对手可以获得有关产品、价格等各方面有价值的信息。

（7）针对兴趣小组开展联合访谈。

组织与顶级客户的联合访谈，以搜集怎样改进特定产品或服务的信息，将参加访谈的所有成员组成兴趣小组。

（8）委托市场调研公司开展调查。

委托市场调研公司组织单独会面或团体会面，或通过电话、邮件和互联网等方式开展调查，以了解客户的需求。

（二）客户识别的步骤

客户识别包括客户定位、客户分类、客户的动态调整及客户发展四个步骤，如图 2－2 所示。

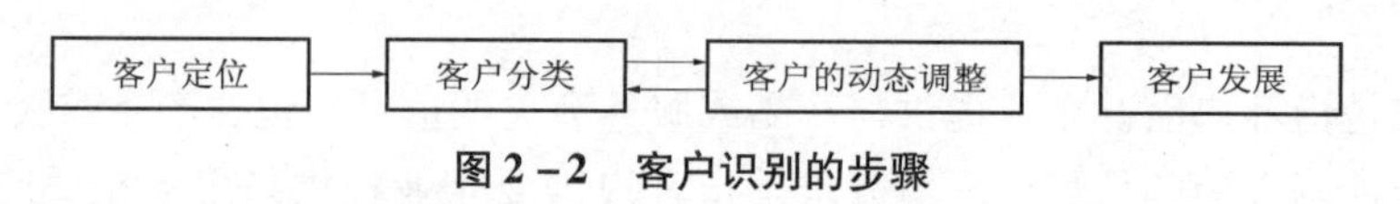

图 2－2　客户识别的步骤

1. 客户定位

要准确定位客户，必须知道企业与客户之间的关系是什么性质，还必须对客户进行差异性分析。不同客户的差异性主要表现为对企业贡献价值和产品需求两方面。

对客户进行差异性分析可以辨识客户的种类、详细需求和价值取向，使企业明确其利润形成主要来源的经营业务范围，客户对企业的依赖动力以及客户的分布情况。具体而言，可以从客户的外在属性、内在属性和消费属性对客户进行定位。

（1）外在属性。

外在属性包括客户的地域分布、客户购买的产品、客户的组织归属（如个人、企业、政府）等。这种方式数据易得，但比较粗放，不易准确衡量客户的价值、贡献大小，只能知道不同类别的客户贡献价值大小的差异，企业客户较个人客户的消费能力更强，价值贡献更大。

（2）内在属性。

内在属性是指客户的内在因素所决定的属性，如性别、年龄、职业、收入、受教育程度、宗教信仰、兴趣爱好、信用度等。通过客户的内在属性可以将客户进行定位，如 VIP 客户等。

（3）消费属性。

消费属性包括最近一次消费、消费频率、消费金额、客户每次的平均消费额等指标。比如，银行在对信用卡客户进行定位主要依据如下变量：刷卡频率、刷卡交易金额、还款记录等。将最近一次消费与消费频率结合起来分析，可以预测客户下一次交易的时间距离现在还有多久。将消费频率、消费金额结合起来分析，可以计算得出在一段时间内客户为企业创造的利润，从而帮助企业判断确定最有价值的客户。

2. 客户分类

客户分类是指按客户为企业贡献的价值来区分其类别。为高价值客户提供尊贵的服务，为低价值客户提供成本低廉与其利润贡献匹配的服务。客户分类包括绘制客户金字塔、分析客户价值、分析客户行为、分析客户关注程度、制定分级服务政策等流程。

（1）绘制客户金字塔。

按照客户为企业贡献的利润来确定客户的不同级别，据此来绘制客户金字塔。不同级别的客户有不同的称呼，比如把客户从高到低称呼为VIP客户、主要客户、普通客户、小客户或关键客户、普通客户、小客户、劣质客户；也可以称呼为铂金客户、黄金客户、钢铁客户、重铅客户。

（2）分析客户价值。

分析不同客户给企业带来的营业收入和企业为其所付出的成本，以此来确定客户的价值。

（3）分析客户行为。

分析客户的各种行为表现，可以有效拉近企业与客户之间的距离，使企业与客户之间的关系更加紧密、稳固。

（4）分析客户关注点。

分析客户的各种行为表现，可以知晓客户的关注点，是关注产品还是关注价格，是关注企业的服务态度还是关注企业的采购方式和信息传递方式。

（5）制定分级服务政策。

企业根据客户关注点制定分级服务政策。企业要强化钻石级客户的忠诚度，提升其转换成本，延伸产品线，交叉销售多种产品。黄金级客户和黄铜级客户的数量很大，且处于中间状态，既可升级为钻石级客户，又可降级为重铅级客户；因此，企业应对其加强客户关怀，激励其不断升级。对最底层的重铅级客户，企业可以降低服务成本，提高售价，并通过多种销售措施激励其贡献更大价值。

3. 客户的动态调整

必须用动态的、发展的眼光看待客户。随着企业核心业务的变化，有的客户可能会流失，有的客户可能会不断升级，昔日的竞争对手也可能会变成客户。寻找客户是一个长期的工作，它一直伴随着企业生产经营的全过程，应根据企业的发展不断更新补充企业的核心客户。

4. 客户发展

企业应采取具有针对性的营销方案来发展客户，从而降低成本、提升营销活动的效率。针对不同级别客户采取分级管理和差异化的激励措施，可以使关键客户自豪地享受企业提供的特殊待遇，并激励他们努力保持这种尊贵的地位；同时，刺激有潜力的普通客户向关键客户看齐，鞭策有潜力的小客户向普通客户甚至关键客户看齐，坚决淘汰劣质客户。这样就可以使企业在其他成本不变的情况下，产生可观的利润增长。

小链接

万科如何细分客户及精准定位

万科对客户进行全生命周期的细分，主要是通过家庭生命周期、价值观、支付能力三个纬度11个类别完成的，其目的是希望能够在丰富产品线的同时，服务于更多的人群。为了更好地配合产业化进程的开展，产品一定要保证具有鲜明的特质，以便于客户的清晰分类。

二、万科细分客户的特征及需求

同一经济水平范围内，同类客户需求具有趋同性，因此剔除经济因素对区域选择的影响，将客户按家庭生命周期进行细分，万科目标客户群分为以下几类：年轻家庭、小小太阳、小太阳、后小太阳、空巢家庭以及社会成功人士等。

1. 年轻家庭

（1）基础特征：25～30岁，以经济型客户为主。

（2）购房动因：首次置业。

（3）产品需求特征：总价支付能力有限，对价格比较敏感；希望距离父母或工作单位较近的位置；对户型设计较为重视，对日照朝向、小区绿化有较高要求；倾向于购买大型社区。

户型面积需求集中于90平方米左右的紧凑型两房两厅；对于第二间房功能需求倾向于书房，整体功能侧重于满足文娱性需求。

2. 小小太阳

（1）基础特征：25～30岁，以普通职员和一般管理者为主，经济水平有限。通常夫妻中一人工作相对轻松。

（2）购房动因：首次置业或改善型。

（3）产品需求特征：

①经济务实型：价格水平、交通状况是其最为关注的；其对周边生活及商业配套有较高要求；注重户型布局和小区景观绿化；希望选择靠近公交站、地铁的地方购房；需求户型以紧凑两房为主。

②中间收入水平：其对交通状况的关注程度高于对价格的关注；对周边自然环境和教育文化配套较为重视；购房时注重户型的选择，倾向于户型布局良好、日照充足、通风良好的户型；期望在小区内有安全可以得到保障的儿童娱乐设施。

③高收入水平：对价格不敏感，注重交通状况和户型布局以及开发商品牌；对周边生活配套和自然环境设施有较高要求；注重楼型及光照效果、小区绿化等；希望小区拥有较好的人文氛围；户型选择倾向于大面积三房。

3. 小太阳

（1）基础特征：35～39岁，以中层管理和个体私营业主为主。通常夫妻中一人工作相对轻松。

（2）购房动因：改善型

（3）产品需求特征：

①经济务实型：价格水平、交通状况是其最为关注的；其对周边生活及商业配套有较高要求；注重户型布局和小区景观绿化；倾向于选择靠近高质量中小学的区域购房；需求户型以两房及紧凑三房为主。

②中间收入水平：其对交通状况的关注程度高于对价格的关注；对周边自然环境和教育文化配套较为重视；购房时注重户型的选择，倾向于户型布局良好、日照充足、通风良好的户型；倾向于选择靠近高质量中小学的区域购房。

③高收入水平：对价格不敏感，注重交通状况和户型布局以及开发商品牌；倾向于选择高质量、距小学较近的区域购房；注重楼型及光照效果、小区绿化等；希望小区拥有较好的人文氛围；户型选择倾向于大面积三房，注重子女生活学习功能空间。

4. 后小太阳

（1）基础特征：40～45岁，以企业中层管理者和个体私营业主为主。通常家庭生活工作压力比较大。

（2）购房动因：改善型。

（3）产品需求特征：

①经济务实型：价格水平、交通状况是其最为关注的；其对周边生活及商业配套有较高要求；注重户型布局和小区景观绿化；希望选择靠近公交站、地铁的地方购房；需求户型以紧凑两房、三房为主。

②中间收入水平：其对交通状况的关注程度高于对价格的关注；对周边自然环境和教育文化配套较为重视；购房时注重户型的选择，倾向于户型布局良好、日照充足、通风良好的户型；倾向于靠近高质量中学购房；需求户型以三房为主。

③高收入水平：对价格不敏感，注重交通状况和户型布局以及开发商品牌；对周边生活配套和自然环境设施有较高要求；注重楼型及光照效果、小区绿化等；希望小区拥有较好的人文氛围；户型选择倾向于大面积户型，小高层、高层或花园洋房。

5. 空巢家庭

（1）基础特征：45岁以上，以经济型客户为主。

（2）购房动因：安度晚年。

（3）产品需求特征：

以经济型空巢家庭客户为主，此类客户对价格较为敏感；比较重视购买区域周边环境与小区内部环境；对内部环境的关注集中于对社区安全、日常便利、生活协助及消磨时光的考虑；注重房屋的日照朝向，偏好居民多的大型社区；倾向户型为紧凑型两房两厅。

6. 社会成功人士

（1）基础特征：满足心理需求。

（2）产品需求特征：对价格不敏感，注重区域周边综合状况；对区域交通状况，主要是路况有较高要求；倾向于市中心的小规模社区，大面积高层、小高层住宅；或周边环境较好的独栋别墅等。对周边自然环境、人文氛围等稀缺性资源有较高要求。

三、万科核心产品系列下的客户细分

万科核心产品包括城市花园、四季花城、金色家园、自然人文等，目标客户群包括金领、白领、向往郊区生活的白领等中产阶级、城市白领、社会成功人士等。其核心产品的特点及对应的目标客户群如表2－1所示。

表2-1 万科核心产品的特点及对应的目标客户群

核心产品系列	特点	目标客户群
城市花园 花园新城	在城市中心区外围，交通条件和产业条件比较好，产品以多层为主，兼有高层和局部低密度联排别墅住宅，规模适中	金领、白领
四季花城	在城市郊区，多在大的发展之中区域（大型居住区或大型开发区），产品类型多元化，规模较大	向往郊区生活的白领等中产阶级
金色家园	城市核心区或核心边缘，以高密度、高层建筑为主体，产品地位相对集中，户型不大，用地规模偏小	城市白领
自然人文	特殊地块、特别处理	社会成功人士

万科的市场细分首先是为市场定位和产品定位服务的。万科在拿地前已经把这个地块对应的市场找到，客户群定好，然后再套上万科相应成熟的产品或进行产品创新。拿到地块之后，进行方案的再次论证，紧锣密鼓地动工和进行后期推广、营销，实现工业化生产。

第三节 客户选择的要点

一、对好客户的理解

（一）好客户

菲利普·科特勒将一个有利益的客户定义为：能不断产生收入流的个人、家庭或公司，其为企业带来的长期收入应该超过企业长期吸引、销售和服务该客户所花费的可接受范围内的成本。

好客户是指能够给企业带来尽可能多的利润，而占用企业资源尽可能少的客户。

（二）好客户的特征

好客户通常需要满足如下特征：

（1）购买欲望强烈、购买力大，对企业提供的产品或服务有足够大的需求量，特别是对企业的高利润产品的采购数量多。

（2）能够保证企业赢利，对价格的敏感度低，付款及时，有良好的信誉。信誉是合作的基础，不讲信誉的客户，将带来巨大的风险。

（3）服务成本低，最好是不需要多少服务或对服务的要求低。这里的服务成本是相对而言的，而不是绝对数据上的比较。例如，一个大客户的服务成本是300元，银行净收益为15万元，那么300元的服务成本就显得微不足道；而一个小客户的服务成本是10元，但银行的净收益只有30元，虽然10元的服务成本在绝对数值上比300元小了很多，但相对服务成本却大了很多倍。

（4）经营风险小，有良好的发展前景。客户的经营现状是否正常、是否具有成长性、是否具有核心竞争力、经营手段是否灵活、管理是否符合章法、资金实力是否雄厚、分销能力是否强大、与下家的合作关系是否良好、国家的支持状况、法律条文的限制情况等都对客户的经营风险有很大的影响。企业只有对客户的发展背景与前景进行全面、客观、长远的分析，才能对客户有一个准确的判断。

（5）愿意建立长期伙伴关系。客户能够正确处理与企业的关系，合作意愿高，忠诚度高，让企业做擅长的事，通过提出新的要求，友善地引导企业超越现有的产品或服务，从而提高企业的服务水平。

小链接

九阳电器有限公司如何选择经销商

九阳电器有限公司在选择经销商时，并不是一味地求强求大，而是要求经销商要满足三个条件：

一是经销商要具有对公司和产品的认同感。九阳电器有限公司认为，经销商只有对企业和企业的产品产生认同，才会重视产品和市场，才会将产品作为经营的主项，主动投入所需的人力、物力、财力，自觉施行企业的营销策略，与企业步调保持一致。

二是经销商要具有负责的态度。经销商要对产品负责、对品牌负责、对市场负责，那些虽然实力较强但缺乏负责态度的经销商，九阳不予考虑。

三是经销商要具备一定实力。但是，九阳在评价经销商实力上，采用一种辩证的标准，即只要符合九阳的需要，能够保证公司产品的正常经营即可，并不要求资金有多少，关键是双方要建立起健康的合作伙伴关系。

二、对劣质客户的理解

劣质客户是相对于好客户而言的。劣质客户需满足三个条件：只向企业购买很少一部分产品或服务，但要求却很多，花费了企业高额的服务费用，使企业为其消耗的成本远远超过他们给企业带来的收入；不讲信誉，给企业带来呆账、坏账、死账以及诉讼等，给企业带来负效益。

应当注意的是，好客户与劣质客户是相对而言的，只要具备一定的条件，他们之间有可能会相互转化，好客户有可能会变成劣质客户，劣质客户也可能会变成好客户。

三、对大客户的理解

大客户是指购买量大的客户。通常，大客户是企业关注和争夺的焦点。但是，认为大客户都是好客户，而不惜一切代价吸引和保持大客户，这样的观点是不科学的。其实，大客户也可能会给企业带来财务风险、利润风险、管理风险、流失风险及竞争风险。

（一）财务风险

大客户在付款方式上通常要求赊销，这就容易使企业产生大量的应收账款，而较长的账期可能会给企业经营带来资金风险。因此，大客户往往也容易成为“欠款大户”，甚至使企业承担呆账（已过偿付期限，经催讨尚不能收回，长期处于呆滞状态，有可能成为坏账的应收款项）、坏（死）账（企业无法收回或收回的可能性极小的应收款项）的风险。

例如，美国能源巨头安然公司，公司虚报近 6 亿美元的盈余和掩盖 10 亿美元的巨额债务，问题彻底暴露后，公司不得不根据《美国破产法》规定向法院正式申请破产保护，破产清单所列资产高达 498 亿美元，创下了美国历史上最大的公司破产案纪录。而为其提供服务的安达信也同时受到影响，安达信曾经是“五大会计师事务所”之一，在安然丑闻之后也逐渐退出了审计行业。

（二）利润风险

大客户可能会凭借其强大的买方优势和砍价实力，或利用自身的特殊影响与企业讨价还价，向企业提出诸如减价、价格折扣、强索回扣、提供超值服务甚至无偿占用资金等方面的额外要求。

因此，这些订单量大的客户可能不但没有给企业带来大的价值，没有为企业带来预期的利润，反而减少了企业的盈利水平，使企业陷入被动的局面。

例如，很多大型零售商巧立进场费、赞助费、广告费、专营费、促销费、上架费、展示费等各种名目的费用，使企业（供应商、生产商）的营销成本大幅上升，增加了利润风险。

（三）管理风险

大客户往往容易滥用其强大的市场运作能力，扰乱市场秩序，如恶意窜货（为获取非正常利润，经销商蓄意向自己辖区以外的市场倾销产品的行为）、私自提价或降价等，对企业的正常经营管理造成负面影响，尤其对小客户的生存构成严重威胁。

（四）流失风险

大客户流失风险大主要基于如下两方面原因：激烈的市场竞争往往使大客户成为众多商家尽力争夺的对象，大客户因而很容易被利诱而背叛；在经济过剩的背景下，产品、服务日趋同质化，品牌之间的差异越来越小，大客户选择新的合作伙伴的风险不断降低。换而言之，由于产品、服务同质化，导致大客户选择替代性产品、服务的转换成本降低，其流失的可能性大幅提高。

（五）竞争风险

大客户往往拥有强大的实力，容易采取纵向一体化战略，另起炉灶，经营或提供与企业类似的、具有可替代性的产品或服务，昔日的合作伙伴可能转变为竞争对手。因此，企业现在的大客户可能就是其未来的竞争对手。例如，恒基伟业的前身曾是名人掌上电脑的全国总代理，凭借其多年在掌上电脑行业的经营经验，公司负责人敏锐地觉察到掌上电脑巨大的商机，于 1998 年创建恒基伟业。

综上，大客户不等于好客户，为企业带来最大利润和价值的通常并非购买量最大的客户。团购客户的购买量很大，但也未必都是好客户，因为其未必忠诚于企业，可能不能持续、恒久地为企业带来利润。

四、对小客户的理解

应该从动态发展的角度来看待客户的价值，以客户生命周期为维度来衡量客户价值。然而，许多企业缺乏战略思维，目光短浅，只追求短期利益和眼前利益，不顾长远利益，忽视发展趋势，对客户的认识仅仅局限于当前利润，没有考虑未来利润。因此，一些暂时不能带来利润，但很有发展潜力的客户没有得到企业足够的重视，得不到企业的扶持，甚至被遗弃。其实，小客户不等于劣质客户，过分强调客户当前给企业带来的利润，忽视客户的发展潜力，可能会流失未来的好客户，小客户也可能会转变为好客户。

小链接

"蚂蚁打败大象"的故事

马云曾说："今天很残酷，明天更残酷，后天会很美好，但绝大多数人都死在明天晚上，却见不到后天的太阳，所以我们干什么都要坚持！"

淘宝网是中国深受欢迎的网购零售平台，由阿里巴巴集团在2003年5月创立。其实，在淘宝成立之前，eBay已经垄断了中国网购市场。淘宝打败eBay的故事常被称为"蚂蚁打败大象"的故事。

1999年8月，邵亦波及谭海音在上海创立易趣。易趣最早把美国C2C在线销售的概念引到中国，主营电子商务。2002年eBay收购易趣，改为eBay. cn，成为当时中国刚刚兴起的电商市场的先行老大，大约占有全国网购市场份额的2/3。

淘宝成立后，用了大约两年多的时间，在2005年市场份额超过eBay。两家公司好比坐标图上的两条线，横轴为市场占有率，纵轴为时间线，一条上扬线，一条下降线，双方在2005年时间点交汇，此后淘宝继续一路高歌猛进，直到占有全国80%以上的市场份额。而eBay的市场份额则一路下滑到个位数，最终选择把公司转手出让，退出中国C2C市场。

eBay当时为了阻止淘宝扩张，买断了新浪、百度等主要网站的广告位置，借以封杀淘宝，淘宝则转而寻求大量中小网站，靠中小网站联盟的推广以"蚂蚁雄兵"策略争取到大量新用户的加入。

就像马云所说的"最优秀的模式往往是最简单的东西"。淘宝的取胜法宝就在于其举起了"免费交易"的大旗。在市场培育的早期阶段，大量在网络上做生意的都是个人小卖家，免费模式无疑是克敌制胜、赢得用户最有力的武器。

淘宝在短短两年多时间里从无到有，打败强大的市场领先者，得益于其对市场、对自身的审时度势，改变游戏规则，在新的运作模式中确立自己的行业地位。

第四节　客户选择的原则

为了能够选择合适的客户，更好地满足客户需求，提升客户的满意度和忠诚度，维系客户关系，企业在选择客户时应遵循如下原则：

一、企业要有能力满足客户的需求

企业的服务能力与客户的需求要相匹配。好客户不一定都是企业最佳的客户，因为“低级别”的企业如果选择“高级别”的客户，尽管这类客户很有价值，但是由于双方的实力过于悬殊，企业对客户的服务能力达不到客户的要求，可能使客户不满，还极有可能流失客户。所以，宁愿不要高攀不合适的好客户，而要选择“门当户对”的客户。

要找到相互匹配的客户，需要结合客户的综合价值与企业满足客户需求的综合能力进行分析，找到两者的平衡点。具体流程如下：

首先，分析客户的综合价值。可以采取如下指标进行分析：客户向企业购买产品或服务的总金额；客户扩大需求而产生的增量购买和交叉购买等；客户的无形价值，包括规模效应价值、口碑价值和信息价值等；企业为客户提供产品或服务需要耗费的总成本；客户给企业带来的风险，如信用风险、资金风险、违约风险等。

其次，企业衡量自身的综合能力。企业不应以自我感知来衡量自己的综合能力，而应采用客户让渡价值从客户角度进行分析。客户让渡价值是指客户获得的总价值与客户付出的总成本之间的差额。客户让渡价值决定了产品或服务的竞争力，体现了客户获得的利益。客户总价值包括客户获得的产品价值、服务价值、人员价值及形象价值。客户总成本包括客户需要付出的货币成本、时间成本、精力成本和体力成本。如果客户总价值大于客户总成本，客户让渡价值为正，说明企业有较强的综合能力去满足客户的需求；如果客户总价值小于客户总成本，客户让渡价值为负，说明企业满足客户需求的综合能力较弱。

最后，在客户的综合价值与企业的综合能力之间寻找平衡。最好是选择那些客户综合价值高，企业满足其需求的综合能力也高的客户。也就是说，要重点选择那些价值足够大、值得企业去开发和维护的，同时企业也有能力去开发和维护的客户。

在实践中，可以采用客户选择矩阵来对客户群进行区分，以便采取相应的策略。客户选择矩阵如图 2－3 所示。

A 类客户是企业应该重点选择的客户群。这类客户的综合价值高，企业满足其需求的综合能力也高，企业有足够的实力去赢得和维系这类客户。因此，A 类客户值得企业花费大量的资源去争取和维护。

B 类客户是企业应该择机选择的客户群。这类客户的综合价值高，但是企业满足其需求的综合能力较弱，很难为客户提供满意的产品或服务。企业开发 B 类客户将会面临较大的困难，就算开发成功了，后续也难以维系客户关系。因此，B 类客户是企业在服务能力提高后可以考虑选择的客户群。

C 类客户是企业应该消极选择的客户群。虽然企业满足其需求的综合能力很高，但是这类客户的综合价值却较低，将导致企业难以得到满意的利润。因此，C 类客户属于企业应当消极选择的客户群。

D 类客户是企业应该放弃选择的客户群。一方面这类客户的综合价值较低，很难给企业带来利润；另一方面，企业满足其需求的综合能力也较弱。因此，D 类客户属于企业不该选择的客户群。

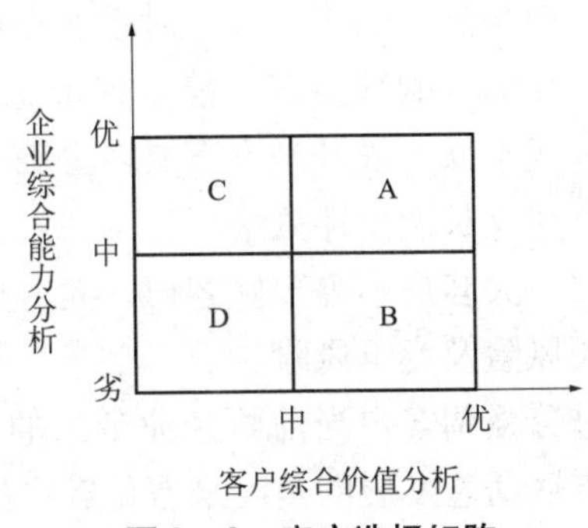

图 2－3　客户选择矩阵

二、应选择具有忠诚客户特征的客户

实践证明，开发、维系与忠诚客户具有相似特征的客户相对容易，而且更易于维系客户关系，使他们能够持续为企业带来稳定的价值。

忠诚客户具有如下特征：有规律的重复购买行为；愿意购买供应商提供的多种产品和服务；经常向其他人推荐；对竞争对手的拉拢和诱惑具有免疫力；能够忍受供应商偶尔的失误，而不会发生流失或叛逃。

三、应选择有发展潜力的客户

衡量客户对企业的价值要用动态的眼光，要从客户的成长性、增长潜力及其对企业的长期价值来判断。企业对客户的评价和选择，不仅要考虑客户当前对企业的贡献，还要考虑客户的成长性、资信、核心竞争力及未来对企业的贡献。对于当前利润贡献低，但是有发展潜力的小客户，企业要积极提供扶持和帮助。虽然满足这些小客户的需求可能会降低企业的当前利润，甚至可能会带来亏损，但是对于企业而言付出是值得的，企业可能在培养未来的好客户。

本章小结

客户识别及选择是客户关系管理活动的基础性工作。客户识别与选择的目的是帮助企业了解客户的构成与价值，寻找合适的目标群体或个体，并有针对性地发展关系战略，制定营销策略，合理配置资源。

由于客户需求的差异性和企业资源的有限性，因此企业必须在购买者中进行选择，并非所有的购买者都是企业的客户。不是所有的客户都能给企业带来收益，没有选择客户可能造成企业定位模糊，选择正确的客户是企业成功开发客户、实现客户忠诚的前提。

客户识别是指通过一系列技术手段，根据大量客户的特征、购买记录等可得数据，找出谁是企业的潜在客户、客户的需求是什么、哪类客户最有价值等，并把这些客户作为企业客户关系管理的实施对象，从而为企业成功实施客户关系管理提供保障。

客户识别的内容包括识别潜在客户、识别有价值客户、识别客户的需求。

客户识别的步骤包括客户定位、客户分类、客户的动态调整、客户发展。

好客户是指能够给企业带来尽可能多的利润，而占用企业资源尽可能少的客户。好客户通常需要满足如下特征：购买欲望强烈、购买力大，对企业提供的产品或服务有足够大的需求量，特别是对企业的高利润产品的采购数量多；能够保证企业赢利，对价格的敏感度低，付款及时，有良好的信誉；服务成本低，最好是不需要多少服务或对服务的要求低；经营风险小，有良好的发展前景；愿意建立长期伙伴关系。

大客户是指购买量大的客户。大客户不等于好客户，大客户也可能会给企业带来财务风险、利润风险、管理风险、流失风险及竞争风险。

小客户不等于劣质客户，过分强调客户当前给企业带来的利润，忽视客户的发展潜力，可能会流失未来的好客户。应该从动态发展的角度来看待客户的价值，以客户生命周期为维度来衡量客户价值。

选择客户应遵循如下原则：选择“门当户对”的客户；选择具有忠诚客户特征的客户；选择有发展潜力的客户。

关键术语

客户识别　潜在客户　客户需求　客户让渡价值
客户总价值　客户总成本　客户的直接需求　客户的潜在需求
客户分类　好客户　大客户

配套实训

假如你是一位楼盘销售公司的客户服务人员，你的客户看似很多，整天特别忙碌，可是你却发现这些客户一直没有产生销售业绩。你该如何降低时间成本，识别并选择有价值的客户？

课后习题

一、单选题

1. 以下说法正确的是（　　）。

A. 所有的购买者都是企业的客户

B. 所有的客户都能给企业带来收益

C. 没有选择客户可能造成企业定位模糊

D. 应该对客户一视同仁，提供同等服务

2. 以下说法不正确的是（　　）。

A. 应该从动态发展的角度来看待客户的价值，以客户生命周期为维度来衡量客户价值

B. 好客户与劣质客户是相对而言的，他们之间可能会相互转化

C. 小客户不等于劣质客户，小客户也可能转变为好客户

D. 大客户都是好客户，要不惜一切代价吸引和保持大客户

二、填空题

1. ______________是企业成功开发客户、实现客户忠诚的前提。

2. ______________是指通过一系列技术手段，根据大量客户的特征、购买记录等可得数据，找出谁是企业的潜在客户、客户的需求是什么、哪类客户最有价值等，并把这些客户作为企业客户关系管理的实施对象，从而为企业成功实施客户关系管理提供保障。

3. ______________是指能够给企业带来尽可能多的利润，而占用企业资源尽可能少的客户。

4. 大客户可能会给企业带来财务风险、利润风险、______________风险、流失风险及竞争风险。

5. ______________是指客户获得的总价值与客户付出的总成本之间的差额。客户总价值包括客户获得的产品价值、______________价值、人员价值及形象价值。客户总成本包括客户需要付出的货币成本、______________成本、精力成本和体力成本。

三、问答题

1. 客户识别包括哪些内容?
2. 识别客户需求有哪些方法?
3. 客户识别应遵循怎样的步骤?
4. 描述客户分类的流程。
5. 如何选择客户?

讨论案例

付费会员模式的奥秘

沃尔玛山姆会员店每年向会员收取260元人民币的会员费，让会员想买东西就会想到山姆会员店，因为如果不去消费，就会浪费会员费。所以，设置260元的会员费门槛，会激活客户的活跃度，让客户更有黏性，贡献更大的价值。

亚马逊向Prime会员收取79元的季度会员费，288元的年度会员费。亚马逊的Prime会员可尊享如下权益：海外购单笔订单满200元免邮；国内订单零门槛免邮；会员专享折扣；电子书免费阅读；Prime周三会员日；带Prime标识的海外购及国内商品可享受免费配送权益。据消费者情报研究公司发布的最新数据，亚马逊Prime会员数量已达到1.01亿。截至2018年12月31日，亚马逊62%的美国用户为Prime会员用户。相对于亚马逊非Prime会员美国用户每年600美元的支出，Prime会员美国用户每年要在亚马逊网站平均花费1 400美元。

京东把原来的“铜、银、金、钻”几个等级的会员权益，全面升级为“京享值”会员体系，并且推出需要付费的PLUS会员，为了让原有高价值的会员（如钻石会员）能够顺利迁移成为PLUS会员，京东推出高价值会员在试用期内免费体验PLUS会员权益的活动，并且在体验期结束后原钻石会员可以享受109元购买原价149元/年的PLUS会员服务。

为什么这些知名的企业都纷纷推出付费的会员制呢?

在一般的超市，想要成为会员非常简单。只需要告知手机号码或者微信关注公众号完成注册，即可免费成为会员。然而免费的东西，得到的太容易，就会给人不值钱的感觉，消费者往往不会珍惜。因为是免费注册的会员卡，考虑到成本问题，商家给予的会员折扣或积分返利也相对有限，对消费者的吸引力也不大。

京东PLUS会员主要包含十大权益，包括10倍购物返京豆、360元/年运费券礼包、免费上门退换货、爱奇艺VIP会员年卡、PLUS DAY专属购物节、24小时专属客服、100元/月全品类券、百万会员价商品、服饰9折以及生活特权。京东大数据研究院发布的《京东PLUS会员价值体系研究报告》显示，10倍返京豆、运费券礼包、免费上门退换货是认知和喜爱度最高的会员权益。

京东PLUS会员普遍认为：10倍购物返京豆实用，京豆可以直接抵现，相当于免费撒钱，优惠力度大，与普通会员相比特权十分明显。而360元/年运费券礼包实用性强，不用凑单，购买随心所欲，还可以帮朋友代买，优越感油然而生；免费上门退换货虽然使用率不高，但是重要性高，一旦有需求可以免除所有后顾之忧，方便、省钱、省心、省时，还可以当场换货。

除此之外，像爱奇艺VIP会员年卡的权益，京东PLUS会员认为这是性价比很高的增值服务，十分划算，对于有该视频平台需求的用户来说，这是一种惊喜和附加价值，可以满足其看视频的会员需求。特别值得关注的是，京东PLUS会员年度可享的权益价值可达4 742元，远高于年度的会员价格。

收费的会员权益要解决消费者的痛点，消费者才会付费。依靠快捷的配送服务，京东成功地圈粉无数，尤其是男性消费者。是不是对所有消费者都能免费配送呢？其实不然。针对普通会员使用单次购物满一定金额包邮，不满规定金额收取配送费的策略可以降低运营成本，达到一定购买金额包邮也可以有效提升客单价，包邮增加了消费者凑单的概率。针对高价值会员，免邮这个权益无疑是可以吸引付费的，因为这是电商购物的痛点，消费者对于邮费价格的敏感度远高于对商品价格的敏感度，也就是说消费者可能对于多买了10元的商品觉得无所谓，但是如果让他额外支付10元的配送费他可能会不愿意。

阅读上述资料，分组讨论以下问题：

1. 付费会员对于企业而言，有何益处?
2. 要让客户愿意成为付费会员，企业需要怎么做?
3. 你如何评价付费会员模式?

第三章

客户开发

学习目标

◇ 知识目标

掌握营销导向的客户开发策略的具体内容；
掌握推销导向的客户开发策略的具体内容；
了解客户开发的不同思路。

◇ 技能目标

通过进行客户开发相关的策划，培养对不同客户开发策略的实践能力。

导入案例

安利客户开发的成功之道

安利主要生产家居护理用品、美容护肤品、个人护理用品和营养食品。为了更好地满足消费者对产品功能的需求，安利在全球设有97个实验室，其中有7个在中国。安利目前有两大生产基地，一个在美国本土，另一个就在中国广东。而且，安利在中国广东设立生产基地的目的是专门针对中国人的特征来进行产品研发和改进，以更好地服务于亚洲区市场，这使得安利能够使产品本土化，更好地满足消费者的需要。

安利公司为了向用户提供优质产品，从筛选原料到加工、配方测试，到成品包装，都经过严格的质量检验，每项生产工序都由质量控制人员严密监督，确保只有完全合格的产品才能进入市场。安利公司一直实行售出商品的“保退”政策，在中国市场上是“30天保退”。因少部分消费者的不规范行为，中国市场的退货率曾一度达到32%，但安利坚持实行这一政策不动摇。

由于中国的消费者对直销模式带有一定的避讳，所以，安利的分销模式逐渐变成了店铺销售+雇用推销员的形式。其经营方式既保留了安利的优势，又符合中国国情，而且减少了中间环节的费用，安利把节省下来的开支让利给消费者，用于产品研发及作为奖励营销人员的工作报酬。

另外，安利邀请了众多体育明星进行产品代言，很大程度上提升了安利在消费者心中的影响力，以明星效应带动消费者的购买欲望。2001年至今，“跳水皇后”伏明霞、“跳水王子”田亮和中国男篮主力易建联，先后接棒出任纽崔莱代言人。2 000年和2004年，纽崔莱两度成为中国体育代表团出征奥运专用营养品，品牌塑造与巨大的奥运效应牢牢联系在了一起，树立起了“营养健康”的品牌形象。

安利进入中国以来，怀着“取之于社会，用之于社会”的真诚意愿，围绕“营养、运动、健康”，有健康才有将来的品牌理念，坚持“回馈社会、关怀民生”的企业理念，开展各类公益活动，在中国的教育事业、扶贫救灾、社会公益、环境保护和文化体育方面的捐赠超过2 000万元人民币。由于在保护消费者权益方面的突出贡献，安利（中国）被中国保护消费者基金会授予“保护消费者杯”荣誉称号。在度过“非典”危机后，史迪夫·温安洛是第一个携带巨资回到中国投资的世界级商人，为安利（中国）增加投资1.2亿美元，并新增注册资本4 010万美元，这大大刺激了国外投资者投资中国的信心和热情。所有这些活动有效地树立了安利公司良好的企业形象，当然也增强了安利产品的魅力，这最终使得安利的客户开发变得自然而然！

讨论：安利在进行客户开发的时候使用了哪些方法？

企业在生产经营过程中，需要激发目标客户的购买欲望，并做出购买行为，将其转变为现实客户。这一过程被称为客户的开发。

新企业需要将吸引和开发客户作为首要任务。对于老企业来说，面对平均每年10%～30%的客户流失率，在培养客户忠诚度的同时，不断吸引和开发新客户才能保证企业的可持续发展，通过壮大客户队伍提高企业综合竞争力和盈利能力。企业开发客户的具体策略可以分为营销导向的开发策略和推销导向的开发策略。

第一节　营销导向的开发理念

市场营销的基本目标是获得顾客、挽留顾客以及提升顾客，利用营销组合进行客户开发极具可操作性及现实意义。营销导向客户开发的首要目标就是“不求人”，它是以市场营销学中的经典4P营销组合为指导，通过合适的产品（Product）、价格（Price）、分销渠道（Place）以及促销（Promotion）方式，吸引目标客户和潜在客户产生购买欲望并付诸行动的过程。

营销导向的客户开发是由客户本身主动和自愿地被开发，还可能心满意足、感激涕零地被开发，所以说，它是客户开发的最高境界，也是获取客户的理想途径。

一、有吸引力的产品或服务

有吸引力的产品或服务是指企业提供给客户的产品或服务非常合适，并满足客户的需要。它包括了产品或服务的功能、质量、外观、规格，还包括品牌、商标、包装以及相关的服务和保证。

（一）功能效用

功能效用是吸引客户最基本的立足点，产品的功能越强，效用越大，对客户的吸引力就越大。例如美国洗护用品巨头保洁公司为了满足洗发水市场上不同消费者的需求，设计了以营养发质作为产品定位的潘婷，以解决头屑问题作为卖点的海飞丝洗发水，满足消费者修复烫染发质、保持发型需求的沙宣洗发水以及使用草本植物精华、定位纯天然的伊卡璐洗发水等。

除了设计出满足消费者不同需求的产品系列之外，对老产品或老式服务在功能和效用上加以改进后重新推出，同样能够有力地吸引客户。对于企业来说，要善于挖掘产品的功能及效用，并且通过恰当的措施引起目标客户或潜在客户的注意，这样就能顺利地吸引客户。

（二）质量

质量是企业能够在市场上立足的本质和基础，质量优异的产品或者服务总是受到客户的青睐，在吸引顾客上起到了至关重要的作用。质量代表着安全、可靠及信赖，过硬的质量往往能够成为企业吸引消费者的金字招牌。企业若有质量问题曝光，即使下调产品价格，也会面对无人购买的窘境。相反，对于高质量的产品，即使价格昂贵，消费者也会愿意接受。

（三）特色

如今市场上同类同质的产品或者服务越来越多，因此，企业想要在激烈的市场竞争中脱颖而出，其产品或者服务必须有足够的特色才能吸引客户的注意或光顾。消费者的需求有些是隐藏的，若企业的产品或服务特色能满足或激发这类需求，那么就能够打开市场，让客户主动搜寻企业的产品或服务。所以说利用不同的特色吸引不同的顾客，是企业能够获得客源的有力武器。

（四）品牌

品牌是一个名称、名词、符号或设计，或者是它们的组合，其目的是识别某个销售者或某群销售者的产品或劳务，并使之与竞争对手的产品和劳务区别开来。

品牌是专有的，拥有者经过法律程序的认定，享有品牌的专有权，有权要求其他企业或个人不能仿冒伪造。

品牌也是企业的无形资源，品牌拥有者可以凭借品牌优势不断获取利益，可以利用品牌的市场开拓力、形象扩张力以及资本内蓄力不断发展，通过品牌价值的增加使企业的无形资产迅速增大。但是，品牌的转化具有一定的风险及不确定性，例如企业产品质量出现问题或服务不过关，都会给企业品牌的维护带来难度。此外，品牌需要有物质载体来表现自己，使品牌形式化。最后，品牌具有识别功能，企业可以利用这一优点展示品牌对市场的吸引力，获取客户，进行扩张。

品牌对消费者的吸引力在于其便于消费者去辨认、识别所需商品，有助于消费者选购商品，同时还有利于维护消费者利益。商家为了维护自己的品牌形象和信誉，都会注意恪守给予消费者的利益承诺，并促进产品改良以适应消费者需求的变化。此外，品牌还有助于提升客户的形象，表现客户的社会地位，例如消费者对于奢侈品牌的追捧，就是因为享受到购买此类品牌心理上、精神上更高层次的满足。

（五）包装

包装是产品给客户的第一印象，指的是为产品设计并制作容器或包扎物的一系列活动，是不属于产品本身又与产品一起销售的物质因素。

包装可以保护产品、促进销售，杜邦公司的一项调查表明，63%的消费者是根据商品包装来选购商品的，这一发现就是著名的“杜邦定律”。另据英国市场调查公司报道，一般在超级市场购物的妇女，由于受到精美包装的吸引，所购物品数量通常超出打算购物数量的45%。这些都充分说明了包装在促进销售中的重要作用。当各个品牌之间的内在差异很小或很难被消费者感知的时候，包装在功能或视觉方面的优势就会让产品占上风，并左右客户的购买决策。

企业对于包装的设计需要独特新颖、美观大方、表里一致、科学合理、美观牢固。

例如，可口可乐的经典红白包装传递出的热情洋溢的感觉，能够让消费者联想到饮用后的效果，从视觉上刺激消费者做出购买行为。

（六）服务

服务是指伴随产品的出售，企业向客户提供的各种附加服务，如产品介绍、送货、安装、调试、维修、技术培训、产品保证等。

企业向客户提供的各种服务越完备，产品的附加价值就越大，客户从中获得的实际利益就越大，也就越能吸引客户。例如为了提供优质和完善的服务，争取更多的客户，越来越多的企业延长了营业时间，如麦当劳及肯德基在城市中央商业区尤其是夜间娱乐区的店铺一般都是二十四小时营业，满足了喜欢休闲夜生活的客户的需要。

（七）承诺与保证

顾客的购买行为中总隐含着一定的风险，这在一定程度上会限制其购买欲望，而卖方的承诺可以起到一定的保险作用，如果企业对提供的产品或者服务做出承诺与担保，就可以降低客户购买的心理压力，引起客户的好感和兴趣，从而促进客户放心地购买和消费，实际上，敢于推出承诺和保证已经体现出了企业的气魄和精神，有利于吸引客户。

例如星巴克作为全球首屈一指的咖啡供应商，在全世界拥有超过两万家门店，其对用户承诺将保证所有门店的咖啡质量始终如一，使客户在全世界任意一家星巴克都能够喝到一样的饮品。又如消费者淘宝网购物时，许多商家承诺七天无理由退货、破损包赔、提供无忧质保，这些保证都在一定程度上抵消了客户的消费风险，提高了客户做出购买行为的可能性。

二、有吸引力的价格或收费

价格是企业出售产品或服务所追求的经济回报。价格既可能表达企业对于客户的关心，也有可能给客户造成负面的印象。为了有效吸引客户，建立客户关系，增加销售收入和提高利润，企业需要为产品制定基本价格，并适时进行修改。在实践中，企业需要考虑和利用灵活多变的定价策略，修正或调整产品价格。一般来说，企业通过价格吸引客户的策略如下：

（一）折扣定价策略

企业为了鼓励顾客及早付清货款、大量购买、淡季购买，可酌情降低基础价格，这种价格调整叫作价格折扣。其主要类型包括：

1. 现金折扣

现金折扣是企业给及时付清货款的顾客的一种减价。例如，顾客在 30 天内必须付清货款；如果在 10 天内付清，给予一定额度的折扣。

2. 数量折扣

数量折扣是企业给大量购买某种产品的顾客的一种减价，以鼓励多买。如购买某商品 100 单位以下，每单位 10 元，购买 100 单位以上，每单位 9 元。

3. 功能折扣

功能折扣又叫作贸易折扣，是制造商给批发商或零售商的一种额外折扣，促使他们执行推销、储存、服务等功能。

4. 季节折扣

季节折扣是企业给购买过季商品或服务的顾客的减价。例如，滑雪橇制造商在春夏季给季节折扣，以鼓励零售商提前订货；旅馆、航空公司等在旅游淡季给旅客以季节折扣。

5. 价格折让

有以旧换新折让和促销折让等。例如，一辆摩托车标价 4 000 元，顾客以旧摩托车折价 500 元，购买时只需支付 3 500 元。

（二）心理定价策略

1. 声望定价

声望定价指企业利用消费者仰慕名牌商品或名店的声望所产生的心理，把价格定为整数或高价。质量不易鉴别的商品定价适宜此法，因为消费者崇尚名牌，往往以价格判断质量。但定价也不能离谱，使消费者不能接受。

2. 尾数定价

尾数定价是利用消费者对数字认知的某种心理，尽可能在价格数字上不进位、保留零头，使消费者产生价格低廉和卖主认真核算成本的感觉，让消费者对企业产品及定价产生信任感。

3. 招徕定价

招徕定价是零售商利用顾客求廉心理，将某些商品定价较低以吸引顾客。一些商店随机推出降价商品，以吸引顾客经常光顾，同时也选购其他正常价格的商品。

（三）差别定价策略

所谓差别定价或需求差异定价，是指企业按照两种或两种以上不反映成本费用的比例差异的价格销售产品或服务。

1. 顾客差别定价

即企业按不同的价格把同一产品或服务卖给不同的顾客。例如，某汽车经销商按照价目表价格把某种型号汽车卖给顾客 A，同时按较低价格把同一型号的汽车卖给顾客 B。这种差别价格表明，顾客的需求强度和商品知识有所不同。

2. 产品形式差别定价

即企业对不同型号或形式的产品，分别制定不同价格，但是不同型号或形式产品的价格差额和成本费用之间的差额并不成比例。

3. 产品地点差别定价

企业对处在不同位置的产品或服务，分别制定不同价格，即使这些产品或服务的成本费用没有任何差异。例如，剧院中不同座位票价有所不同，因为人们对不同座位偏好不同。

4. 销售时间差别定价

即企业对不同季节、不同时期甚至不同钟点的产品或服务分别制定不同价格。例如，电信服务、电力供应在一天中某些时段、周末和平时收费不同。

（四）新产品定价策略

1. 撇脂定价

定价是在产品生命周期的最初阶段，把价格定得很高，以攫取最大利润。犹如在鲜奶中撇取奶油。企业之所以这样做，是因为消费者主观认为某些产品具有高价值。

具有以下条件时企业可采取撇脂定价：

（1）市场有足够的购买者，需求缺乏弹性。即使价格定得很高，需求也不会大量减少。

（2）高价使需求减少一些，产量减少一些，单位成本增加一些，但不致抵消高价带来的利益。

（3）高价情况下依然可以独家经营，别无竞争者。例如，有专利保护的产品。

（4）产品价格很高，可使人产生高档的印象。

2. 渗透定价

所谓渗透定价是企业把其新产品价格定得相对较低，以吸引大量顾客、提高市场占有率。渗透定价需要具备以下条件：

（1）需求对价格极为敏感，低价可以刺激市场迅速增长。

（2）企业的生产成本和经营费用，会随着生产经营经验的增加而下降。

（3）低价不会引起实际和潜在的过度竞争。

这方面一个典型的案例是我国手机行业的小米手机。该厂家在推出新产品时，就采取渗透定价策略，从而迅速取得了销售业绩的突破。

（五）产品组合定价策略

当产品只是产品组合的一部分时，必须对定价方法进行调整。

1. 产品大类定价

通常企业开发出来的是产品大类，而不是单一产品。在定价时首先确定某种产品的最低价格，它在产品大类中充当领袖价格，以吸引消费者购买产品大类中的其他产品；其次，确定产品大类中某种产品的最高价格，它在产品大类中充当品牌质量和收回投资的角色；再者，产品大类中的其他产品也分别依据其在产品大类中的角色不同而制定不同的价格。

2. 任选产品定价

许多企业在提供主产品的同时，会附带一些可供选择的产品或服务，如汽车用户可以订购电子开窗控制器、倒车影像等。对于任选产品的定价，有两种策略可供选择：一种是为任选产品定高价，靠它盈利；另一种是定低价，靠它招徕顾客。

3. 附属产品定价

有些产品需要附属或补充品配合才能使用，例如剃须刀与刀片、打印机与硒鼓等。通常以较低价销售主产品来吸引顾客，以较高价销售附属或补充产品来增加利润。

4. 分部定价

服务性企业经常会收取一笔固定的费用，再加上可变的使用费。例如一些游乐园一般先收门票费，再对某些游乐项目另外收费。

5. 产品系列定价

企业经常打包出售一组产品或服务，这就是产品系列定价，也称为价格捆绑，目的是刺激产品线的需求，充分利用整体运营的成本经济性，努力提高利润。

捆绑可包括：一是纯粹的捆绑，指的是一次买下所有的东西，不能分开购买。如微软将Windows 操作系统和 IE 浏览器捆绑出售给消费者；二是混合捆绑，消费者可以选择捆绑购买，也可以选择分开购买。通常，产品系列捆绑价格会低于单独购买其中每一样产品的费用总和。

三、有吸引力的购买渠道

为了吸引客户，企业还应当通过恰当的销售渠道或途径，使客户很容易、很方便地购买到企业的产品或者服务。

（一）产品或者服务的销售途径要方便客户

产品或服务的渠道是否方便客户，决定了客户获得的价值和付出的成本，是客户决定选择哪一家企业的产品或服务的重要参考指标。

企业为了更好地为客户服务，对所在地和周边的客户，可采取巡回服务的方式，而对距离较远的外地客户，可以采取设立分公司的形式。一旦企业选择的地点或便利性不够理想，过于费时费力，客户就会放弃消费，或者转向竞争者。

例如，过去银行通常都设在市区，基本不考虑规划停车场。伴随人口向郊区转移以及郊区大型购物中心的兴起，银行开始重新考虑提高其服务的可获得性——有更好的停车场所，地点离公交车站很近；或者设在购物中心，方便客户。

又如，航空公司在航空市场欠发达的地区建立代销网络，如通过当地旅游部门、民航部门等代理机票销售，可以方便有需求的乘客，还可在一定程度上使航空公司摆脱因资金和人力的有限而对销售网络的发展产生的制约，同时降低机票的销售成本。

在航空市场相对发达的地区，航空公司可以建立直销网络，如在这些地区的主要地区的机场、繁华地段、高级宾馆、银行等开办机票直销处，可以吸引和方便乘客购买机票，同时增强航空公司自主营销的能力，减少销售代理费的长期支付，降低机票的销售成本，从而增加收益。

企业为客户提供产品或服务的地理位置不仅影响客户接受服务的便利程度，还表现出企业的市场定位和企业形象，因而设店选址对企业来说尤为重要。

（二）要通过技术手段提高产品或服务的可获得性和便利性

随着信息技术和自动化技术的不断普及，网络、电话、自动加油泵、自动售货机等技术的运用越来越广泛，可以大大提高购买或消费的可获得性及便利性。

例如，寿险公司为了吸引和方便客户购买寿险，面对新的市场情况和技术情况开通了寿险超市、网上寿险、银行寿险、邮政寿险等形式来吸引和方便人们购买寿险。

又如，银行面对新的市场情况和技术情况，开通了网上银行、电话银行等形式，方便了人们对银行服务的消费。而如今除了现金存取业务以外，诸如转账、基金的申购赎回、个人外汇买卖、个人黄金投资等业务都可以通过网上银行或手机 App 来办理，功能十分强大。

如今，互联网是最经济的分销渠道，不需要任何直销点建设成本的投入。例如，航空公司开通网上机票销售业务，乘客可通过航空公司官网、官方微信公众号或授权的第三方售票 App 等多种渠道轻松购买机票。

四、有吸引力的促销方案

促销是促进产品销售的简称，它是企业通过人员和非人员的方式，沟通企业与消费者之间的信息，提升品牌形象，引发并刺激消费者的购买欲望，使其产生购买行为的活动。它的实质和核心是沟通信息，目的是提升品牌形象，作用在于传递信息，强化认知，突出特点，诱导需求，指导消费，扩大销售，培育偏爱，稳定销售。

（一）广告

广告是广告主以促进销售为目的，付出一定的费用，通过特定的媒体传播商品或劳务等有关经济信息的大众传播活动。广告的目标包括了激发消费者对产品的初始需求、增进消费者对产品的选择性需求，以及提醒顾客，使其产生惯性需求。

企业必须真实地设计广告，包括了内容、语言、画面、艺术手法、商品的真实性，这反映了企业的商业道德和社会责任。广告同样带有社会性质，其作为一种具有鲜明思想性的社会意识形态，会潜移默化地影响社会文化和社会风气。广告的内容和形式要富有针对性，要根据不同的广告对象决定广告内容。在内容表达上要具有感召性，激发消费者的购买欲望，同时，简短清晰地表明品牌个性是品牌广告设计的客观要求。广告是一门艺术也是一门科学。这要求广告的设计需要构思新颖、语言生动有趣、图案美观大方、色彩鲜艳和谐，同时在形式上也要不断创新。

广告的优点在于迅速及时，能够准确无误地刊登或安排播放时间，全面控制信息内容，能让信息在客户心中留下深刻的印象。

广告的缺点在于单向沟通，公众信任度较低，容易引起客户的逆反心理。

几种常见的广告形式及其优缺点可归纳如下：

1. 报纸广告

其优越性表现在：影响广泛，与人民群众联系密切，发行量大；传播迅速，报纸可及时传递有关经济信息；报纸易于携带，价格低廉；易于处置，报纸便于剪贴、保存和查找信息；信赖性强，借助报纸的威信，能提高广告的可信度。

报纸的不足之处在于：因为登载的内容繁多复杂，容易分散对广告的注意力；印刷不精美，吸引力低；广告时效性短，重复性差，只能维持当期效果。

2. 杂志广告

杂志以登载各种专门知识为主，是各类专门产品的良好的广告媒体。其优点有：针对性，广告宣传对象明确，针对性强；重复性，杂志有较长的保存期，读者可以反复查看广告。广泛性，杂志发行面广，可以扩大广告宣传范围；开拓性，杂志读者一般有较高的文化水平和生活水平，比较容易接受新事物，利于刊登开拓性广告；吸引性，杂志印刷精美，能较好地反映产品的外观形象，引起读者注意。

杂志媒体的缺点是发行周期长，传播不及时。

3. 广播广告

广播媒体的优越性有：传播迅速、及时；制作简便，费用较低；具有较高的灵活性；听众广泛，不论男女老幼、是否识字，均能受其影响。

使用广播做广告的局限性在于稍纵即逝，不便记忆；有声无形，印象不深；不便存查。

4. 电视广告

电视作为广告媒体虽然在20世纪40年代才出现，但因其有图文并茂的优势，发展迅速，从众多媒体中脱颖而出，成为最重要的广告媒体。具体说来，电视广告媒体的优点有：因电视有形、有色，听视结合，使广告形象、生动、逼真、感染力强；由于电视已成为人们文化生活的重要组成部分，收视率较高，使电视广告的宣传范围广，影响面大；宣传手法灵活多样，艺术性强。

电视做广告媒体的缺点是：时间性强，不易存查；制作复杂，费用较高；播放节目繁多，易分散受众对广告的注意力。

5. 网络广告

网络广告有其得天独厚的优势，表现在：互联网传播范围广，网络广告可跨越时空，具有广泛的传播力；内容详尽，交互查询，沟通性和针对性强，无时间约束；广告效果易于统计；同时广告费用较低。

网络广告也具有先天的不足，表现在：缺乏吸引力；互联网的虚拟性致使网上浏览者对广告心存抵触。

6. 邮寄广告

邮寄广告的优点在于：对象明确，有较大的选择性和较强的针对性；提供信息全面，有较强的说服力；具有私人通信性质，容易联络感情。

其缺点在于：传播面较小，并有可能忽视了某些潜在消费者；不易引起注意；广告形象较差，有可能成为三等邮件。

7. 基于地点的广告

如今广告出现在许多之前被认为不会出现商业信息的场所，如下水道的井盖、休息室的小隔间等，这些将广告媒介带到消费者可能出现的各种场所，归结为基于地点的广告。

其包括广告牌广告（有传统的，也有电子的，是公认的广告宣传媒介）、公共场所广告（飞机场、车站、公交站、休息室、停车场、赛场、校园、电影院、车船、电梯、浴室甚至厕所等）、销售点广告（各种交易场所的店内广告，包括购物车、通道、货架、店内展示、赠品、优惠券等）和无固定地点广告（空中广告等）。

8. 附着在产品上的广告

附着在产品上的广告亦称植入广告，是指附着在产品或服务中，并与其融为一体的广告。现实生活中常见到将广告巧妙地植入电视节目（如天气预报）、影视作品、游戏、电影中。可以说，产品植入是整合推广在数量上的巨大增长，是重要的趋势之一，而这种趋势将改变媒体的发展前景。

（二）公共关系

公共关系（Public Relation）包括了设计用来推广或保护一个企业形象及其品牌产品的各种计划。也就是说，公共关系是指企业在从事市场营销活动中正确处理企业与社会公众的关系，以便树立品牌及企业的良好形象，从而促进产品销售的一种活动，它不是广告，不支付费用，也不能控制媒体报道内容。其关注的是企业及品牌形象，目的是为企业营造对企业及品牌信任的公共环境，而不是为具体的企业产品或服务创造需求。

公共关系是一种社会关系，但又不同于一般社会关系，也不同于人际关系，因为它有独有的特征。公共关系的基本特征表现在以下几方面：

公共关系是一定社会组织与其相关的社会公众之间的相互关系。这里包括三层含义：其一，公关活动的主体是一定的组织，如企业、机关、团体等。其二，公关活动的对象既包括企业外部的顾客、竞争者、新闻界、金融界、政府各有关部门及其他社会公众，又包括企业内部职工与股东。公关有内部公关与外部公关之分（内部公关对象是企业内部职工、股东等，外部公关对象是顾客、社会公众、政府等）。这些公关对象构成了企业公关活动的客体。其三，公关活动的媒介是各种信息沟通工具和大众传播渠道。

公共关系的活动以真诚合作、平等互利、共同发展为基本原则。公共关系以一定的利益关系为基础，这就决定了主客双方必须均有诚意，平等互利，并且要协调、兼顾企业利益和公众利益。这样，才能满足双方需求，以维护和发展良好的关系。否则，只顾企业利益而忽视公众利益，不考虑企业信誉和形象，就不能构成良好的关系，也毫无公共关系可言。

公共关系的活动方式主要有以下五种：

1. 宣传性公关

宣传性公关是指运用报纸、杂志、广播、电视等各种传播媒介，采用撰写新闻稿、演讲稿等形式，向社会各界传播企业有关信息，以形成有利于企业形象的社会舆论，创造良好气氛的活动。这种方式传播面广，对推广企业形象效果较好。

2. 征询性公关

征询性公关是指通过开办各种咨询业务、制定调查问卷、进行民意测验、设立热线电话、聘请兼职信息人员、举办信息交流会等各种形式，连续不断地努力，逐步形成效果良好的信息网络，再将获取的信息进行分析研究，为经营管理决策提供依据，为社会公众服务。

3. 交际性公关

交际性公关是指通过语言、文字的沟通，巩固传播效果。可采用宴会、座谈会、招待会、谈判、专访、慰问、电话、信函等形式。交际性公关具有直接、灵活、亲密、富有人情味等特点，能深化交往层次。

4. 服务性公关

服务性公关是指通过各种实惠性服务，以行动去获取公众的了解、信任和好评，以实现既有利于促销又有利于树立和维护企业形象与声誉的活动。企业可以采取各种方式为公众提供服务，如消费指导、消费培训、免费修理等。

5. 赞助性公关

赞助性公关是指通过赞助文化、教育、体育、卫生等事业，支持社区福利事业，参与国家、社区重大社会活动等形式来塑造品牌及企业良好形象，提高品牌及企业的社会知名度和美誉度的活动。这种公关方式，公益性强，影响力大，但成本较高。企业的赞助活动可以是独家赞助（或称单一品牌赞助），也可以是联合赞助。

（三）销售促进

销售促进（Sales Promotion），又称营业推广，它是指企业运用各种短期诱因鼓励消费者和中间商购买、经销（或代理）企业产品或服务的促销活动。销售促进也是构成促销组合的一个重要促销形式。概括说来，销售促进有如下特点：

销售促进的即期促销效果显著。在开展销售促进活动中，可选用的方式多种多样。一般说来，只要能选择合理的销售促进方式，就会很快地收到明显的增销效果，而不像广告和公共关系那样需要一个较长的时期才能见效。因此，销售促进适合于在一定时期、一定任务的短期性的促销活动中使用。

销售促进是一种辅助性促销方式。人员推销、广告和公共关系都是常规性的促销方式，而多数销售促进方式则是非经常性的。正因为销售促进有贬低产品或品牌之意，使得它只能是一种辅助促销方式、补充方式。销售促进方式的运用能使与其配合的促销方式更好地发挥作用。

销售促进具有两个相互矛盾的特征：一方面是强烈的呈现，似乎告诉顾客“机会难得、时不再来”，进而能打破消费者需求动机的衰变和购买行为的惰性；另一方面是产品或品牌贬低，销售促进的一些做法也常使顾客认为卖者急于抛售，如果频繁使用或使用不当，顾客会怀疑产品的质量、价格，进而折损品牌形象。

销售促进的方式多种多样，每一个企业不可能全部使用。这就需要企业根据各种方式的特点、促销目标、目标市场的类型及市场环境等因素选择适合本企业的销售促进方式。

向消费者推广的销售促进主要有以下几种方式：

1. 赠送样品

向消费者免费赠送样品，可以鼓励消费者认购，也可以获取消费者对产品的反映。样品赠送，可以有选择地赠送，也可在商店或闹市地区或附在其他商品和广告中无选择地赠送。这是介绍、推销新产品的一种方式，但费用较高，对高价值商品不宜采用。

2. 赠送代金券

代金券作为对某种商品免付一部分价款的证明，可以邮寄，也可以附在商品或广告之中赠送，还可以对购买商品达到一定数量的顾客赠送。这种形式有利于刺激消费者使用老产品，也可以鼓励消费者认购新产品。

3. 包装兑现

包装兑现即采用产品包装来兑换现金，例如收集若干个饮料瓶盖，可兑换一定数量的现金或实物，借此鼓励消费。

4. 廉价包装

廉价包装又叫作折价包装，即在商品包装上注明折价数额或比例。廉价包装可以是一件商品单装，也可以是若干件商品批量包装，这种形式能够刺激短期销售。

5. 赠品印花

赠品印花又叫作交易印花。消费者在购买商品的时候获赠印花。当印花积累到一定数量时，可以兑换现金或商品。

第二节　推销导向的开发策略

所谓推销导向的开发策略，就是企业在自己营销导向的开发策略没有明显特色或者缺乏吸引力的情况下，通过人员推销的形式，引导或者劝说客户购买，从而将目标客户开发为现实客户的过程。

一、寻找客户的策略

（一）逐户访问法

逐户访问法又被称为"地毯式寻找法"，指推销人员在所选择的目标客户群的活动区域内，对目标客户进行挨家挨户的访问，然后进行说服的方法。

一般来说，推销人员采用此法成功开发客户的数量与走访的人数成正比，要想获得更多的客户，就得访问更多数量的人。

逐户访问法的优点包括了在锁定的目标客户中不放过任何一个有可能成交的客户；可借机进行市场调查，了解目标客户的需求倾向；是推销人员与各种类型客户打交道并积累经验的好机会。

逐户访问法的缺点在于家庭或单位出于安全方面的考虑一般多会拒绝访问。

此外，逐户访问法还具有以下特点：需耗费大量的人力；推销人员为人处世的素质和能力是成功的关键；若赠送样品，则成本更高。

（二）会议寻找法

会议寻找法是指到目标客户出席的各种会议中，如订货会、采购会、交易会、博览会，捕捉机会与目标客户建立联系，从中寻找开发客户的机会。

如出版社利用"全国书市"聚集全国各地的大小书店、图书馆等，与之接触交谈，争取把他们培养成自己的客户。

（三）到俱乐部寻找

物以类聚、人以群分，每个人都有自己的小圈子和自己特定的活动场所，因此，如果能够进入目标客户的社交圈子，对其工作的开发也就容易进行了，胜算也大一些。

例如，打高尔夫球的一般是高收入阶层的人士，有个叫小张的保险推销员为了能够接触到这类人士，很用心，也花了不少钱，参加了一家高尔夫球俱乐部，这使得他有机会经常与这些高收入人士交流球技，与他们做朋友……结果，他签到了许多大的保险单。

（四）在亲朋故旧中寻找

在亲朋故旧中寻找是指将自己接触过的亲戚、朋友列出清单，然后一一拜访，争取在这些亲朋故旧中寻找自己的客户。

每个人都有一个关系网，如同学、同乡、同事等，可以依靠关系网进行客户开发。其优点在于容易接近，不需要过多地寒暄和客套即可切入主题，且比陌生拜访的成功率要高出许多倍。这种策略的缺点为由于是亲朋故旧的关系，可能会患得患失不敢开口。

（五）资料查询法

资料查询法是指通过查询目标客户的资料来寻找目标客户的方法。

资料查询法的优点在于较快地了解市场需求量和目标客户的情况，且成本较低。缺点是时效性较差。

可供查询的资料来源包括：

（1）电话号码簿，记录了公司或机构的名称、地址和电话号码。

（2）团体会员名册，如刊物订阅者的名册、协会会员名册、股份公司的股东名册、行业的公司名册、工商企业名录等。

（3）证照核发机构，如企业经营许可证、烟酒专卖证、驾驶执照等。

（4）税收名册，如纳税记录、纳税排行榜等。

（5）报纸、杂志登载的信息，如新公司的成立、新商店的开业、新工程的修建等，往往需要多种产品，他们都可能会成为企业的客户。

（六）咨询寻找法

咨询寻找法是指利用信息服务机构所提供的有偿咨询服务来寻找目标客户的方法。其优点在于方便快捷，节省时间，但可靠性难以判断。此外，由于咨询机构都是有偿服务，成本相对较高。

（七）“猎犬法”

“猎犬法”又称委托助手法，指委托与目标客户有联系的人士协助寻找目标客户的方法。它节省了推销人员的时间，使他们把精力用在重点推销的对象上。

委托的助手所从事的职业都是在直接使用推销品的行业或与之对口、相关的行业，这样有利于捕捉有效信息，扩大信息情报网，甚至可利用职业的关系，并且又以第三者公正的形象出现，说服能力可能更强。

在地域辽阔、市场分散、交通通信不发达、供求信息比较闭塞的地方，利用推销助手法既可及时获得有效的推销情报，有利于开拓新的推销区域，又可以降低推销成本，提高推销的经济效益。但是，助手的人选不易确定，因此确定适当的助手是该方法成功的关键。

（八）介绍法

介绍法是指通过他人的介绍来寻找有可能购买的客户的一种方法。

人与人之间有着普遍的交往与联系，消费需求和购买动机常常互相影响，同一个社交圈内的人可能具有某种共同的消费需求。只要取得现有客户的信任，就可以通过现有客户的自愿介绍，寻找到可能成为客户的其他人，而且说服的可能性较大。

此外，商业伙伴也可以帮助介绍和推荐。企业是无法单独生存的，至少它必须有进货的上家和销售的下家。由于大家都处在同一利益链中，很容易因“唇亡齿寒”的“同伴意识”而“互相照顾”“互相捧场”，如果能利用这种心态和利害关系，请上家和下家帮助介绍客户，将会有不小的收获。

另外，有的企业客户很多，甚至没有时间招呼客户，如果与这类企业搞好关系，就可能得到他们的帮助。

介绍法的优点在于信息比较准确、有用。介绍人知道什么时候、他的哪位朋友需要这样的产品，这样就可减少开发过程中的盲目性；这种方法能够增强说服力，由于是经过熟人介绍，容易获取客户的信任，成功率较高。一般适用于寻找有相同消费特点的客户，或在销售群体性较强的产品时使用。

（九）“中心开花”法

“中心开花”法是指在某一特定的目标客户群中选择有影响的人物或组织，并使其成为自己的客户，借助其帮助和协作，将该目标客户群中的其他对象转化为现实客户的方法。

一般来说，可作为“中心”的人物或组织，有政商要人、文体巨星、知名学者、名牌大学、星级酒店、知名企业等。他们往往在公众中具有很强的影响力，拥有很高的社会地位以及很多的崇拜者，他们的购买与消费行为有示范作用和先导作用，甚至能够引发崇拜者的购买与消费行为。这种方法的优点在于利用名人的影响力可扩大企业及产品的影响力，容易让客户接受，但是完全将开发客户的希望寄托于某一个人或组织，风险较大，而且选择恰当的“中心”非常重要，中心人物或组织是否合作，以及其后期表现同样会影响其介绍客户的忠诚度。

（十）电话寻找法

电话寻找法是指以打电话给目标客户的形式来寻找客户的方法。优点在于成本较低，能够节约人力资源，但是无法从客户的表情、举止判断他的反应，容易遭到拒绝。

（十一）信函寻找法

信函寻找法是指以邮寄信函的方式来寻找客户的方法。如向目标客户寄送邮购产品目录、宣传单、插页等，向他们介绍公司的产品或者服务以及订购和联系的方式。

信函寻找法的优点在于覆盖的范围比较广，可传达的信息比较多，可涉及的目标客户数量比较多，且成本较低。

信函寻找法的缺点在于时间较长，除非产品有特殊的吸引力，否则一般回复率较低。

（十二）短信微信寻找法

短信微信寻找法是指通过发送短信、微信来寻找客户的方法。其优点在于方便快捷，价格低廉，能够打破地域限制，发出的信息可以保留，随时提醒接收者；可及时与客户交流，增进与客户的感情。但是这种方法会受到虚假诈骗的影响，可信度不够，另外，有些客户对无关的微信、短信十分反感。

（十三）网络寻找法

网络寻找法是指借助互联网宣传、介绍自己的产品从而寻找客户的方法。包括了微博、微信、博客等。

企业可以根据自己的经营范围登录专业网站，浏览国内外的需求信息，并且与这些有需求的客户联系，还可以在网上发布供应信息，吸引客户，进而积累客户资源。或登录专门的商务网站，如阿里巴巴的商务通、贸易通等去寻找并与客户及时沟通，或建立微博、微信公众号及官方网站，吸引和方便潜在的客户主动与自己联系。

网络寻找法方便快捷，信息量大，成本低，但是它同时也受到了网络普及、上网条件以及网络诚信的影响。

（十四）挖对手的客户

挖对手的客户是指企业运用各种竞争手段，如通过创新的产品、免费的培训和优惠的价格等方式，从竞争对手手中抢夺目标客户的方法。当对手的产品、服务明显不能满足目标客户的需求时，此方法最实用。

二、说服客户的策略

找到客户不等于能够开发成功，因为还需要一个说服客户的过程，那么如何说服客户呢？

（一）接近客户的方法

1. 馈赠接近法

馈赠接近法是指推销人员通过赠送礼物来接近客户的方法，此法比较容易博得客户的好感，拉近与客户之间的关系，同时客户也较为乐意合作。

2. 赞美接近法

赞美接近法是指推销人员利用客户的虚荣心，以称赞的语言博得客户的好感，从而接近客户的方法。需要注意的是，推销人员称赞客户时要真诚、要恰如其分，切忌虚情假意，否则会引起客户的反感。

3. 服务接近法

服务接近法是指推销人员通过为客户提供有效的并符合需要的服务，如维修服务、信息服务、免费试用服务、咨询服务等来博得客户的好感，赢得客户的信任，从而接近客户的方法。

4. 求教接近法

求教接近法是指推销人员通过请客户帮忙解答疑难问题，从而接近客户的方法。在求教后要注意及时、自然地将话题导入有利于促成交易的谈话中。

（二）接待不同类型客户的方法

（1）接待熟悉的老客户要热情，要有如遇故友的感觉。

（2）接待新客户要有礼貌，以给其留下良好的第一印象。

（3）接待精明的客户要有耐心，不要显示出厌烦的情绪。

（4）接待性子急或有急事的客户，要注意快捷，提高效率。

（5）接待需要参谋的客户，要当好他们的参谋，不要推诿。

（6）接待自有主张的客户要让其自由挑选，不要去干扰他。

（7）接待女性客户要注重新颖和时尚，满足她们爱美和求新的心态。

（8）接待老年客户要注意方便和实用，要能让他们感到公道和实在。

（三）立即获得客户好感的方法

1. 问候

面带微笑，有礼貌地与客户打招呼，适当尊称对方，热情称呼他们的名字，向他们问好。记住客户的名字，容易让客户产生被尊重的感觉，可以加深与客户之间的感情。

2. 感谢与称赞

首先感谢对方的接见，语气要热忱有力，接着要对客户做出具体、真诚的称赞，不要随便奉承，如果做不到，宁可省略，以免达到反效果。

3. 微笑

热情、微笑会让客户流连忘返，这是一种简单、易行、不花本钱又行之有效的秘诀。

（四）说服客户的技巧

1. 介绍

大方地介绍自己的公司和名字，自信说出拜访理由，让客户感受到专业及可信赖。

向客户介绍企业的情况和产品的优点、价格及服务方式等信息；及时解答和解决客户提出的问题，消除客户的疑虑，向顾客阐述购买产品的好处，并且根据客户的特点和反应，及时调整策略和方法。

2. 善于倾听

倾听不仅有助于了解客户，而且也显示了对客户的尊重，良好的倾听表现如下：

身体稍微前倾，保持虔诚的身体姿势，眼睛保持与客户的视线接触（不时对视，但无须目不转睛），经常点头，表示在听。

认真听客户讲的话，把客户所说的每一句话、每一个字，都当作打开成功之门的密码，绝不放过，当然也要留意客户没有讲的话。

适当地做笔记，适时地提问，确保理解客户的意思，并且思考客户为什么这么说、为什么不那么说。

3. 换位思考

一般来说，客户只关心自己的事，只关心自己能够从企业那里得到什么，因此，企业应当站在客户的立场上去想问题。

4. 投其所好

每个人都有自己的爱好，而这种爱好往往又希望得到别人的赞赏和认同。推销员应积极发现客户的爱好和兴趣，尽量满足对方的愿望，这样双方之间的距离一下会拉近很多，甚至能够成为朋友，这将极大地便利接下来的说服工作。

5. 表示客户就要被说服的信号

客户一旦被说服、产生购买欲望时，往往会有意无意地发出一些信号；反之，说明说服工作还没有做到家，应当继续说服。这些购买信号如下：

信号 1：当推销员将产品的有关细节以及各种交易条件介绍之后，客户表现出认真的神情，并且与竞争对手的条件进行比较。

信号 2：诉说使用其他品牌的同类产品或服务的不满。

信号 3：以种种理由要求降低产品或服务的价格。

信号 4：客户要求详细说明产品或服务的内容、注意事项、售后服务等。

信号 5：主动、热情地将推销员介绍给部门经理或总经理。

信号 6：对推销员的接待态度明显好转，接待档次明显提高。

当客户发出以上信号时，表明客户就要被说服，且有成交的意向，这时候推销人员要再接再厉、把握时机，争取最终说服客户。

（五）推销人员的素质

人员推销是一个综合的，复杂的过程。它既是信息沟通过程，也是商品交换过程，又是技术服务过程。推销人员的素质，决定了人员推销活动的成败。推销人员一般应具备如下素质：

1. 态度热忱，勇于进取

推销人员是企业的代表，有为企业推销产品的职责；同时又是顾客的顾问，有为顾客的购买活动当好参谋的义务。企业促销和顾客购买都离不开推销人员。因此，推销人员要具有高度的责任心和使命感，热爱本职工作，不辞辛苦，任劳任怨，敢于探索，积极进取，耐心服务，同顾客建立友谊，这样才能使推销工作获得成功。

2. 求知欲强，知识广博

广博的知识是推销人员做好推销工作的前提条件。较高素质的推销员必须有较强的上进心和求知欲，乐于学习各种必备的知识。一般说来，推销员应具备的知识包括以下几个方面：

（1）企业知识。

要熟悉企业的历史及现状，包括本企业的规模及在同行业中的地位、企业的经营特点、经营方针、服务项目、定价方法、交货方式、付款条件和保管方法等；还要了解企业的发展方向。

（2）产品知识。

要知晓产品的性能、用途、价格、使用知识、保养方法，换代产品比原产品新增功能和利益以及竞争者的产品情况等。

（3）市场知识。

要了解目标市场的供求状况及竞争者的相关情况，熟悉目标市场的环境，包括国家的有关政策、条例等。

（4）心理学知识。

了解并适时适地地运用心理学知识来研究顾客心理变化和要求，以便采取相应的方法和技巧。

（5）财务知识。

推销人员了解财务知识是保证销售收入顺利回收的重要前提。此外，推销人员还应了解政策法规的最新变化及影响等。

3. 文明礼貌，善于表达

在人员推销活动中，推销人员推销产品的同时也是在推销自己。这就要求推销人员要注意推销礼仪，讲究文明礼貌，仪表端庄，热情待人，举止适度，谦恭有礼，谈吐文雅，口齿伶俐，在说明主题的前提下，语言要诙谐、幽默，从而给顾客留下良好的印象，为推销获得成功创造条件。

4. 富于应变，技巧娴熟

市场环境因素多样且复杂，市场状况很不平稳。为实现促销目标，推销人员应具有娴熟的推销技巧，能对变化万千的市场环境采用恰当的推销技巧。推销人员要能准确地了解顾客的有关情况，能为顾客着想，尽可能地解答顾客的疑难问题，并能恰当地选定推销对象；要善于说服顾客（对不同的顾客采取不同的技巧）；要善于选择适当的洽谈时机，掌握良好的成交机会；并要善于把握易被他人忽视或不易发现的推销机会。

（六）推销人员的甄选与培训

对选拔出来的推销人员，还需经过培训才能上岗，使他们学习和掌握有关知识与技能。同时，每隔一段时间，还要对在岗推销人员进行培训，使其了解企业的新产品、新的经营计划和新的市场营销策略，进一步提高适岗能力。培训内容通常包括企业知识、产品知识、市场知识、心理学知识和政策法规知识等内容。

培训推销人员的方法很多，常用的方法有三种：一是讲授培训。这是一种课堂教学培训方法。一般是通过举办短期培训班或进修班等形式，由专家、教授和有丰富推销经验的优秀推销员来讲授基础理论和专业知识，介绍推销方法和技巧。二是模拟培训。它是受训人员亲自参与的有一定真实感的培训方法。具体做法是，由受训人员扮演推销人员向由专家教授或有经验的优秀推销员扮演的顾客进行推销，或由受训人员分析推销实例等。三是实践培训。实际上，这是一种岗位练兵。当选的推销人员直接上岗，与有经验的推销人员建立师徒关系，通过传、帮、带，使受训人员逐渐熟悉业务，成为合格的推销人员。

本章小结

新企业需要将吸引和开发客户作为首要任务。企业开发客户的具体策略可以分为营销导向的开发策略和推销导向的推销策略。

营销导向的开发策略就是企业通过适当的产品、适当的价格、适当的分销渠道和适当的促销手段，吸引目标客户和潜在客户产生购买欲望并付诸行动的过程。有吸引力的产品或服务包括了功能效用、质量、外观、规格、品牌、商标、包装以及相关的服务和保证等；有吸引力的价格或收费需要充分考虑不同的定价策略；在渠道方面，产品或服务的销售途径要方便客户，并要通过技术手段提高其可获得性和便利性。此外，企业也可以通过广告、公共关系、销售促进等方面制定有吸引力的促销方案。

推销导向的开发策略，就是企业在自己营销导向的开发策略没有明显特色或者缺乏吸引力的情况下，通过人员推销的形式，引导或者劝说客户购买，从而将目标客户开发为现实客户的过程。企业可以通过逐户访问、会议寻找、到俱乐部寻找、在亲朋故旧中寻找、资料查询、咨询寻找、“猎犬法”、介绍、“中心开花”、电话寻找、信函寻找、短信微信寻找、网络寻找、挖对手的客户等方式来寻找客户。在与客户接触时，要注重接近客户、获得客户好感以及说服客户的方法。同时推销人员应当经过甄选与培训，具备相当的专业知识与素质，才能更好地完成推销工作。

关键术语

客户开发　　营销导向的客户开发策略　　推销导向的客户开发策略

配套实训

选择一家熟悉的企业，针对其新推出的产品或服务，制定一份以营销或推销为导向的客户开发方案。

课后习题

一、单选题

1. 吸引客户最基本的立足点是产品的（　　）。

A. 功效　　B. 质量　　C. 特色　　D. 品牌

2. 以下属于杂志广告缺点的是（　　）。

A. 没有形象效果　　B. 注目率不高

C. 可行度差　　D. 排版编排缺乏灵活性

3. 利用部分客户的求廉心理，将某种产品的价格定得较低以吸引客户，这种定价策略叫作（　　）。

A. 组合定价　　B. 关联定价　　C. 招徕定价　　D. 差别定价

二、填空题

1. 销售促进的主要手段包括了__________、__________、__________和__________。

2. 网络寻找客户的优点包括了__________、__________、__________和__________。

3. 接近客户的方法包括了__________、__________、__________和__________。

三、问答题

1. 营销导向的客户开发策略包括了哪些方面？
2. 推销导向的客户开发策略包括了哪些方面？
3. 企业可以强调产品的哪些方面来开发客户？
4. 企业可以通过哪些类型的广告来开发客户？
5. 企业可以通过哪些类型的公共活动来开发客户？
6. 优秀的推销人员需要具有哪些素质？
7. 企业可以通过哪些方法来寻找客户？

讨论案例

星巴克的客户关系管理

星巴克是一个奇迹，它可能是过去10年里成长最快的公司之一，而且增长势头没有丝毫减缓的迹象。自1992年在纳斯达克公开上市以来，星巴克的销售额平均每年增长20%以上。在过去的10年里，星巴克的股价上涨了2 200%。星巴克也是世界上增长最快的品牌之一，它是《商业周刊》“全球品牌100强”最佳品牌之一，其品牌价值与上年相比增长12%，是为数不多的在如此恶劣的经济环境下仍能保持品牌价值增长的公司。

星巴克成功的重要因素是它视“关系”为关键资产，公司董事长舒尔茨一再强调，星巴克的产品不是咖啡，而是“咖啡体验”。与客户建立关系是星巴克战略的核心部分，它特别强调的是客户与“咖啡大师傅”的关系。

舒尔茨认识到“咖啡大师傅”在为客户创造舒适、稳定和轻松的环境中的关键角色，那些站在咖啡店吧台后面直接与每一位客户交流的吧台师傅决定了咖啡店的氛围。为此，每个“咖啡大师傅”都要接受培训，培训内容包括客户服务、零售基本技巧以及咖啡知识等。“咖啡大师傅”还要预测客户的需求，并在解释不同的咖啡风味时与客户进行目光交流。

另外，客户在星巴克消费的时候，收银员除了品名、价格以外，还要在收银机输入客户的性别和年龄段，否则收银机就打不开。所以公司可以很快知道客户消费的时间、消费了什么、金额多少、客户的性别和年龄段等，除此之外，公司每年还会请专业公司做市场调查。

星巴克也通过反馈来增强与客户的关系。每周，星巴克的管理团队都要阅读原始的、未经任何处理的客户意见卡。一位主管说：“有些时候我们会被客户所说的吓一跳，但是这使得我们能够与客户进行直接的交流。在公司层面上，我们非常容易失去与客户的联系。”

但是，星巴克的客户关系管理同样面临着挑战，包括以下问题：

1. 品牌的迷失

(1) 经济下滑，购买力下降。全球经济低迷、食品与汽油价格上涨，导致中产阶级与小资的荷包变瘪，第三空间的消费情调也降低。尤其美国的消费者更是今天花明天的钱，当前的经济不景气，购买力有整体下滑趋势。

(2) 扩张无度，加速品牌平淡化。从1 000家店到13 000家的无度扩张，导致了“星巴克体验”的平淡化，原有客户的小资情结和优越体验逐渐弱化，时尚文化的韵味正在衰减，使得原有顾客心中的品牌价值也越来越贬值了。

(3) 品牌泛化，无异于品牌自宫。星巴克发展到后期就开始品牌泛化，盲目延伸产品线。

2. 服务质量下降

店面的无度扩张，直接导致服务质量的下降。

阅读上述资料，分组讨论以下问题：

结合案例及所学理论，为星巴克制定一份营销导向的客户开发策略，以应对现有的客户关系管理方面的挑战。

第四章

客户信息的收集

学习目标

◇ 知识目标

掌握客户信息及其类型、客户信息的处理流程、个人客户信息包含的内容、企业客户信息包含的内容、收集客户信息的渠道、客户数据库；

理解客户信息的采集原则、收集客户信息的重要性、客户数据库的重要作用、保护客户信息安全性的具体措施；

了解客户信息安全性的现状、保护客户信息安全性的重要意义。

◇ 技能目标

掌握客户信息的收集、管理及使用技巧。

导入案例

贴心为客户服务的蓝天大酒店

庄学忠先生是新加坡南洋商贸公司的总裁。由于业务关系，他经常到苏州出差。每次到苏州，他必定下榻蓝天大酒店。这一点颇令他的朋友们纳闷，凭庄先生的财力和身份，完全可以入住四、五星级的高档酒店，为何独钟爱三星级的蓝天大酒店？其实庄先生只是蓝天大酒店庞大的客户网络中的一员。自5年前开业至今，几乎每一个入住光临过蓝天的顾客都很快成为蓝天的忠实拥护者。庄先生预备来苏州时，一个预订电话，报上姓名，一切手续就都已安排妥当，而且还会有意想不到的惊喜在等候着他。蓝天大酒店的奇特现象引起了人们的关注，作为苏州酒店的佼佼者，其成功的奥妙何在？

蓝天大酒店的营销总监梁先生为公众揭开了谜底：顾客是酒店的客户，也是活生生的有七情六欲的人。酒店与客人之间不能仅仅只是一种商业交往的经营行为，更重要的是人与人之间的情感沟通。要真正做到宾至如归，必须对客人的嗜好、习惯、消费需求等个性化信息了如指掌，在此基础上提供的产品和服务就有明显的针对性，从而获得顾客的好感。

每一个入住蓝天的客人，尤其是那些入住次数较多的熟客，在酒店营销部都有一份详细的资料档案卡。档案卡上面记载着顾客的国籍、职业、地址、特别要求、个人爱好、喜欢什么样的娱乐活动、饮食的口味、最喜欢的菜肴和酒水等。对于入住频繁的客户，甚至连他喜欢什么样的沐浴露和洗发露、摆什么样的花、看什么报纸都有专门的记载。

庄学忠先生每次预订房间后，酒店就会根据他的资料卡显示的情况，为他安排靠近西村公园的房间，号码是他的幸运数字16；再在房间里摆上蓝天大酒店的总经理亲笔签名的欢迎信，旁边摆放他最喜欢的康乃馨鲜花篮；他耳朵听力不好，电话铃声需调大，卫生间里换上茉莉花香型的沐浴液，浴巾要用加大型的；他是一个保龄球迷，每逢蓝天大酒店有保龄球晚会，要记得通知他。

对客户的情况搜集，来源于全体员工的细致投入的服务。例如，餐厅服务员发现某位客户特别喜欢吃桂林腐乳，就将这个信息传递给营销部，存入资料库。下次该客户再来时，电脑里便会显示出这个信息，餐厅就可以迅速做出反应。所有这些，都无须客人特别叮嘱，当他再次光临时，他便能惊喜地发现，蓝天大酒店什么都替他想到了，久而久之，也就成了酒店的常客。

讨论：蓝天大酒店成功的奥秘何在？

客户是企业的宝贵资源，掌握尽可能全面的客户信息对企业而言意义重大。越来越多的企业将客户信息的管理作为重点内容，通过全面收集和分析客户信息，为企业的市场规划、产品设计和市场营销等提供有力的决策支持。

第一节　客户信息及其重要性

一、客户信息

（一）客户信息及其类型

1. 客户信息

客户信息是指客户喜好、客户细分、客户需求和客户联系方式等有关客户的基本资料。

客户信息包括描述类信息、行为类信息和关联类信息三种类型。客户信息的类型及其用途如表4－1所示。

表4－1　客户信息的类型及其用途

客户信息的类型	用途
描述类信息	了解客户的基本情况
行为类信息	掌握和理解客户的行为
关联类信息	理解影响客户行为的相关因素

（1）描述类信息。

描述类信息的用途是帮助企业了解客户的基本情况。描述性信息容易采集，主要来源于客户的登记资料及企业的运营管理系统。如果是个人客户，描述类信息包括姓名、年龄、性别和联系方式等信息；如果是企业客户，则包括企业的名称、规模、联系人和法人代表等信息。描述类信息大多是描述客户基本属性的静态数据，其优点是大多数信息比较容易采集到。但是一些涉及客户个人隐私的信息如住所、联系方式、收入等信息可能不易准确采集。

（2）行为类信息。

行为类信息的用途是帮助企业掌握和理解客户的行为。客户的行为类信息反映了客户的消费选择、决策过程。行为类数据一般都来源于企业内部交易系统的交易记录、企业呼叫中心的客户服务和客户接触记录，营销活动中采集到的客户响应数据，以及与客户接触的其他销售人员与服务人员收集到的数据信息。有时企业从外部采集或购买的客户数据也会包括大量的客户行为类数据。

客户的行为类信息包括：客户购买产品或服务的记录、客户的产品或服务的消费记录、客户与企业的联系记录、客户的消费行为、客户的偏好和生活方式等相关信息。其中，客户的偏好信息主要是描述客户的兴趣和爱好的信息。例如，有的客户喜欢旅游，有的客户喜欢看电影，有的客户喜欢数码产品。这些信息有助于企业了解客户的潜在需求。

与描述类信息不同，客户的行为类信息主要是客户在消费和服务过程中的动态交易数据和交易过程中的辅助信息，需要实时地记录和采集。

小链接

利用客户数据库开展直邮营销

A公司是一家汽车4S店，近期公司准备开展一次品牌汽车的促销活动，为了配合这次促销活动的顺利进行，公司计划事先为曾在店中留下过详细资料但最后没有消费记录的潜在客户邮寄一份精美的汽车销售材料，并附带一份小礼品。由于资料和预算有限，公司只准备了500份材料和礼品，而在该公司的客户消费记录数据中有大量的客户数据，如何才能把这500份资料邮寄给最有购买需求的顾客呢？

A公司首先找出与这次促销活动类似的已经举办过的促销活动的历史消费数据，再将这个历史数据集中的促销结果分成两类，一类表示可以最终消费的客户，通过一定规则找出通过参加促销活动并最终购买汽车的这类客户的主要特征；另一类是未产生购买行为的客户。然后利用购买概率的形式，对这次开展促销活动的新客户进行分类，这样就可以生成一个购买概率由大到小排序的客户列表，客户服务人员便按这个列表顺序向前500个客户寄出了材料和礼品。

（3）关联类信息。

关联类信息是指与客户行为相关的，反映和影响客户行为和心理等因素的相关信息。关联类信息的用途是帮助企业深入理解影响客户行为的相关因素。关联类信息有时可以通过专门的数据调研和采集获得，如通过市场调研、客户研究等获得客户的满意度、客户对产品或服务的偏好等；有时也需要应用复杂的客户关联分析来产生，如客户忠诚度、客户流失倾向、客户终生价值等。客户关联类信息是客户分析的核心目标。关联类信息往往较难采集和获得，即使获得了也不容易结构化后导入业务应用系统和客户分析系统。

客户关联类信息包括客户满意度、客户忠诚度、客户对产品与服务的偏好或态度、竞争对手行为等。

（二）客户信息的采集原则

采集客户信息需要遵循准确性、有效性、时效性和完备性等原则。

1. 准确性

准确性是对信息质量的最基本要求。要提高信息的准确性，一是要尽量保障与客户交流的准确性；二是需要登记人员学会通过客户关系维护表单工具来收集客户信息。需要注意的是，信息的准确性是客观的、相对的，只能反映一部分数据现状，而不能反映全部数据的现状，有时也会存在一定的偏差。

2. 有效性

信息越有价值，表示信息的有效性越强，对企业战略规划越有帮助。因此，获取信息时应检查信息的有效性，避免不符合条件的和错误的数据被采集。

3. 时效性

信息的时效性决定了数据分析质量的高低。在具有时效性的客户信息基础上进行的数据分析，做出的决策才能适合瞬息万变的市场环境，帮助企业提升效益。

4. 完备性

完备性是指存储在数据库中的数据在逻辑上应该是一致的、准确的、有效的及完备的。同时要注意，客户信息既要符合逻辑，又不能冗余。例如，如果采集了客户的出生日期，就不需要重复采集客户的年龄信息了，否则就会造成冗余，并且给客户带来不良的感受。

二、收集客户信息的重要意义

（一）客户信息是企业做出科学决策的基础

企业必须全面、准确和及时地掌握客户的信息，全面细致地分析收集到的客户信息，并从中提取有价值的信息以挖掘客户的现实需求和潜在需求，依此做出科学决策。如果企业对客户信息掌握不全面、不准确，就会判断失误，决策就会出现偏差。

（二）客户信息是进行客户分级的依据

企业只有收集全面的客户信息，尤其是交易性信息，才能掌握客户的整体情况，从而识别出哪些是优质客户、哪些是劣质客户，才能根据客户带给企业的价值和贡献大小，对客户进行科学的分级管理。

（三）客户信息是加强与客户互动的指南

企业拥有准确和完整的客户信息，不仅有利于了解客户、接近客户，并且有利于与客户进行一对一的有效沟通从而说服客户，并根据每位客户的不同特征采取针对性的方式开展营销活动，以满足客户的个性化需求，达到降低成本、提高效益的目标。

（四）客户信息是提升客户满意度的关键

企业要满足客户的需求、期待和偏好，就必须掌握客户的需求特征、交易习惯和行为偏好等数据，这样才能有针对性地为客户提供个性化的产品和服务，以满足客户的个性化需求，从而提升客户的满意度。满意度的提升又可能带来客户忠诚度的提升，从而不断稳定企业的客户资源。

第二节　客户信息处理流程

客户信息的处理流程包括四个环节：定义信息，收集信息，整合、管理信息，更新信息。客户信息处理流程如图 4－1 所示。

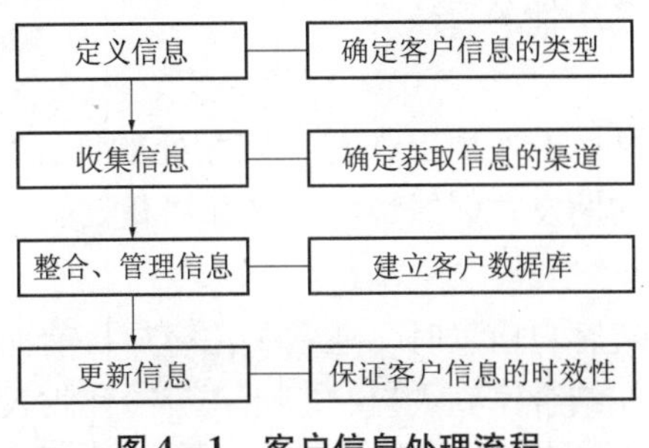

图 4－1　客户信息处理流程

一、定义信息

定义信息主要指确定客户信息的类型。

（一）个人客户信息包含的内容

1. 基本信息

个人客户的基本信息包括姓名、性别、出生日期、职业、学历、收入、籍贯、家庭住址、手机号、电子邮箱、所在单位的名称、职务、单位地址、办公电话、传真等。

2. 消费情况

个人客户的消费情况信息包括最近一次消费的时间、消费频率、消费金额、消费数量、每次消费的规模、消费档次、消费偏好、购买渠道与购买方式的偏好、消费高峰时点、消费低峰时点等。

3. 教育情况

个人客户的教育情况包括高中、大学、研究生学习阶段的起止时间、最高学历、所学专业、所修的主要课程、在校期间所获奖励、参加的社团、担任的职务、最喜欢的运动项目等。

4. 事业情况

个人客户的事业情况信息包括以往就业情况、单位名称、地点、职务、年收入，在目前单位的职务、年收入、对目前单位的态度，对事业的态度、长期事业目标、中期事业目标、最得意的个人成就。

5. 家庭情况

个人客户的家庭情况信息包括婚姻状况，配偶的姓名、生日、教育情况、兴趣爱好，有无子女，子女的姓名、年龄、生日、受教育程度，对婚姻的看法、对子女教育的看法等。

6. 生活情况

个人客户的生活情况包括目前的健康状况、过去的医疗病史、是否吸烟（种类、数量）、是否喝酒（种类、数量）、喜欢在何处用餐、喜欢吃什么菜、对生活的态度、有没有座右铭、休闲习惯、度假习惯、喜欢何种运动、个人生活的中期目标及长期目标。

7. 个性情况

个人客户的个性情况包括曾参加过什么俱乐部或社团、目前所在的俱乐部或社团、是否热衷政治活动、宗教信仰或态度、喜欢看哪些类型的书、忌讳哪些事、重视哪些事情、是否重视别人的意见、待人处事的风格、认为自己的个性如何、家人对自己个性的看法、朋友对自己个性的看法、同事对自己个性的看法等。

8. 人际情况

个人客户的人际情况包括：亲戚情况，与亲戚相处的情况，最要好的亲戚；朋友情况，与朋友相处的情况，最要好的朋友；邻居情况，与邻居相处的情况，最要好的邻居；对人际关系的看法；等等。

例如，房地产企业在收集客户信息时，通常关注客户目前拥有的房产数量、品牌、购置时间、户型面积等，而这些在结合家庭人口、职业、年龄和收入等数据进行分析后，往往能够得出该客户是否有购买需求、预计购买的时间和数量、消费的档次等结论。

人寿保险公司在收集客户信息时，通常关注客户的基本信息、事业情况、家庭情况、生活情况、个性情况等，以此来判断客户对于人寿保险产品的需求，并针对性地推荐适合客户需求的人寿保险产品。

（二）企业客户信息包含的内容

1. 基本信息

企业客户的基本信息包括企业的名称、地址、电话、创立时间、组织方式、业种、资产等。

2. 客户特征

企业客户的特征信息包括企业的规模、服务区域、经营观念、经营方向、经营特点、企业形象、声誉等。

3. 业务状况

企业的业务状况信息包括销售能力、销售业绩、发展潜力与优势、存在的问题及未来的对策等。

4. 交易状况

企业的交易状况信息包括订单记录、交易条件、信用状况及出现过的信用问题、与客户的关系及合作态度、客户对企业及竞争对手的产品服务的评价、客户的意见与建议等。

5. 负责人信息

企业的负责人信息包括所有者、经营管理者、法人代表（姓名、年龄、学历、个性、兴趣爱好、家庭、能力、素质）等。

二、收集信息

收集客户信息可以通过直接渠道和间接渠道两种方式。

（一）直接收集客户信息的渠道

直接渠道是指企业通过与客户的直接接触来获取所需要的客户信息与资料。

1. 在市场调查中获取客户信息

调查人员可以通过面谈、问卷调查、电话调查、网络调查等方式得到第一手客户资料，也可以通过仪器观察客户的行为并加以记录而获取信息。目前，已有越来越多的企业通过市场调查来收集客户信息、了解客户的意见和建议。企业发放调查问卷一方面是请被调查者作答，了解其意见和建议，为企业开发新产品、开拓市场提供决策依据；另一方面以给予被调查者礼品或将调查结果反馈给被调查者的名义请求其留下 E－mail、手机号码、收件地址等信息，这样就可以达到收集信息的目的，为开发新客户奠定基础。

小链接

日本花王公司对客户的细致观察

日本花王公司在销售其产品的商场中安装摄像头，以此来记录每位客户在决定购买“花王产品”时所用的时间。花王公司根据这些信息改进了产品的包装和说明，对产品摆设进行重新布局并调整产品品种的搭配，让客户可以在最短时间内完成消费行为。经过努力，客户的决策时间比过去减少了40秒。

2. 在营销活动中获取客户信息

通过开展各种促销活动，在活动过程中请客户填写登记表、客户联系卡或会员卡等形式来获取客户信息。比如，药店或超市在邀请客户办理会员卡或贵宾卡时，会通过扫码关注微信公众号注册会员或填写会员资料表等方式请客户填写办卡资料，以收集客户的姓名、性别、出生日期、手机号码、家庭住址等信息。

3. 在服务过程中获取客户信息

服务客户的过程也是深入了解客户、联系客户、收集客户信息的最佳时机。在服务过程中，可以与客户建立互动，客户通常会直接讲述自己对产品的看法和期望，对服务的评价和要求，对竞争对手的认识和周边群体的购买意愿等。这些信息不仅容量大，而且准确性高，很有价值。

4. 在销售终端收集客户信息

销售终端是直接接触最终客户的前沿阵地，通过面对面的接触可以收集到客户的第一手资料。目前，零售终端都配置了结账扫描仪，并且利用前端收款机收集、存储大量的销售数据，在结账前扫描客户出示的会员卡，可以帮助超市记录每个客户的历次购买记录。

5. 通过博览会、展销会、洽谈会获取客户信息

博览会、展销会、洽谈会针对性强，潜在客户群体集中，因此可以迅速地收集客户信息，甚至快速达成购买意向，是一种常用的客户信息收集方式。收集到的客户信息包括客户的基本信息、客户的意见、客户对产品的倾向和竞争产品评价等。

6. 通过网站、呼叫中心、微信、微博等收集客户信息

如今，企业已广泛开展电子商务业务，客户可以通过网站、呼叫中心、QQ、旺旺、微

信、微博等多种方式向企业咨询，与企业沟通，请求企业的帮助，同时这些方式不仅成本低廉，而且效率更高，因此已成为企业收集客户信息的常用渠道。客户首次登录企业网站需进行网站会员注册，企业可将想要收集的客户信息设计在会员注册表单中；客户拨打客服电话，呼叫中心可以自动将客户的来电记录在数据库内，并通过语音为客户实时解决问题，在互动沟通的过程中，记录客户信息；客户还可以通过 QQ、旺旺、微信、微博等方式与客服直接联系，通过客户的留言、咨询及互动，收集大量丰富的客户信息。

7. 从客户投诉中收集客户信息

客户呼入投诉电话或抱怨时所反馈的客户信息，可以将其进行分析整理，建立客户投诉的档案材料，从而快速解决问题并防止类似问题再次发生，并为开发新产品和改进产品增值服务提供支持。

张瑞敏曾经接到过客户投诉，反映海尔洗衣机质量很差。经过深入了解发现，投诉者竟然用海尔洗衣机清洗包裹着泥土的红薯和土豆。他觉得不可思议，但同时也意识到这是一个强大的尚未被满足的市场需求。后来，海尔研发出了专门能洗红薯和土豆的“洗地瓜机”。这就是投诉给海尔带来的价值。

小链接

航空公司收集客户信息的方法

航空公司的订座单登记了客户姓名、证件号码等信息。会员客户的订座单则详细记录了姓名、性别、证件号码、通信地址、电话、电子邮件、日常喜好、座位偏好、餐食习惯等信息，并通过会员卡详细记录了客户的每一次行程，甚至一些航空公司还通过会员卡实现对客户的宾馆酒店入住信息和会员商场消费信息的全面搜集。

（二）间接收集客户信息的渠道

间接渠道是指企业并不亲自收集客户信息，而是通过查询、购买等方式从其他机构或者组织那里获取所需要的客户信息。

1. 通过国内外各种媒介收集客户信息

可以通过国内外各种权威性报纸、杂志、图书和国内外各大通讯社、互联网、电视台等媒介收集客户信息。

2. 通过工商行政管理部门及驻外机构收集客户信息

工商行政管理部门一般都掌握客户的注册情况、资金情况、经营范围、经营历史等，是可靠的信息来源。对国外客户，可委托我国驻各国大使馆、领事馆的商务参赞帮助了解。另外，也可以通过我国一些大公司的驻外业务机构帮助了解客户的资信情况、经营范围、经营能力等。

3. 通过国内外金融机构及其分支机构收集客户信息

一般来说，客户均与各种金融机构有业务往来，通过金融机构了解客户的信息，尤其是资金状况是比较准确的。

4. 通过国内外咨询公司及市场研究公司收集客户信息

国内外咨询公司及市场研究公司具有业务范围较广、速度较快、信息准确的优势，可以充分利用这个渠道对特定的客户进行全面调查，从而获取客户的相关信息。麦肯锡公司是世界级领先的全球管理咨询公司，由美国芝加哥大学商学院教授詹姆斯·麦肯锡于1926年在美国创建。麦肯锡采取“公司一体”的合作伙伴关系制度，在全球44个国家有80多个分公司，共拥有7 000多名咨询顾问。

5. 从已建立客户数据库的公司租用或购买客户信息

小公司由于实力有限或其他因素的限制，没有能力自己去收集客户信息，可以通过向已经建立客户数据库的公司租用或者购买来获取客户信息，这往往比自己亲自去收集客户信息的费用要低得多。

6. 其他渠道

除了以上几种渠道外，企业还可以通过战略合作伙伴、老客户、行业协会、商会等渠道获取客户信息，还可以与同行业非竞争对手的企业交换客户信息。

总而言之，企业通过直接渠道根据自身需求来收集客户信息，收集得到的客户信息的适用性更高，但成本也较高；企业通过间接渠道收集客户信息虽然成本低廉，但是收集得到的客户信息可能并不适用，真实性、可靠性也不够高。因此，企业需要根据实际情况灵活选择，可以综合多种渠道收集客户信息，以取得更好的效果。

三、整合、管理信息

可以通过建立客户数据库来整合、管理客户信息。数据库是信息的中心存储库，是由一条条记录所构成，记载着有相互联系的一组信息，许多条记录连在一起就是一个基本的数据库。数据库是面向主题的、集成的、相对稳定的、与时间相关的数据集合，数据库能够及时反映市场的实际状况，是企业掌握市场的重要途径。

（一）整合、管理客户信息的重要性

零散的客户信息如果没有进行整合、管理，就无法形成对客户的整体性、系统性的认知，无法深入了解客户特征、客户需求和消费行为，判断客户的消费趋势。企业应在对客户信息进行长时间积累和跟踪的基础上建立客户数据库，剔除偶然因素，对客户形成客观、全面的判断。

客户数据库可了解客户过去的消费行为，推测客户未来的消费行为。通过对客户过去的购买经历和习惯进行分析，企业还可以了解到客户是被产品所吸引还是被服务所吸引，或是被价格所吸引，从而有根据、有针对性地采取相应的营销策略，开发新产品、向客户推荐相应的产品或服务、调整价格。

（二）运用客户数据库整合、管理客户信息

客户数据库能够反映出每个客户的购买频率、购买量等重要信息，并保存每次交易的记录及客户的反馈情况，通过对客户进行定期跟踪，可使企业对客户有详细全面的了解，利用“数据挖掘技术”和“智能分析”发现盈利机会，继而采取有针对性的营销策略，提升营销效果。

1. 客户数据库

客户数据库是企业运用数据库技术，全面收集关于现实客户、潜在客户或目标客户的综

合数据资料，追踪和掌握他们的情况、需求和偏好，并且进行深入的统计、分析和数据挖掘，而使企业的营销工作更有针对性的一项技术措施，是企业维护客户关系、获取竞争优势的重要手段和有效工具。客户数据库包含最近一次消费的时间、消费频率、消费金额、消费数量、每次的平均消费额等重要指标，能够反映客户的消费行为特征和消费趋势。

2. 客户数据库的重要作用

（1）运用客户数据库可以对客户开展一对一的营销。

一对一营销可以充分满足客户的个性化需求，极大提升客户体验。要实现一对一营销，首先应建立客户数据库，识别潜在客户，进而细分出目标客户，再对目标客户开展差异化的一对一营销，具体包括在产品设计、沟通、销售、服务等环节营造一对一的营销环境。实施一对一营销的终极目标是提升客户忠诚度，并使客户终生价值最大化。

例如，企业为 VIP 客户提供专属 VIP 客服，就是一对一营销的表现。再如，纽约大都会歌剧院设立了一个可容纳 140 万人以上的歌迷资料的数据库，歌剧院通过电脑分析各种类型消费者的特点，从中找出了潜在客户，然后用直接通信的方式宣传推销歌剧票，结果在歌剧票正式公开发售之前，70% 以上的入场券就已经售出。

（2）运用客户数据库可以实现客户服务及管理的自动化。

企业运用客户数据库可以强化自身跟踪服务和自动服务的能力，使客户得到更快捷和更周到的服务，从而更好地保持客户。通过对客户历史交易行为的监控、分析，当预计客户即将再次消费时，可以向客户自动推送优惠券，引导客户下单；在掌握客户信息的基础上，通过大数据分析和数据挖掘技术，对客户进行个性化推荐。

例如，当当网会根据客户的购买记录、搜索记录和收藏记录，判断客户的个性化需求和偏好，进行个性化推荐，显示为“猜你喜欢”，客户会惊喜地发现自己感兴趣的图书正好在推荐之列，从而提升转化率和客户体验。当当网正是通过对客户在与当当网交互的过程中留下的各种信息进行数据分析，并利用自身掌握的大数据进行数据挖掘，进而完成个性化推荐的。图 4 – 2 即为当当网的个性化推荐页面。

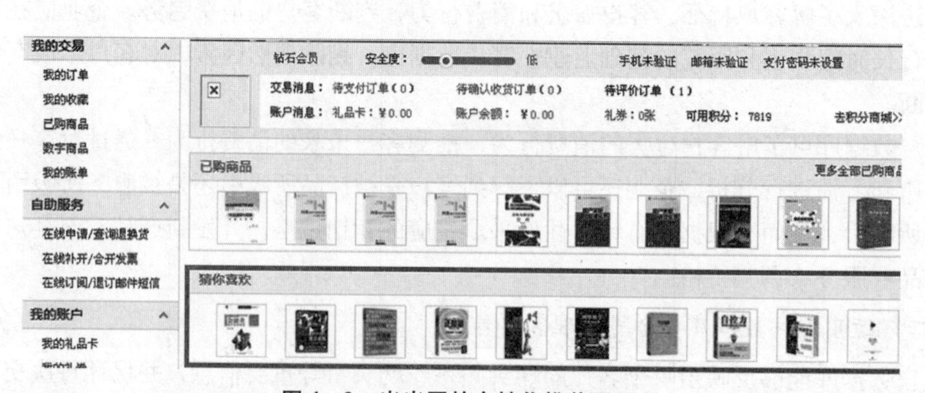

图 4 – 2　当当网的个性化推荐页面

（3）运用客户数据库可以实现对客户的动态管理。

客户的情况总是在不断地发生变化，因此客户的资料应随之不断进行调整。企业通过客户数据库可以对客户进行长期跟踪，通过调整，剔除陈旧的或已经变化的资料，及时补充新的资料，就可以使企业对客户的管理保持动态性。

企业运用客户数据库可以了解和掌握客户的需求及其变化，可以知道客户何时应该更换产品。

客户数据库还可以帮助企业进行客户预警管理，从而提前发现问题客户。

①外欠款预警。

企业在客户资信管理方面给不同的客户设定一个不同的授信额度，当客户的欠款超过授信额度时就发出预警，企业及时对此客户进行调查分析，及时回款，以避免出现严重的财务风险。

②销售进度预警。

根据客户数据库记录的销售资料，当发现客户的购买进度和计划进度相比有下降时发出预警，企业及时进行调查分析，给出相应的解决方案，防止问题扩大。

③销售费用预警。

在客户数据库中记录着每笔销售费用，当销售费用攀升或超出费用预算时就发出预警，企业及时中止销售，防止陷入费用陷阱。

④客户流失预警。

根据客户数据库记录的销售资料，当客户在预计的时点没有发生购买行为时就发出预警，企业可以及时进行调查分析，并采取对策，防止客户流失。

例如，富士产经公司建立了包括客户姓名、地址、电话、性别、年龄、成交记录（商品名称、成交数量、总金额）等内容的客户名址库。根据业务需要，还可对客户名址进行重新整理，如4年前购买过婴儿用品的客户，现在成为儿童用品的潜在客户，如果向他们寄发儿童用品专题目录，订货率自然高。公司还对客户名址库实行动态管理，对于长期不购买公司商品的客户，就不再寄送目录。

四、更新信息

更新客户信息需要注意如下要点：

（一）及时更新信息

市场环境瞬息万变，客户的需求也在不断变化中，为更好地了解客户需求，需要做到及时更新信息。一旦客户信息发生变化，需要立即在客户数据库中进行更新，以便依托最新的客户信息做出科学的营销决策，提升营销效果。

（二）抓住关键信息

客户信息种类繁多。个人客户信息包括基本信息、消费情况、事业情况、家庭情况、生活情况、教育情况、个性情况、人际情况等。企业客户信息包括基本信息、客户特征、业务状况、交易状况、负责人信息等。对于企业而言，掌握全面的客户信息大有裨益，但是对企业制定科学的营销决策起到决定性作用的是关键信息，因此，需要抓住关键信息。比如对房地产开发商而言，需要重点关注的是客户近年的购房情况、家庭情况及收入情况等关键信息是否发生变化。

（三）及时分析信息

企业需要有敏锐的洞察力，分析客户信息的变化是否会带来客户的潜在需求。通过及时分析信息，找到营销突破口，开展有针对性的营销，以促成交易。比如，客户刚购置了新房，可能会面临资金短缺的困境，也可能会对装修建材有较大的需求。

（四）及时淘汰无用信息

对于冗余和无用的客户信息，需要及时淘汰，以防止由于客户信息真伪难辨，质量参差不齐，对营销决策的制定造成干扰。比如，客户已弃用的手机号码、已搬离的旧住址、原来供职的单位、之前的职务等信息都应该及时淘汰。

第三节　保护客户信息的安全性

随着互联网应用的普及和人们对互联网的依赖，互联网的安全问题也日益凸显。恶意程序、各类钓鱼和欺诈继续保持高速增长，同时黑客攻击和大规模的个人信息泄露事件频发，与各种网络攻击大幅增长相伴的是大量网民个人信息的泄露与财产损失的不断增加。根据公开信息，2011 年至今，已有 11.27 亿用户隐私信息被泄露。包括基本信息、设备信息、账户信息、隐私信息、社会关系信息和网络行为信息等。人为倒卖信息、PC 电脑感染、网站漏洞、手机漏洞是目前个人信息泄露的四大途径。个人信息泄露危害巨大，除了个人要提高信息保护的意识以外，国家也正在积极推进保护个人信息安全的立法进程。2018 年 9 月 11 日，中国消费者协会在北京发布的《App 个人信息泄露情况》显示，遇到过个人信息泄露情况的受访者占 85.2%。

那么，在网络时代，如何做到既能全面收集客户信息，同时又不侵犯客户隐私呢？

“3·15”晚会爆出个人信息泄露事件

一年一度的“3·15”国际消费者权益日如期而至。其实，连续几年，“3·15”晚会的重点都不只是打假维权，“信息泄露问题”也早已成为“3·15”晚会关注的焦点！

截至 2018 年 12 月，我国网民规模达 8.29 亿，但是仅一年内，垃圾信息、诈骗信息、个人信息泄露等事件层出不穷。AcFun 900 万条用户数据外泄；前程无忧的 195 万条用户求职简历泄露；圆通快递 10 亿条快递数据被售卖；顺丰快递 3 亿用户数据被兜售；5 亿条华住旗下酒店客户入住数据被出售；万豪集团 5 亿名客人的信息被泄露……网站、酒店、快递公司等都成为信息泄露的源头。以上数据，足以看出个人信息安全问题的严重性。

2019 年的“3·15”晚会更是点名曝光高科技灰色产业链，企业通过智能机器人打出大量骚扰电话；还有企业通过“探针盒子”来搜集附近用户的电话，从 App 中获取用户隐私信息。3 月 16 日下午，工信部责令基础电信企业即刻关停企业拨打骚扰电话的语音专线，停止违规号码透传，加强通信资源规范管理，同时对报道中涉及的呼叫中心企业进行核查处理。针对报道中手机 App 收集个人信息问题，工信部要求腾讯、百度、华为、小米、OPPO、Vivo、360 等国内主要应用商店全面下架“社保掌上通”App；并对“社保掌上通”手机 App 的责任主体公司进行核查处理。此外，工信部还将对同类 App 进行排查检测。

《消费者权益保护法》规定，经营者及其工作人员对收集的消费者个人信息必须严格保密，不得泄露、出售或者非法向他人提供。经营者应当采取技术措施和其他必要措施，确保信息安全，防止消费者个人信息泄露、丢失。在发生或者可能发生信息泄露、丢失的情况时，应当立即采取补救措施。企业没有尽到安全管理责任，应承担相应的民事责任，赔偿用户损失。

一、保护客户信息安全性的重要意义

个人信息被誉为21世纪最富有价值的资源。个人信息对自然人具有社会交往价值，对公权力主体具有管理价值，对企业等私主体具有商业价值。然而，在信息商业化过程中，信息失控已成为不争的事实。伴随着电子商务的普及，消费者成为个人信息泄露的主要受害群体。伴随信息泄露而至的垃圾短信、骚扰电话、精准诈骗日益威胁着人们的隐私、财产甚至生命安全；同时，消费者个人信息泄露还容易破坏市场秩序、制约经济发展，滋长各类犯罪、危害社会稳定，甚至引发公共安全及国家安全危机。因此，保护个人信息安全对于更好协调个人信息保护与信息自由流通，推动我国信息化进程，保护个人隐私，维护国家安全，促进和保障人权具有重大意义。

IBM、DELL承诺："我们将不会出于商业目的而把您的私人资料交给或卖给其他公司。我们将为您的个人信息保密，且只用于支持您和我们的联系。"企业对客户信息的保护，有助于提升客户的信任感，树立良好的企业形象，提升客户满意度和忠诚度，有利于企业的长远发展。

二、保护客户信息安全性的具体措施

（一）树立信息保密意识、建立客户信息安全保护制度

企业要从上而下树立信息保密的意识，层层落实责任，有效防范和处置客户信息泄露和滥用风险，建立相应的制度体系，明确各级信息安全管理的领导责任，明确全体员工的岗位责任。

建立客户信息安全保护制度。一是建立个人信息收集制度，在获得客户授权的情况下，遵循合法、合理、必要的原则收集客户信息；二是建立个人信息数据库分级授权管理制度，合理确定本部门员工调取信息的范围、权限和程序，采取有效措施确保个人信息在内部使用及对外提供等流转环节的安全，防范信息泄露风险；三是建立个人信息保护的监控制度，形成专项检查的常态化机制，常态化地检查客户信息收集、存储、使用等各环节中存在的风险隐患，采取有效完善措施；四是建立消费者信息安全管理考评制度，将信息安全管理工作情况纳入各部门年度工作评价中，若存在客户信息泄露隐患或风险事件，实行一票否决，切实发挥评价结果的激励约束作用。

（二）加强对客户数据库的管理

采用技术手段，确保客户数据的安全。要非常重视客户数据的保密性，不仅对客户做出口头或书面的保密性承诺，还应该用实际行动信守承诺。客户数据库的管理应该由专人负

责，并且要选择在企业工作时间长、对企业满意度高、归属感强、忠诚度高、有一定调查分析能力的老员工作为客户数据库的管理人员，要避免安排低工资人员、新聘用人员、临时人员管理客户数据库。

（三）对使用客户信息的行为进行自检

企业必须抱着对客户负责的态度，严格保密客户信息，避免客户信息的泄露。企业应注意反省在收集、更新、使用客户信息的过程中，是否侵犯了客户隐私。检查收集信息的必要性、保护措施的有效性，一旦出现客户信息泄露的情况，及时采取有效措施防止造成严重后果。

三、掌握、使用客户信息的技巧

（一）尽量收集、使用动态的客户信息

收集信息时要注意将客户数据抽象作为群体，而不是落实到个人。要求客户提供年龄、收入这样敏感的个人信息时，应给予客户选择区间。尽量利用根据动态的客户信息（如消费数据等）进行分析、挖掘后产生的信息，开展营销活动。

（二）选择客户喜欢的方式与其接触

在掌握客户资料的情况下，与客户接触时，要有充分的理由，选择合适的时间、地点，选择客户喜欢的交流方式与其接触，提升客户好感。

（三）不要表现出对客户信息已了如指掌

在与客户交流时，尽量不要透露对其情况已经了如指掌，否则容易造成客户的反感和不满。

（四）掌握交流技巧及服务艺术

在掌握客户信息的基础上与客户接触时，一定要掌握交流技巧及服务艺术，让客户轻松、愉悦地享受企业为其提供的个性化服务，“不着痕迹”才是营销的最高境界。

小链接

比萨店客服如此沟通

客服：这里是COCO比萨店，您好！请问有什么需要我为您服务？

客户：你好，我想要……

客服：先生，您好，请把您的会员卡号码告诉我。

客户：哦，等等，8450836。

客服：陈先生您好！您住在广达路68号，您的办公地址是华林路116号，请问您需要我们把比萨送到哪里呢？

客户：我家，我想要一个海鲜比萨……

客服：陈先生，海鲜比萨不适合您。

客户：为什么？

客服：根据您的医疗记录，您有高血压，并且胆固醇偏高。

客户：那……你们有什么可以推荐的？

客服：您可以试试我们的低脂健康比萨。

客户：哎呀！那好吧……我要一个家庭号特大比萨，要多少钱？

……

讨论：这样的沟通过程会让客户有何感觉？怎么沟通会更好？

本章小结

客户信息是指客户喜好、客户细分、客户需求和客户联系方式等有关客户的基本资料。

客户信息包括描述类信息、行为类信息和关联类信息三种类型。描述类信息的用途是帮助企业了解客户的基本情况。行为类信息的用途是帮助企业掌握和理解客户的行为。关联类信息是指与客户行为相关的，反映和影响客户行为和心理等因素的相关信息。

采集客户信息需要遵循准确性、有效性、时效性和完备性等原则。

收集客户信息的重要意义在于：客户信息是企业做出科学决策的基础，客户信息是进行客户分级的依据，客户信息是加强客户互动的指南，客户信息是提升客户满意度的关键。

客户信息的处理流程包括四个环节：定义信息、收集信息、整合处理信息、更新信息。

定义信息主要指确定客户信息的类型。个人客户信息包括基本信息、消费情况、教育情况、事业情况、家庭情况、生活情况、个性情况、人际情况等。企业客户信息包括基本信息、客户特征、业务状况、交易状况、负责人信息等。

收集客户信息可以通过直接渠道和间接渠道两种方式。直接渠道是指企业通过与客户的直接接触来获取所需要的客户信息与资料。直接渠道包括在市场调查中获取客户信息，在营销活动中获取客户信息，在服务过程中获取客户信息，在销售终端收集客户信息，通过博览会、展销会、洽谈会获取客户信息，通过网站、呼叫中心、微信、微博等收集客户信息，从客户投诉中收集客户信息。间接渠道是指企业并不亲自收集客户信息，而是通过查询、购买等方式从其他机构或者组织那里获取所需要的客户信息。间接渠道包括通过国内外各种媒介收集客户信息，通过工商行政管理部门及驻外机构收集客户信息，通过国内外金融机构及其分支机构收集客户信息，通过国内外咨询公司及市场研究公司收集客户信息，从已建立客户数据库的公司租用或购买客户信息等。

运用客户数据库整合、管理客户信息具有重要意义：运用客户数据库可以对客户开展一对一的营销；运用客户数据库可以实现客户服务及管理的自动化；运用客户数据库可以实现对客户的动态管理。

更新客户信息需要注意：及时更新信息，抓住关键信息，及时分析信息，及时淘汰无用信息。

保护客户信息安全性的具体措施包括：树立信息保密意识、建立客户信息安全保护制度；加强对客户数据库的管理；对使用客户信息的行为进行自检。

掌握、使用客户信息的技巧包括：尽量收集、使用动态的客户信息；选择客户喜欢的方式与其接触；不要表现出对客户信息已了如指掌；掌握交流技巧及服务艺术。

关键术语

客户信息　　描述类信息　　行为类信息　　关联类信息
收集客户信息的直接渠道　　收集客户信息的间接渠道　　客户数据库

配套实训

选择你熟悉的一家企业，采用直接渠道和间接渠道为其收集客户信息，并说说你打算如何保护客户信息的安全性。

课后习题

一、单选题

1. 下列属于客户描述类信息的是（　　）。
A. 性别、年龄、联系方式
B. 客户忠诚度
C. 客户的消费行为
D. 客户购买产品或服务的记录

2. 下列关于客户信息来源的说法，正确的是（　　）。
A. 客户信息只能来源于企业内部
B. 客户信息只能来源于企业外部
C. 客户信息既可来源于企业内部，也可来源于企业外部
D. 以上说法均不正确

3. 下列不属于采集客户信息需遵循的原则是（　　）。
A. 准确性　　B. 简洁性　　C. 有效性　　D. 时效性

4. 以下属于收集客户信息的直接的渠道的是（　　）。
A. 通过国内外各种媒介收集客户信息
B. 通过工商行政管理部门及驻外机构收集客户信息
C. 通过博览会、展销会、洽谈会等获取客户信息
D. 通过国内外金融机构及其分支机构收集客户信息

5. 以下属于收集客户信息间接渠道的是（　　）。
A. 在市场调查中获取客户信息
B. 在服务过程中获取客户信息
C. 通过网站、呼叫中心、微信、微博等收集客户信息
D. 从已建立客户数据库的公司租用或购买

二、填空题

1. ______________是指客户喜好、客户细分、客户需求和客户联系方式等有关客户的基本资料。

2. 客户信息包括描述类信息、______________和关联类信息三种类型。

3. 客户信息的处理流程包括四个环节：定义信息、收集信息、整合处理信息、______________。

4. 收集客户信息可以通过直接渠道和______________两种方式。

5. 更新客户信息需要注意：及时更新信息、______________、及时分析信息、及时淘汰无用信息。

三、问答题

1. 收集客户信息有何意义？
2. 如何对客户信息进行处理？
3. 收集客户信息的渠道有哪些？
4. 运用客户数据库整合、管理客户信息有何意义？
5. 如何保护客户信息的安全性？

讨论案例

八达通非法出售客户个人资料

去过香港的游客都不会对“八达通”这个信用卡大小的卡片感到陌生。它是香港通用的电子收费系统，于1997年开始使用。最初只应用在巴士、地铁等公共交通工具上，后来陆续扩展到商店、停车场等场所，也用作学校、办公场所和住宅的通行卡。到2009年3月，香港已有超过2 000万张八达通卡，相当于平均每人有2张，每日交易量超过1 000万港元。

2010年6月，八达通公司宣布香港市民未来可在深圳使用八达通卡。在这次商业推广中，有市民发现，八达通卡的“个人资料申明”列明在卡主不反对的前提下，公司可将其用户资料用作推广和直销。此事引起社会关注。

7月7日，八达通控股有限公司行政总裁陈碧铧公开回应，旗下的八达通奖赏有限公司未向任何机构出售客户个人资料。然而，与八达通卡有业务合作的信诺环球人寿保险公司的前雇员随后指出，八达通公司曾将会员资料，售至信诺用作电话推销。在社会舆论的强大压力下，7月14日，陈碧铧首度承认，八达通公司将近200万名“日日赏”客户资料，提供给商业伙伴，但未透露详情。

7月21日，香港个人资料私隐专员公署主动介入调查，宣布就此事展开听证。次日，特区金融管理局按照银行业条例，责令八达通公司呈交报告，说明是否将客户个人资料转交第三者。

7月26日，听证会完结，八达通公司终于承认，自2002年开始就将用户资料转售给

6 家公司，2006 年起更向信诺等两家保险公司出售近200 万名客户的个人信息，非法获利4 400 万港元。

8 月4 日，八达通公司总裁陈碧铧正式提出辞呈。八达通公司董事会接受辞呈，并宣布将出售客户个人资料所得的4 400 万元港币，全部捐给香港公益金。

香港特区个人资料私隐专员吴斌认为，21 世纪是资讯高度发达的时代，个人资料可瞬间被大量收集、储存及发放，不当或不小心的处理可能导致大量的资料外泄，令当事人蒙受重大的损失。

阅读上述资料，分组讨论以下问题：

1. 八达通在此次事件中的做法有何问题？
2. 客户个人资料对企业而言有何商业价值？
3. 企业应该如何对待客户提供的个人资料？

第五章

客户分级

学习目标

◈ **知识目标**

了解客户分级的意义；掌握客户分级的方法；掌握客户分级的步骤。

◈ **技能目标**

掌握 ABC 分级法、RFM 分级法、CLV 分级法。

导入案例

汇丰银行客户分级管理

汇丰银行成立于1864 年，曾经是世界第一大银行集团。目前，汇丰银行在世界 79 个国家和地区建立了 5 000 多家分行，机构网络横跨欧洲、亚太地区和美洲。经过多年的经营，汇丰银行拥有庞大的零售客户群体和业务流程，具备丰富的本土化经营策略，通过地理上的扩张，将成功的业务、经验和产品以较低的成本推广到世界各地；并充分利用现有的人力和信息资源，降低经营成本，为庞大的客户群推出具有较高附加值的产品。汇丰银行的各个分行致力于服务客户。包括提高自动化程度，使常规操作变得简单有效；简化业务操作流程；简化并重新设计产品使其符合客户要求；鼓励分行经理及员工融入社群并成为重要成员。汇丰银行还善于利用遍布全球的先进通信技术将位于各地的分支机构连为一体。

根据“二八法则”，对于银行业来说，80%的利润来自 20%的顾客。当然并非所有的客户都会给银行带来价值，因此银行的目标是留住那些有价值的客户。而有价值的客户，根据其对银行利润贡献的大小又可分为一般客户、重点客户和核心客户。CRM 的理念之一就是“鉴别最佳客户，设计最佳体验”。那么，区分出一般客户、重点客户和核心客户，并且针对不同群体提供个性化、客户制的财务解决方案，满足不同的财务需求，就成了银行合理配置资源、节约营运成本、提高盈利的重要途径之一，同时也是银行在市场中获得竞争优势的有力法宝。

根据客户的利润贡献，汇丰银行可以把它的客户分为以下七类：

第一类：高忠诚度，高价值客户

他们在汇丰有许多活跃的账户，并且使用汇丰银行的一系列产品和服务；他们愿意把产品推荐给其他人，乐意提供反馈信息；他们为汇丰带来大量的现金流；他们创造的收入远远大于银行为此付出的成本。

第二类：高忠诚度，低价值客户

他们在汇丰有许多活跃的账户，并且使用汇丰银行的一系列产品和服务；他们愿意把产品推荐给其他人，乐意提供反馈信息；但是，他们仅和汇丰银行做小笔交易，他们创造的收入不尽如人意。

第三类：低忠诚度，高价值客户

他们在汇丰银行有一些活跃的账户，使用银行的一些产品和服务；他们愿意支付的价格极富弹性，不愿意提供反馈信息；但是，他们为汇丰带来大量的现金流，他们创造的收入远远大于银行为此付出的成本。

第四类：低忠诚度，低价值客户

他们在汇丰银行有一些活跃的账户，使用银行的一些产品和服务；他们愿意支付的价格极富弹性，不愿意提供反馈信息；并且，他们仅和汇丰银行做小笔交易，他们创造的收入不尽如人意。

第五类：潜在型客户

他们以前在汇丰开有账户，但现在撤销了。或者，他们是汇丰银行贷款者的担保人，但自己又在汇丰开设账户。

第六类：非活跃型客户

他们在汇丰银行开有账户，但是很少办理业务或进行交易活动。

第七类：可疑型客户

他们从不在汇丰银行开设账户。

对汇丰银行来说，要想赢利，主要任务在于识别并保留高忠诚度高价值客户。这就需要对于客户简介资料、客户反馈信息、客户创造利润率等进行分析，从而识别出这部分客户，并且为这部分客户度身定制不同的理财方案。

讨论：为什么汇丰银行要对客户进行分级管理？

第一节　客户分级的意义

传统上，人们信奉“客户是上帝，所有的客户都是同等重要的”。然后二八法则等研究结果却告诉我们：客户天生是不同的！对企业而言，有些客户能够为企业创造巨额的销售额和利润，而有些客户不仅不为企业创造价值，还会大量消耗企业的资源！所以，有必要对客户进行分级。客户分级的意义主要表现在：

一、不同的客户有不同的价值

1897年，意大利经济学者帕累托发现在经济和社会生活中无处不在的二八原则，即80%的结果源于20%的原因。换言之，关键的少数和次要的多数。自从帕累托提出这个定律之后，在经济和社会中得到了广泛的应用。在企业管理中，二八法则意味着企业利润的80%来源于20%的客户。之后这一观点得到了许多数据的证实。另一项研究也发现，一个企业的客户群众，30%的客户消耗了50%的利润，这些客户热衷于企业的各种促销计划，一旦发现无法获得任何优惠，那么就会选择其他提供优惠的企业。

二、有利于企业合理分配资源

对于企业而言，知道哪些客户能够给企业带来更多的价值，哪些客户无法给企业创造利润，这将有助于企业更为有效地安排其有限的资源。对于那些能够给企业带来更高回报率的客户，分配相对较多的时间、资源，付出更多的努力，以便于增强这些客户对企业的忠诚度，进而使得企业在激烈的市场竞争中占据有利的位置。

三、有利于提升客户满意度

实现客户满意需要根据不同的客户采取不同的策略，因为每个客户给企业带来的价值不同，他们对企业的需求和预期待遇也就会有差别。一般来说，为企业创造主要利润、为企业带来较大价值的关键客户能得到有别于普通客户的待遇，如更贴心的产品或服务以及更优惠的条件等，有利于提升客户满意度。

四、有利于进行有效的沟通

有效的客户沟通应当根据客户的不同采取不同的沟通策略。如果客户的重要性和价值不同，就应当根据客户的重要性和价值的不同采取不同的沟通策略。因此，区分不同客户的重要性和价值是有效进行客户沟通的前提。对客户进行分级，按不同的重要性去制定并执行沟通策略，有利于提升沟通效率。

第二节　客户分级的方法

根据客户分级的标准，可以形成依据客户的个性化资料、客户的消费行为、客户的购买方式、客户的地理位置、客户的职业、客户的关系网、客户的知识层次、客户的规模、客户对企业的贡献、客户忠诚度、客户的信誉度、客户是否流失、客户是否是新顾客等比较传统的分级标准。下面我们就介绍几种更适合于CRM的客户分级方式。

一、ABC法

客户对企业的价值是不尽相同的，很多企业80%的盈利只来自20%的客户。或者说其中80%的客户让企业赚不到多少钱，有的甚至让企业赔钱。因此，企业要能够找出对自己最有价值的客户资源，发现关键客户，以便有的放矢地开展营销，有针对性地实施客户关系管理。根据这种分类方式，可以将客户分为三类或四类。ABC 法客户分类如图 5 –1 所示。

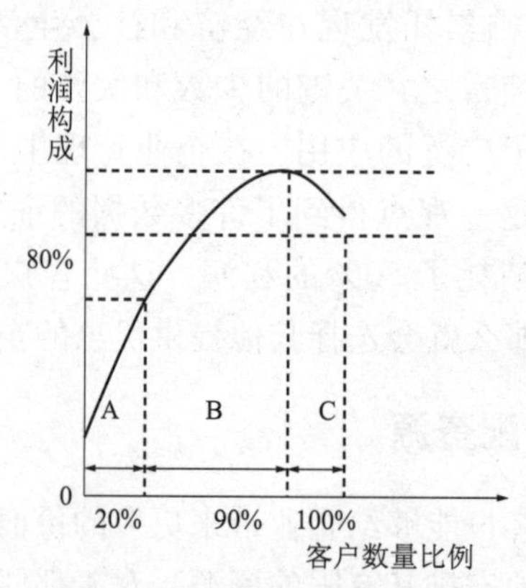

图 5 –1　ABC 法客户分类

ABC 法是根据企业利润额构成区分客户，运用帕雷托曲线表示企业利润额的构成情况，客户被直观地分成 A、B、C 三类，他们对于企业的价值不同。A 类客户只占客户数量的 20%，却能给企业带来八成的利润；而占客户数量 10% 的客户却无法给企业带来利润；中间 70% 的客户只能给企业带来 20% 的利润。无疑根据这种方式对客户进行分级，企业客户管理的要点是优先发展 A 类客户，保持或缩减 B 类客户，抛弃 C 类客户。

根据这种分级方式也可以把客户分成四类，形成一个“金字塔”式，如图 5 –2 所示。

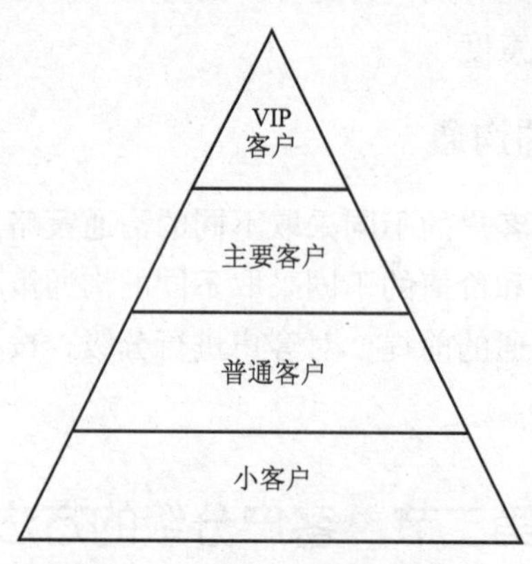

图 5 –2　客户金字塔分类法

（一）VIP 客户

这种类型的客户数量不多。但购买金额在企业的销售额中占有的比例很大，对企业贡献的价值最大，他们位于金字塔的顶层，一般情况下占企业客户总量的 1% 左右。

（二）主要客户

指的是除 VIP 客户外，购买金额所占的比例较多，能够为企业提供较高利润的客户。这种类型的客户约占企业客户总量的 4%。

（三）普通客户

这些客户的购买金额所占的比例一般能够为企业提供一定的利润，占企业客户总量的

15%左右。

（四）小客户

这类客户人数众多，但是能为企业提供的盈利却不多，企业甚至不盈利或亏损，他们位于金字塔的底层。

二、RFM 法

这是根据客户的消费行为进行细分的方式，它通过检查客户最近一次购买的时间有多远、客户在最近一段时间内购买的次数以及客户在最近一段时间内购买的金额和数量决定哪些客户是最好的，需要企业持续关注以及哪些用户需要淘汰等不同的营销策略。在 RFM 模式中，R（Recency）表示客户最近一次购买的时间有多远，F（Frequency）表示客户在最近一段时间内购买的次数，M（Monetary）表示客户在最近一段时间内购买的金额。RFM 强调以客户的行为来区分客户。

最近一次消费是指上一次购买的时间和相关细节，如客户上一次是什么时间来店的、上一次根据哪本邮购目录购买东西、在你的超市买早餐最近的一次是什么时候等。理论上，上一次消费时间距今越近的顾客应该是比较好的顾客，对提供即时的商品或是服务也最有可能会有反应。如果要密切注意消费者的购买行为，那么最近的一次消费就是营销人员第一个要利用的工具，历史经验证明，如果能让消费者最近购买，他们就会持续购买。这也就是为什么0~6 个月的顾客收到的营销人员的沟通信息多于 31~36 个月的顾客的原因。最近一次消费的功能不仅在于提供促销信息，营销人员的最近一次消费报告还可以监督事业的健全度。

优秀的营销人员会定期查看最近一次消费分析，以掌握趋势。月报告如果显示上一次购买很近的客户，如最近一次消费为 1 个月的人数增加的话，表示该公司是个稳健成长的公司；反之，如上一次消费为一个月的客户越来越少，则是该公司迈向不健全之路的征兆。最近一次消费报告是维系顾客的一个重要指标。最近才买你的商品、服务或是光顾你商店的消费者，是最有可能再向你购买东西的顾客。要吸引一个几个月前才上门的顾客购买，比吸引一个一年多以前来过的顾客要容易得多。营销人员如果能与顾客建立长期的关系而不仅是卖东西，会让顾客持续保持往来。

消费频率是顾客在限定的期间内所购买的次数，我们可以说最常购买的顾客，也是满意度最高的顾客。如果相信品牌及忠诚度的话，最常购买的消费者，忠诚度也就最高。增加顾客购买的次数意味着从竞争对手处赢得市场占有率，从别人的手中赚取营业额。

消费金额是所有数据库报告的支柱，它能显示出排名前 10% 的顾客所花费的金额以及占企业所有营业额的比例。通过数据库经常会发现有 40% 的顾客贡献企业总营业额的 80% 以上，表现最好的 10% 的顾客的平均花费常常是最差的 10% 的顾客的 10 倍。如果企业的预算不多，企业就会将信息邮寄给贡献 40% 收入的顾客，而不是那些贡献还不到 1% 的顾客。这样的营销所节省下来的成本会很可观。

（一）RFM 分析模型

作为一种对客户分类的方法，RFM 分析模型起初主要用于直效营销（direct marketing）领域，目的是提高老客户交易的次数。如一家办公设备及耗材零售企业，业务发展迅速，但向老客户用邮政信函发送商品目录、开展直效营销的成本越来越高。该公司希望找到一种更有效的方法来区分客户，以便在“更恰当的时间向恰当的客户传递恰当的商品信息”，从而刺激重复交易，同时也适当地降低邮寄费用。

他们把客户最近一次购买日期到当天的天数算出来，得到 R 这个参数。然后可以依据参数 R 的大小对客户进行分组，例如，可以把客户分成数量基本相等的 5 个等级，$R5$ 级表示最近一次购买时间最接近统计当日，$R1$ 级表示最近一次购买时间最远离统计当日。此外还可以依据停止交易的绝对天数，不考虑每级的客户数量是否近似而进行划分，如表 5－1 所示。

表 5－1　利用参数 *R* 把客户分成 5 级

R 停止交易天数	客户分级
$R \leq 7$ 天	$R5$ 级
8 天 $\leq R \leq$ 30 天	$R4$ 级
30 天 $< R \leq$ 60 天	$R3$ 级
60 天 $< R \leq$ 120 天	$R2$ 级
$R >$ 120 天	$R1$ 级

同样，采用 F 购买次数作为参数，将客户分为 $F5$ ~ $F1$ 五组；利用参数 M，可以把客户分为 $M5$ ~ $M1$ 五组。将客户分别按照 R、F、M 参数分组后，假设某个客户同时属于 $R5$、$F4$、$M3$ 三个组，则可以得到该客户的 RFM 代码 543。同理，我们可以推测，有一些客户最近刚刚成功交易，且交易频率高、总采购金额大，其 RFM 代码是 555，还有一些客户的 RFM 代码是 554、545……每一个 RFM 代码都对应着一小组客户，一共是 $5 \times 5 \times 5 = 125$ 组，开展市场营销活动的时候可以从中挑选出若干组进行，对这 125 组进行数据分析，就可以制定出有针对性的营销策略，如表 5－2 所示。

表 5－2　利用 RFM 代码对客户进行更细致的分组

555	554	553	552	551	545	544	543	542	541	535	534	533	532	531
525	524	523	522	521	515	514	513	512	511	455	454	453	452	451
445	444	443	442	441	435	434	433	432	431	425	424	423	422	421
415	414	413	412	411	355	354	353	352	351	345	344	343	342	341
335	334	333	332	331	325	324	323	322	321	315	314	313	312	311
255	254	253	252	251	245	244	243	242	241	235	234	233	232	231
225	224	223	222	221	215	214	213	212	211	155	154	153	152	151
145	144	143	142	141	135	134	133	132	131	125	124	123	122	121
115	114	113	112	111										

RFM 分析模型不断地丰富发展，已经不局限于直效营销领域了。如今它更常用于监测客户消费行为异动、防范重要客户流失方面，其计算过程也变得更加复杂。

（二）RFM 的应用意义

RFM 模型是被广泛使用的客户细分方法，它是衡量客户价值和客户创利能力的重要工具和手段。该模型较为动态地展示了一个客户的全部轮廓，这为个性化的沟通和服务提供了依据，同时，如果与该客户打交道的时间足够长，也能够较为精确地判断该客户的长期价值（甚至是终身价值），通过改善三项指标的状况，从而为更多的营销决策提供支持。

RFM 法非常适用于生产多种商品的企业，而且这些商品的单价相对不高，如消费品、化妆品、小家电、超市等；它也适合于一个企业内只有少数耐久商品，但是该商品中有一部分属于消耗品，如复印机、打印机、汽车维修等消耗品；RFM 法对于加油站、旅行保险、运输、快递、快餐店、信用卡、证券公司等也很适合。

RFM 法可以用来提高客户的交易次数。很多企业常用的 DM（直接邮寄），常常一次寄发成千上万封邮购清单，造成了很大的资源浪费。根据统计（以一般邮购日用品而言），如果将所有的客户按照 R（recency）分为五级，最好的第五级的回函率是第四级的三倍。

企业还可以用 R、F 的变化，来推测客户消费的异动状况，预测客户流失的状况。根据客户流失的可能性，列出客户，再从 M（消费金额）的角度来分析，就可以把重点放在贡献度高且流失机会也高的客户上，重点拜访或联系他们，以最有效的方式挽回更多的商机，以此来达到客户预警和客户挽留的目的。

三、CLV 法

客户生命周期是指当一个客户开始对企业进行了解或企业欲对某一个客户进行开发开始，直到客户与企业的业务关系完全终止且与之相关的事宜完全处理完毕的这段时间。在不同的客户生命周期阶段，客户为企业创造的价值是不同的。CLV 是指客户生命周期价值（Customer Lifetime Value），指客户在与企业的整个生命周期内为企业创造的价值。广义的 CLV 指的是企业在与某客户保持买卖关系的全过程中从该客户处所获得的全部利润的现值。CLV 可分成两个部分：一是历史利润，即到目前为止客户为企业创造的利润总现值；二是未来利润，即客户在将来可能为企业带来的利润流的总现值。企业真正关心的是客户未来价值，因此，狭义的 CLV 仅指客户未来利润。

从广义 CLV 的角度，企业可以根据客户当前价值和未来价值两个角度将客户区分为 4 种类型，如图 5－3 所示。

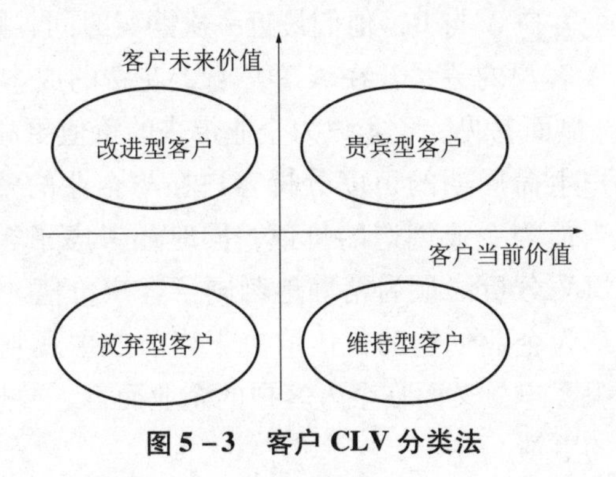

图 5－3　客户 CLV 分类法

贵宾型客户：也被称为最有价值客户（Most Valuable Customer，MVC），是指那些既具有很高的当前价值，也有很高的潜在价值的客户，是终身价值最高的客户。这些客户代表着企业当前业务的核心。

改进型客户：也被称为最具成长性客户（Most Growable Customer，MGC），是指那些目前价值很低但是具有最高未实现潜在价值的客户，这些客户将来可能比现在更有利可图，是企业需要着重培养的客户。

维持型客户：也被称为普通客户，是指那些有一定价值但数额较小的客户。

放弃型客户：也被称为负值客户（below-zero），是指那些可能根本无法为企业带来足以平衡相关服务费用利润的客户。

CLV 分析法从客户生命周期的角度提出了区分客户的依据。例如，有 A 与 B 两个客户，假设在当前，A 客户每个月从企业购买产品的金额为 1 000 元，频率为每个月 5 次；B 客户为 500 元，购买频率为每个月 3 次。那么根据 ABC 法以及 RFM 法，企业应当重点培养与 A 客户的关系。但是，如果我们知道 A 客户正在寻找其他供应商，并且打算在 3 个月后逐步减少与本企业的业务联系，而 B 企业则打算加大从本企业采购的金额与频率。那么，企业的策略就改为：与 A 客户加强沟通，尽量稳定该客户与本企业的关系，同时投入资源努力发展与 B 客户的关系。可见，与 ABC 法和 RFM 法相比，CLV 法不仅考虑了客户当前对企业的贡献，同时还考虑了客户未来对企业的贡献，能够更为全面地体现客户价值。

四、三种方法的比较

上述三种方法在区分客户价值方面各有优劣。

ABC 分析法着重在对于客户以往贡献度的分析，简单明了。其缺陷在于只考虑了客户以往为企业带来的销售额或者利润，而没有考虑到客户未来为企业创造的价值。此外，对许多制造企业而言，其面临的客户不仅包括了经销商等组织客户，同时还包括了许多个人客户。例如，宝洁公司面临的客户既包括沃尔玛、家乐福等零售企业，也包括了数千万的个人客户。显然，企业能了解这些组织客户为企业带来的销售额或者利润，但是难以估算个人为企业创造的销售额与利润。即使是面对组织客户，许多企业也只能了解一些大型的客户，而难以估计地处偏远地区的小型零售商为企业创造的销售额和利润。

RFM 则强调以客户的行为来区分客户，易于操作，但是忽视了企业为客户投入的资源和成本。例如，相同的两个客户 A 与 B，他们最近一次购买时间、购买频率、购买金额都相同。但是企业为了维持与 A 客户的关系，在 A 客户身上花费的成本为 10 000 元，而 B 客户只需要企业花费 5 000 元。显而易见，B 客户为企业带来的价值更高。

CLV 分析法关注从客户生命周期的角度分析客户在与企业的整个关系周期为企业创造的价值，不仅考虑了客户当前为企业创造的价值，同时还考虑了客户未来为企业创造的价值。因此在 3 种方法中，CLV 分析法最为精确地刻画了客户价值。但是 CLV 分析法非常依赖主观判断，因为客户未来为企业创造的价值取决于当前的主观判断。此外，与 ABC 分析法一样，对很多既面临组织客户，又面临个人客户的企业而言，要想弄清不同的客户为企业创造的价值是一件非常难的事情。

上述 3 种方法的比较如表 5 – 3 所示。

表 5 – 3 三种区分客户价值方法的比较

类别	应用的难易程度	操作成本	判断客户价值的准确性
ABC 分类法	中等	中等	中等
RFM 分析法	容易	低	低
CLV 分类法	难	高	高

第三节 管理各级客户的策略

客户分级管理是指企业在依据客户带来利润和价值的多少对客户进行分级的基础上，为不同级别的客户设计不同的关怀项目——不是对所有客户都平等对待，而是区别对待不同贡献的客户，将重点放在为企业提供 80% 利润的关键客户上，为他们提供上乘的服务，给他们特殊的礼遇和关照，努力提高他们的满意度，从而维系他们对企业的忠诚度；同时，积极提升各级客户在客户金字塔中的级别，放弃劣质客户，合理分配企业的资源。

一、关键客户的管理

关键客户是所创造的利润占整个企业总利润很大比例（约 80%）的客户，是企业利润的基石，是企业可持续发展的最重要的保障之一。关键客户的管理在企业管理中处于重要的地位。关键客户管理的成功与否，对整个企业的经营业绩具有决定性的作用。

一般来说，企业花了很大的代价才使与关键客户的关系进入稳定、良好的状态，然而竞争对手，总是瞄准这些客户并伺机发动“进攻”或“招安”，而一旦失去关键客户就会使企业的生产经营受到很大伤害。因此，企业必须认真提升好与关键客户的良好关系，这样才能保证企业持续稳定地发展。

关键客户管理又是一种投资管理，它直接影响着企业未来的发展。牢牢地抓住关键客户这个龙头，才能以点带面、以大带小，才能使企业保持竞争优势及对竞争对手的顽强抵御力，才能在市场竞争日益激烈的今天，屹立潮头，稳操胜券。

应该意识到，企业与客户之间的关系是动态的，企业识别关键客户也应该是一个动态的过程。一方面现有的关键客户可能因为自身的原因或企业的原因而流失，另一方面又会有新的关键客户与企业建立关系。因此，企业应对关键客户的动向做出及时反应，既要避免现有关键客户的流失，又要及时对新出现的关键客户采取积极的行动。

关键客户管理的目标是提高关键客户的忠诚度，并且在“保持关系”的基础上，进一步提升关键客户给企业带来的价值。为此，要做到：

（一）成立为关键客户服务的专门机构

目前，许多企业对关键客户都比较重视，经常由管理高层亲自出面处理与这些客户的关系，但是这样势必分散高层管理者的精力。如果企业成立一个专门服务于关键客户的机构，便可一举两得。一方面可使企业高层不会因为频繁处理与关键客户的关系而分散精力，而又能够集中精力考虑企业的战略和重大决策；另一方面也有利于企业对关键客户的管理系统化、规范化。

首先，关键客户服务机构要为企业高层提供准确的关键客户信息，协调技术、生产、企划、销售、运输等部门根据关键客户的要求设计不同的产品和服务方案。

其次，关键客户服务机构要负责联系关键客户，要利用客户数据库分析每位关键客户的交易历史，注意了解关键客户的需求和采购情况，及时与关键客户就市场趋势、合理的库存量进行商讨。

一般来说，要给重要的关键客户安排一名优秀的客户经理并长期固定地为其服务，规模较小的关键客户可以几个客户安排一个客户经理。

例如，英国巴克莱银行为其重要的个人客户（收入或金融资产 5 万英镑以上）设立了要客经理，为特大户（收入或金融资产在 25 万英镑以上）设立了私人银行部。该行在全英设立了 42 个与分行并行的要客中心，700 多名要客经理，每人配一名助理，每个要客经理大约负责为 300 名要客提供全面的服务。

再次，关键客户服务机构要关注关键客户的动态，并强化对关键客户的跟踪管理，对出现衰退和困难的关键客户要进行深入分析，必要时伸出援手。当然，也要密切注意其经营状况、财务状况、人事状况的异常动向等，以避免出现倒账的风险。

此外，对关键客户的服务是一项涉及部门多、要求非常细的工作，需要企业各部门跨边界协同，各个部门和员工都要以整体利益为重，主动承担责任，追求协同效率和效果最大化。

（二）集中优势资源服务于关键客户

由于关键客户对企业收入的价值贡献最大，因而对服务的要求也比较高，但是目前有些企业没有为关键客户提供特殊服务，以至于关键客户的不满情绪不断地增长。

为了进一步提高企业的盈利水平，按帕累托定律的反向操作就是：要为 20% 的客户尽 80% 的努力，即企业要将有限的资源用在前 20% 的最有价值的客户上，用在能为企业创造 80% 利润的关键客户上——好钢用在“刀刃”上！

首先，企业应该准确预测关键客户的需求，把服务想到他们的前面，主动提供售前、售中、售后的全程、全面、高档次的服务，包括专门定制的、精细化的服务，甚至邀请关键客户参与企业产品或服务的研发、决策，从而更好地满足关键客户的需要。

其次，要集中优势“兵力”，加大对关键客户的服务力度，在销售旺季到来之前，协调好生产及运输等部门，保证在旺季对关键客户的供应，避免出现因缺货而导致关键客户的不满。当出现供货紧张的情况时，要优先保证关键客户的需要，从而提高关键客户的满意度，使他们坚信本企业是他们最好的供应商或服务商。

再次，企业要增加给关键客户的财务利益，为他们提供优惠的价格和折扣，以及为关键客户提供灵活的支付条件和安全便利的支付方式，并且适当放宽付款时间限制甚至允许关键客户一定时间的赊账，目的是奖励关键客户的忠诚，提高其流失成本。

当然，也许有些关键客户并不看重优惠，而看重企业带给他们的超值服务，他们更需要的是对其地位和身份的“特别关心”。如在机场的贵宾候机室里找到“贵族”的感觉，优先免费使用时尚的业务等，都会使关键客户觉得自己与众不同，有一种优越感。为此，企业实行 VIP 制，创建 VIP 客户服务通道，更好地为关键客户服务，让关键客户尽享荣耀，这对巩固企业与关键客户的关系，提高关键客户的忠诚度将起到很好的作用。

（三）通过沟通和感情交流，密切双方的关系

企业应利用一切机会加强与关键客户的沟通和交流，让关键客户感觉到双方之间不仅仅是一种买卖关系，还是合作关系、双赢关系。

1. 有计划地拜访关键客户

一般来说，有着良好业绩的企业营销主管每年大约有 1/3 的时间是在拜访客户中度过的，其中关键客户正是他们拜访的主要对象。对关键客户的定期拜访，有利于熟悉关键客户的经营动态，并且能够及时发现问题和有效解决问题，有利于与关键客户搞好关系。

在与客户的沟通中，要根据客户给企业带来价值的不同进行“分级沟通”，即针对客户不同级别实施不同级别的沟通。如对重要客户，每个月打一次电话，每季度拜访一次；对次要客户，每季度打一次电话，每半年拜访一次；对普通客户，每半年打一次电话，每年拜访一次；对小客户，则每年打一次电话或者根本不必打电话和拜访。

2. 经常性地征求关键客户的意见

企业高层经常性地征求关键客户的意见将有助于增加关键客户的信任度。例如，每年组织一次企业高层与关键客户之间的座谈会，听取关键客户对企业的产品、服务、营销、产品研发等方面的意见和建议，以及对企业下一步的发展计划进行研讨等，这些都有益于企业与关键客户建立长期、稳定的战略合作伙伴关系。为了随时了解关键客户的意见和问题，企业应适当增加与其沟通的次数和时间，并且提高沟通的有效性。

3. 及时有效地处理关键客户的投诉或者抱怨

客户的问题体现了客户的需求，无论投诉还是抱怨，都是寻求答案的标志。处理投诉或者抱怨是企业向关键客户提供售后服务必不可少的环节之一，企业要积极建立有效的机制，优先、认真、迅速、有效及专业地处理关键客户的投诉或者抱怨。

4. 充分利用多种手段与关键客户沟通

企业要充分利用包括网络在内的各种手段与关键客户建立快速、双向的沟通渠道，不断地、主动地与关键客户进行有效沟通，真正地了解他们的需求，甚至了解他们的客户需求或能影响他们购买决策的群体的偏好，只有这样才能够密切与关键客户的关系，促使关键客户成为企业的忠诚客户。

企业应利用一切机会，例如，关键客户开业周年庆典，或者关键客户获得特别荣誉之时，或者关键客户有重大商业举措的时候，表示祝贺与支持，这些都能加深企业与关键客户之间的感情。

小链接

招商银行走到高端客户背后

日前，颐和园文昌院里，几株金色的桂花树幽雅开放，百年皇家之地此时熙熙攘攘，招商银行北京分行在这里为它们的高端客户——“金葵花”客户举办招待活动。看上去，这似乎是一个很老套的营销活动：很多单位此时都在举办类似的活动，招商银行年年也为“金葵花”客户举办这种活动。

不过这次有点不同，与这些高端客户同时到来的还有他们的家庭成员。“我们还邀请了3名家庭成员同时参加，并为他们专门设计了相关活动”。比如为女人准备的化妆礼品、为孩子们准备的毛绒玩具。这让此次招待活动变得很轻松。差别仅此而已吗？招商银行北京分行行长助理刘加隆并不这样认为。“这次活动折射出的是招商银行高端客户整体营销思路的改变，我们把营销的重点之一转向了客户的家庭，对中资银行来说，这还是第一次；更重要的是，我们不再把营销的重点放在丰富产品的低级层次上，开始导入全新的价值理念，让高端客户去认同我们的价值观。”刘加隆说。

“‘金葵花’是2002年招商银行推出的专门针对高端客户的产品。”招行的一位负责人说。现在，“金葵花”已经成为招商银行的重要“财源”，以北京分行为例，不到1%的客户带来的是50%左右的存款，因此招商银行——这家营销倾向非常强的商业银行，对高端客户的营销非常重视。2003年7月18日，“金葵花”获得了中国首届杰出营销大奖，其投入的精力和财力由此可见一斑。

不但招商银行如此，其他各商业银行对高端客户及其营销也都非常重视。谁都明白高端客户背后的重大意义。如今各商业银行都有专门针对高端客户的产品，诸如工商银行的理财金账户、农行的金钥匙、民生的钻石卡。各家的营销都是各显其能，各家针对高端客户的营销，目前都处在完善产品、服务以及推广品牌等正规“阵地”上，直接表现是各大银行都在努力延伸并大力宣传推广自己的高端产品链条和各项服务，如各商业银行竞相推出的人民币、外汇业务，工行的免排队、民生钻石卡的机场服务等。

招商银行在产品和服务的完善上也是不遗余力的，招商银行的产品链条是中资商业银行中比较全的，而且业务排在前三名。在服务上，招商银行也一直走在前列。现在各家银行的营销手法趋同，基本上都是在以上几个方面做文章，给人眼花缭乱的感觉。不过这种眼花缭乱给人的感觉虽乱，但并不是真的乱，真正乱的是一些银行违反国家监管政策争夺客户，最典型的就是价格战。“为争夺客户，有的不断降低服务价格，有的则给出一些违反政策的或不切实际的高额回报。如果招商银行参加这种恶性竞争，将对我们造成很大的伤害。”招商银行的一位负责人说。

除此之外，在品牌建设中，招商银行似乎也走到了大幅提高的尽头，“我们始终是在重复以前的动作：宣传推广产品和服务。”与国外银行相比，品牌建设中没有导入属于自己的理念，这是国内中资银行品牌建设的通病。“在强大的竞争压力和品牌建设压力之下，招商银行的营销思路开始转变”。

怎么变呢？方向来自招商银行2019年年初的一项调查。经过调查，发现金葵花客户虽然各有特点，但却有几个共性，他们的年龄处在30～45岁，这个年龄段的人是上有老下有小，所以普遍对家庭和子女教育有着强烈的关心。第二个特点是对健康的重视，这种重视甚至超越了财富和工作。同时，这些人对理财非常重视，对金融产品的价格并不敏感。

“看到这份调查报告，我们眼前一亮。”于是招商银行针对客户对家庭和子女教育重视的特点，形成了一套全新的高端客户营销方案。“在这个方案中，我们设计了专门针对家庭的活动，而且选择了中秋节这个对中国家庭有着特殊意义的节日。这次活动取得了非常好的效果，标志就是客户的感动。”很多客户打电话给招商银行的客户经理表达了自己的感动。因为这些人虽然家庭观念较强，但由于工作很忙，他们和家人聚少离多。家人的欢笑使客户对招商银行的产品和服务很满意，同时也能极大地稳定客户，毕竟这种力量是最强大的。

据介绍，今后招商银行还将开展一系列的相关活动。“我们正在积极与有关环保组织、野生动物保护组织接触，还要举办相关活动，这些活动也将有利于提升我们的品牌形象”。之所以选择这些活动，是因为招商银行想导入一定的价值观念，如环保观念、家庭稳定的观念。“只有客户真正认同我们的观念，我们的客户资源才能稳定”。调查显示，招商银行客户资源的学历水平相对较高，对大多数问题都有自己的观点和理念，他们对理念认同有着更多的重视。如果在这个环节上招商银行能够取得成果，无疑招商银行将在争夺高端客户上具有更强的竞争力。

二、普通客户的管理

根据普通客户给企业创造的利润和价值，对于普通客户的管理，主要强调提升级别和控制成本两个方面。

（一）针对有升级潜力的普通客户，努力培养其成为关键客户

对于有潜力升级为关键客户的普通客户，企业可以通过引导、创造、增加普通客户的需求，鼓励普通客户购买更高价值的产品或者服务，如饭店鼓励客户吃更贵的菜等，来提升普通客户创造的价值，提高他们的贡献度。

为此，企业要设计鼓励普通客户增加消费的项目，如常客奖励计划，对一次性或累计购买达到一定标准的客户给予相应级别的奖励，或者让其参加相应级别的抽奖活动等，以鼓励普通客户购买更多的产品或服务。

例如，影音租售连锁店 Blockbuster 运用“放长线钓大鱼”的策略，让客户以约 10 美元的会费获得各种租片优惠，包括每月租五张送一张、每周一到周三租一张送一张等，从而刺激了更多的消费，也提升了客户的层级。

企业还可根据普通客户的需要扩充相关的产品线，或者为普通客户提供“一条龙”服务，以充分满足他们的潜在需求，这样就可以增加普通客户的购买量，提升他们的层级，使企业进一步获利。

例如，美国时装零售业巨头丽姿·克莱朋通过扩充产品线，涵盖了上班服、休闲服、超大号服装及设计师服装等系列，有效地增加了客户的购买量，从而实现了客户层级的提升。

此外，为了使普通客户能够顺利地升级为关键客户，企业还有必要伸出援手，以壮大普通客户的实力，进而增加对企业的需求和贡献。

例如，企业可以成为普通客户的经营管理顾问，帮助他们评估机会、威胁、优势、劣势，制定现在与未来的市场发展规划，包括经营定位、网点布局、价格策略、促销策略等，同时，通过咨询、培训、指导，以传、帮、带等方式帮助普通客户提高经营管理水平。

总之，对于有升级潜力的普通客户，企业要制订周密、可行的升级计划，通过自己一系列努力，使普通客户为企业创造更多的价值。

小链接

案例 home depot 通过“一条龙”服务提升了客户的层级

美国家居装修用品巨人 Home Depot，锁定两大潜力客户群——想要大举翻修住家的传

统客户和住宅小区与连锁旅馆的专业维护人员。为此，刻意在卖场内增加“设计博览区”，展示了运用各种五金、建材与电器组成的新颖厨房、浴室，系列产品装修的高档样品房。

这些设计中心为客户提供可能需要的一切产品和服务，包括装修设计服务和装修用品。此外，还提供技术指导、员工培训、管理咨询等附加服务。

由于Home Depot为客户提供了“一条龙”服务，增加了客户对企业的需要，也因此增强了客户与企业的关系，伴随着客户级别的提升，企业的利润也提升了。

（二）针对没有升级潜力的普通客户，减少服务，降低成本

针对没有升级潜力的普通客户，企业可以采取“维持”战略，在人力、财力、物力等方面，不增加投入，甚至减少促销努力，以降低交易成本，还可以要求普通客户以现款支付甚至提前预付。

另外，还可以缩减对普通客户的服务时间、服务项目、服务内容，甚至不提供任何附加服务。例如，航空公司用豪华轿车接送能带来高额利润的关键客户，而普通客户则没有此等待遇。

三、小客户的管理

传统的“二八定律”关注“二”即少数的集中的对象，忽视“八”即更多的大众的对象，强调重视“抓大放小”。但是，随着市场营销手段的不断进步，电子商务的飞速发展，人们开始重新审视被运用了一百多年的“二八定律”，对“二八定律”中80%的多数消费者开始逐渐重视起来。

2004年10月，美国《连线》杂志主编Chris Anderson在一篇文章中首次提出“长尾”这个概念，后来进一步延伸出长尾理论——只要存储和流通的空间足够大，需求量小的、非主流的产品所共同占据的市场份额可以和那些需求量大的主流产品所占据的市场份额相匹敌、甚至更大，即如果能够把大量市场价值相对较小的部分都汇聚起来将可能创造更大的经济价值。“长尾理论”提示我们要重视包含大量中小客户的利基市场，而且还应具有相匹配的充足服务能力，在为大客户提供特殊照顾的同时，也要重视小客户的集体贡献。

将长尾理论运用到客户关系管理中，就是如果能够把握住80%的长尾客户，即相对于大客户而言的小客户，虽然他们的购买力并不强，消费行为并不活跃，但是将他们全部集中起来却能够创造出比大客户所创造的价值更大的价值，为企业创造巨额利润。因此，企业应该重视并且运用更有效的手段来管理小客户，从而为企业带来更大利润。

另外，小客户还帮助企业创造和形成了规模优势，在降低企业成本方面功不可没。因为聚沙可以成塔，保持一定数量的小客户是企业实现规模经济的重要保证，是企业保住市场份额、保持成本优势、遏制竞争对手的重要手段。如果企业放弃这些低价值的小客户，听任其流失到竞争对手那边，就可能会使企业失去成本优势，同时可能壮大了竞争对手的客户队伍和规模，而一旦竞争对手由于客户多了、生产服务规模大了，成本得以下降了，就会对企业不利。

此外，如果企业直接、生硬地把小客户“扫地出门”或“拒之门外”，可能会引发小客户对企业的不良口碑，对企业不满的小客户可能会向其他客户或者亲戚朋友表达他们的不满，使企业遭遇“口水”之害，从而给企业形象造成不良的影响。被“裁减”的小客户还

可能投诉企业，而且媒体、行业协会等社会力量也有介入的可能性，弄不好企业就会背上“歧视消费者”这个“黑锅”。

因此，企业必须认真管理好小客户。

（一）针对有升级潜力的小客户，要努力培养其成为“普通客户”甚至“关键客户”

企业应该给予有升级潜力的小客户更多的关心和照顾，帮助其成长，挖掘其升级的潜力，从而将其培养成为普通客户甚至关键客户，那么伴随着小客户的成长，企业利润就可以不断得到提升。

例如，目前还是赔钱客户的大学生，可能在就业后会成为好客户。招商银行就看到了这一点。招商银行的信用卡业务部一直把在校大学生作为业务推广的重点对象之一。尽管他们当前的消费能力有限，信贷消费的愿望不强烈，盈利的空间非常小，但招商银行还是频繁进驻大学校园进行大规模的宣传促销活动，运用各种优惠手段刺激大学生开卡，并承诺每年只要进行六次刷卡消费，无论金额大小，都可以免除信用卡的年费，甚至还推出了各种时尚、炫彩版本的信用卡，赢得广大年轻客户群体的青睐。

通过前期的开发和提升，当大学生毕业以后紧随而来的购房、购车、结婚、生子、教育等大项消费需要分期付款和超前消费时，招商银行巨大的利润空间开始显现。

（二）针对没有升级潜力的小客户，可提高服务价格、降低服务成本

对于没有升级潜力的小客户，有的企业的做法是“坚决剔除”，不再与他们联系和交易。但是，事实上这种做法过于极端，不可取。这是因为开发一个新客户的成本相当于提升5～6个老客户的成本，企业必须珍惜现有的每一个客户，慎重对待每一个客户。

所以，针对没有升级潜力的小客户，企业不能简单地把他们淘汰，但可以通过提高价格、降低服务成本的办法来“榨取”小客户的价值。

1. 向小客户提高服务价格或者收取以前属于免费服务的费用

这样就会增加企业的收入，从而壮大普通客户的行列，或者还可以向小客户推销高利润的产品，从而将其变成使企业“有利可图”的客户。

例如，香港汇丰银行对存款不足5 000港元的储户每月征收40港元的服务费，这样储户要么增加存款达到5 000港元，要么自行退出。

2. 降低为小客户服务的成本

适当限制为小客户提供服务的内容和范围，压缩、减少为小客户服务的时间。如从原来的天天服务改为每周提供服务一天，从而降低成本、节约企业的资源。

例如，美国进步保险公司是一家专营摩托车保险等高风险业务的公司，该公司发现并非所有的摩托车驾驶员风险都高。一般来说，年轻车手比年龄大的车手风险高。为此，该公司对年轻车手的定价便较高，对年龄大的车手定价较低。该公司还发现，许多驾车疯狂的车手往往光顾街头路边的保险代理处，为了避开这类客户，公司鼓励自己的代理人把办事处设在僻静的写字楼里，远离交通动脉，同时，公司通过直邮广告，主动争取那些年龄较大的摩托车手的业务。

3. 运用更经济、更省钱的方式提供服务

例如，从原来面对面的直接销售方式转为电话销售或由经销商销售，这样不仅保证了销

售收入，也减少了成本，提高了利润水平。

如银行通过减少分支机构的数量，以及用 ATM 机代替柜员和银行职工，从而降低服务成本。当然，处于客户金字塔较低层次的小客户察觉到自己所受的待遇不如较高层的客户时有可能会被激怒。为了避免出现这种不愉快的局面，企业可把为不同级别客户提供的服务从时间上或空间上分割开来。

又如，在飞机和客轮上，不同层次的客户因票价不同而分别处于不同等级的舱位，分别接受不同等级的服务，彼此互不干扰。企业分别提高他们的感知，这样就能够使头等舱客户、商务舱客户和经济舱客户各得其所。

小链接

管理你的低价值客户

多数人都有这样的经历：在银行的营业厅里，百无聊赖地等着扩音器机械的声音叫出自己的号码，而这样的等待通常会消耗掉最少一个小时的时间，同时永远有人能理直气壮地插队——因为他是 VIP 客户。

为了区别对待不同价值的客户，很多公司现在开始冷淡低价值客户。当航班发生延误时，美国大陆航空公司（Continental Airlines）只会向高价值客户发送邮件表示道歉，并为他们提供常客里程累计作为赔偿。在拉斯维加斯著名的哈拉斯（Harrah's）赌场酒店，房间费用根据客户（赌客）的价值而从免费到 199 美元/晚不等。

但是沃顿商学院教授的最新研究警示说，淘汰低价值客户实际上可能会损害公司利润，而尝试提高这些客户的价值可能会产生反作用，因为这的确会迫使公司投入无谓的资金。在某种程度上，如果你因为淘汰低价值客户而让自己的客户基础暴露，竞争对手可能就会沉重打击你，甚至钻你的漏洞，让这些人变成他的客户。

美国的 ING Direct 银行就是依靠为传统银行眼中的“低价值客户”提供服务而迅速崛起。这些人没有太多的钱，也不需要太多服务，却被迫在大银行中浪费了太多排队时间，所以当 ING Direct 开始为他们量身打造服务时，这些占美国社会绝大多数的人，立即倒戈相向。

无疑，当一个公司淘汰低价值客户的时候，也很有可能在同时为自己培养了强大的竞争对手。

以银行业为例，在大多数国家，不管出于缺乏其他交易途径、对网上交易安全性抱有顾虑、对“面对面”交易的普遍偏好，还是因为增值型互动的复杂性，大多数客户仍然希望在营业网点进行很多银行交易活动。而银行营业网点体验中最普遍的现象之一，就是客户在柜台前排队，银行应好好利用其中的机会。客户排长队在任何时候都不是好事，久而久之，被严重忽视的某些客户就会考虑换家银行排队了。而银行常常认为这需要大量的资金投入与大规模的格局调整，投资回报周期也会很长。相反，银行应以零售思维方式来管理客户来访，应注重较低预算的战术性调整。

即使实际等待时间并没有发生变化，银行也可以运用提供教育和娱乐资讯等简单的低成本方法，利用客户等待时间与客户进行交流，同时提高客户的满意度。研究显示，客户满意度反映的是感知的而非实际的等待时间。如果银行营业网点员工的配备显得很有效率，并能够提供有趣的消遣资讯，排队还是可以接受的。

英国一家专注于提高客户满意度和加大对现有客户交叉销售力度的大型银行确立了三个关键目标：改善客户在营业网点的体验，缩短客户感知的等待时间，并促进银行职员与客户进行更多互动。它引入了两项关键的创新举措：一是针对排队等待的客户的意见收集设备，如产品兴趣和客户满意度调查；二是柜台窗口上方用于产品和服务促销并提供教育、娱乐和本地资讯的屏幕。尽管银行悉心将营销信息控制得较短（持续10~15秒），但效果却是显著的。在出口处对客户的调查显示，尽管实际排队时间事实上略有延长，但客户对服务水平的满意度却提高了25%。

欧洲一家通过收购大量小型社区金融机构成长起来的大型银行，在积极引导客户通过自助服务渠道进行交易的同时，逐步加大了对现有客户的交叉销售力度。该银行在营业网点配备了使用互动屏幕的数字营销平台，内容不仅包括标准产品信息，而且包括交易渠道转移提示、社区新闻、一般体育和天气资讯以及在线客户满意度调查。该银行同时也鼓励客户与工作人员交流以了解更多信息。调查显示，80%以上的访客注意到了这些屏幕，有将近50%的访客查询相关信息，3%左右的访客向工作人员询问更多信息。该举措事实上使银行每月大约增加了100个潜在客户（询问信息的），在该银行看来，这是很不错的回报。

所以说，比淘汰低价值客户更好的方法，就是在改善高端客户质量的同时，找到其他成本消耗更低的方法来管理低价值客户，这样才能避免竞争对手挖你的墙脚。要知道，金字塔底部的业务和客户虽然不是公司的主要利润来源，但却是一道屏蔽竞争对手的有效防火墙。

（三）坚决淘汰劣质客户

实践证明，并非目前所有的客户关系都值得保留——劣质客户吞噬、蚕食着企业的利润，与其让他们消耗企业的利润，还不如及早终止与他们的关系，压缩、减少直至终止与其的业务往来，以减少利润损失，使企业的资源能够尽快投入其他客户群体中。

例如，银行对信用状况差、没有发展前途的劣质客户采取停贷、清算等措施淘汰劣质客户。

同时，企业对于赖账的客户，一是“先礼后兵”，动员各种力量对其施加压力；二是要“还以颜色”，直至“对簿公堂”，决不手软。

适时终止与没有价值、负价值或者前景不好的客户的关系，企业才能节省有限的资源去寻找和服务于能够更好地与企业的利润、成长和定位目标相匹配的新客户和老客户。

总之，企业针对不同级别的客户采取分级管理和差异化的激励措施，可以使关键客户自豪地享受企业提供的特殊待遇，并激励他们努力保持这种尊贵地位；同时，刺激有潜力的普通客户向关键客户看齐，鞭策有潜力的小客户向普通客户甚至关键客户看齐，坚决淘汰劣质客户……这样，就可以使企业在其他成本不变的情况下，产生可观的利润增长。这就是对客户进行分级管理的理想境界。

本章小结

人们信奉“客户是上帝，所有的客户都是同等重要的”。然后“二八法则”研究结果却告诉我们：客户天生是不同的！客户分级的意义主要表现在：不同的客户有不同的价值；客户分级有利于企业合理分配资源；有利于提升客户满意度；有利于进行有效的沟通。

常见的客户分级方式有：ABC 法、RFM 法、CLV 法。

ABC 法是根据企业利润额的构成区分客户，运用帕雷托曲线表示企业利润额的构成情况，客户被直观地分成 A、B、C 三类。根据这种方法可以把客户分成四类：VIP 客户、主要客户、普通客户和小客户。

RFM 法是根据客户的消费行为进行细分的方式，它通过检查客户最近一次购买的时间有多远、客户在最近一段时间内购买的次数以及客户在最近一段时间内购买的金额来从数量上决定哪些客户是最好的、需要企业持续关注以及哪些用户需要淘汰等不同的营销策略。其中 *R*（Recency）表示客户最近一次购买的时间有多远，*F*（Frequency）表示客户在最近一段时间内购买的次数，*M*（Monetary）表示客户在最近一段时间内购买的金额。RFM 强调以客户的行为来区分客户。最近一次消费是指上一次购买的时间和相关细节；消费频率是顾客在限定的期间内所购买的次数；消费金额是所有数据库报告的支柱，它能显示出排名前 10%的顾客所花费的金额以及占企业所有营业额的比例。RFM 模型是被广泛使用的客户细分方法，它是衡量客户价值和客户创利能力的重要工具和手段。非常适用于生产多种商品的企业，而且这些商品的单价相对不高。

CLV 是指客户生命周期价值（Customer Lifetime Value），指客户在与企业的整个生命周期内为企业创造的价值。广义的 CLV 指的是企业在与某客户保持买卖关系的全过程中从该客户处所获得的全部利润的现值。CLV 可分成两个部分：一是历史利润，即到目前为止客户为企业创造的利润总现值；二是未来利润，即客户在将来可能为企业带来的利润流的总现值。企业真正关心的是客户未来价值，因此狭义的 CLV 仅指客户未来利润。根据这种方法可以把客户分成四类：贵宾型客户、改进型客户、维持型客户、放弃型客户。三种分类进行对比，ABC 分析法着重在对于客户以往贡献度的分析，简单明了。RFM 则强调以客户的行为来区分客户，易于操作，但是忽视了企业为客户投入的资源和成本。CLV 分析法关注从客户生命周期的角度分析客户在与企业的整个关系周期为企业创造的价值，不仅考虑了客户当前为企业创造的价值，同时还考虑了客户未来为企业创造的价值。

客户分级管理是指企业在依据客户带来利润和价值的多少对客户进行分级的基础上，为不同级别的客户设计不同的关怀项目。关键客户管理的目标是提高关键客户的忠诚度：成立为关键客户服务的专门机构；集中优势资源服务于关键客户；通过沟通和感情交流，密切双方的关系；普通客户的管理，主要根据普通客户给企业创造的利润和价值，对于普通客户的管理，针对有升级潜力的普通客户，努力培养其成为关键客户；针对没有升级潜力的普通客户，减少服务，降低成本；小客户的管理，针对有升级潜力的小客户，要努力培养其成为“普通客户”甚至“关键客户”；针对没有升级潜力的小客户，可提高服务价格、降低服务成本。

关键术语

客户分级　　ABC 法　　RFM 法　　CLV 法
关键客户　　普通客户　　小客户

配套实训

选择一家熟悉的企业，针对企业特点，尝试在ABC法、RFM法、CLV法中选择一种方法对客户进行分级，并制定相应的客户管理策略。

课后习题

一、单项选择题

1.（　　）是根据企业利润额构成区分客户，运用帕雷托曲线表示企业利润额的构成情况，客户被直观地分成A、B、C三类，他们对于企业的价值不同。

A. ABC法　　B. RFM法　　C. CLV法　　D. CRM

2.（　　）是根据客户的消费行为进行细分的方式，它通过检查客户最近一次购买的时间有多远、客户在最近一段时间内购买的次数以及客户在最近一段时间内购买的金额来从数量上决定哪些客户是最好的，需要企业持续关注以及哪些用户需要淘汰等不同的营销策略。

A. ABC法　　B. RFM法　　C. CLV法　　D. CRM

3.（　　）指客户在与企业的整个生命周期内为企业创造的价值。

A. ABC法　　B. RFM法　　C. CLV法　　D. CRM

4. 在RFM模式中，（　　）表示客户最近一次购买的时间有多远，*F*（frequency）表示客户在最近一段时间内购买的次数，*M*（monetary）表示客户在最近一段时间内购买的金额。

A. *R*（recency）　　B. *F*（frequency）　　C. *M*（monetary）　　D. *V*（valve）

5. 在RFM模式中，*R*（recency）表示客户最近一次购买的时间有多远，（　　）表示客户在最近一段时间内购买的次数，*M*（monetary）表示客户在最近一段时间内购买的金额。

A. *R*（recency）　　B. *F*（frequency）　　C. *M*（monetary）　　D. *V*（valve）

6. 在RFM模式中，*R*（recency）表示客户最近一次购买的时间有多远，*F*（frequency）表示客户在最近一段时间内购买的次数，（　　）表示客户在最近一段时间内购买的金额。

A. *R*（recency）　　B. *F*（frequency）　　C. *M*（monetary）　　D. *V*（valve）

二、填空题

1. ABC法是根据企业利润额的构成区分客户，运用帕雷托曲线表示企业利润额的构成情况，客户被直观地分成A、B、C三类。根据这种方法可以把客户分成四类：______________、______________、______________和______________。

2. 在RFM模式中，______________表示客户最近一次购买的时间有多远，______________表示客户在最近一段时间内购买的次数，______________表示客户在最近一段时间内购买的金额。RFM强调以客户的行为来区分客户。

3. CLV可分成两个部分：一是______________；二是______________。

4. ______________是指企业在依据客户带来利润和价值的多少对客户进行分级的基础

上，为不同级别的客户设计不同的关怀项目。

三、简答题

1. 简述客户分级的意义。
2. 什么是关键客户？如何对关键客户进行管理？

讨论案例

兴业银行家庭理财卡的客户分级

兴业银行成立于1988年8月，是经国务院、中国人民银行批准成立的首批股份制商业银行之一，总行设在福建省福州市，2007年2月5日正式在上海证券交易所挂牌上市（股票代码601166)，注册资本50亿元。

兴业银行主要业务经营范围包括：吸收公众存款；发放短期、中期和长期贷款；办理国内外结算；办理票据承兑与贴现；发行金融债券；代理发行、代理兑付、承销政府债券；买卖政府债券、金融债券；代理发行股票以外的有价证券；买卖、代理买卖股票以外的有价证券；资产托管业务；从事同业拆借；买卖、代理买卖外汇；结汇、售汇业务；从事银行卡业务；提供信用证服务及担保；代理收付款项及代理保险业务；提供保管箱服务；财务顾问、资信调查、咨询、见证业务；经国务院银行业监督管理机构批准的其他业务。

兴业银行于2005年推出的“自然人生”家庭理财卡，是国内首套家庭系列理财卡，它利用电子货币综合理财工具和综合性个人金融服务平台，实现了存取款、转账结算、自助融资、代理服务、交易消费、综合理财于一体的多账户、多功能的集中管理服务。

1. 兴业银行家庭理财卡的分级

兴业银行将“自然人生”家庭理财卡分为黑金卡、白金卡、金卡和银卡四个层次。

(1) 黑金卡的申请条件

个人卡，只要在兴业银行的所有个人账户中折合人民币总额达到100万元，即可凭借本人有效身份证件向兴业银行任何一个营业网点提出开卡申请，也可申请同卡号换卡，直接成为黑金卡用户。

家庭卡，只要家庭成员日均综合金融资产平均达到80万元，即可凭借有效家庭证件和本人身份证件，向兴业银行任何一个营业网点为每个登记的家庭成员申请开立一张黑金卡。如果家庭成员日均综合金融资产平均只达到25万元至80万元，但在剔除为其他家庭成员申请白金卡所需25万元日均综合金融资产后，剩余综合金融资产仍达到80万元，也可以单独申请办理黑金卡。

(2) 白金卡的申请条件

个人卡，只要在兴业银行的所有个人账户中日均综合金融资产折合人民币总额达到30万元，即可凭借本人有效身份证件向兴业银行任何一个营业网点提出开卡申请，也可申请同卡号换卡，直接成为白金卡用户。

家庭卡，只要家庭成员日均综合金融资产平均达到25万元，即可凭借有效家庭证件和本人身份证件，向兴业银行任何一个营业网点为每个登记的家庭成员申请开立一张白金卡。如果家庭成员日均综合金融资产平均只达到 8 万元至 25 万元，但在剔除为其他家庭成员申请金卡所需 8 万元日均综合金融资产后，剩余综合金融资产仍达到 25 万元，也可以单独申请办理白金卡。

(3) 金卡的申请条件

个人卡，只要在兴业银行的所有个人账户中日均综合金融资产折合人民币总额达到 10 万元，即可凭借本人有效身份证件向兴业银行任何一个营业网点提出开卡申请，也可申请同卡号换卡，直接成为金卡用户。

家庭卡，只要家庭成员日均综合金融资产平均达到 8 万元，即可凭借有效家庭证件和本人身份证件向兴业银行任何一个营业网点为每个登记的家庭成员申请开立一张金卡。

(4) 银卡的申请条件

只需凭借本人有效身份证件即可向兴业银行任何一个营业网点提出开卡申请。

2. 兴业银行家庭理财卡的分级管理

(1) 黑金卡尊贵礼遇

①家庭理财顾问，专业专属服务。特别配备“一对一”的专属理财顾问，针对个人情况与独特需求提供贴身的理财分析与投资建议，悉心打理财富人生。

②时尚高尔夫行，品味时尚生活。提供订场专线等多项高球增值服务，蓝天绿地、挥洒自信，体验时尚运动、品味悠闲生活。

③机场贵宾服务，彰显尊贵身份。可在北京、上海、广州、深圳、福州等全国主要机场享受易登机特别服务，尽显尊贵身份。

④全国道路救援，全球旅行医疗紧急支援。全球旅行医疗紧急支援以及五星级全国道路救援（每年一次免费拖车）服务，提供出行贴心保障，令差旅全程无忧。

⑤免费精灵信使，丰富资讯支持。免费提供“精灵信使”短信通知服务，资金变动尽在掌握；还可及时传递最新的证券、外汇、期货等方面的金融信息与市场资讯。

⑥绿色通道服务，业务全面优惠。兴业银行在营业网点专设了贵宾窗口和贵宾理财区域，到兴业银行办理业务可以享受全面优先和优惠待遇。

⑦贴心人文关怀，顶级客户联谊会。每逢重大节假日或特殊纪念日，兴业银行将送上诚挚祝福。每年兴业银行均会选择一些顶级家庭开展联谊活动。

⑧附赠商旅保险，保您全程无忧。兴业银行赠送保额高达 110 万元的商旅保险，保障出行安全无忧。

⑨应急支付支持，为您雪中送炭。在国内异地发生理财卡丢失、被盗等意外情况时，只需凭本人有效身份证件即可享受兴业银行特别提供的应急支付服务，以解燃眉之急。

(2) 白金卡尊贵礼遇

①专属客户经理，专业优质服务。特别配备专属客户经理，实施优先、优质、专业的“一对一”投资理财服务。

②时尚高尔夫行，品味时尚生活。提供订场专线等多项高球增值服务，体验时尚运动、品味悠闲生活。

③机场贵宾服务，彰显尊贵身份。可在北京、上海、广州、深圳、福州等全国主要机场

享受易登机特别服务，尽显尊贵身份。

④全球旅行医疗紧急支援。全球旅行医疗紧急支援服务，提供出行贴心保障，令差旅全程无忧。

⑤免费精灵信使，丰富资讯支持。免费提供“精灵信使”短信通知服务，资金变动尽在掌握；还可及时传递最新的证券、外汇、期货等方面的金融信息与市场资讯。

⑥绿色通道服务，业务全面优惠。兴业银行在营业网点专设了贵宾窗口和贵宾理财区域，到兴业银行办理业务可以享受全面优先和优惠待遇。

⑦贴心人文关怀。逢重大节假日或特殊纪念日，奉送诚挚祝福，温馨服务，真情速递。

⑧附赠商旅保险，保您全程无忧。兴业银行赠送保额高达50万元的商旅保险，保障出行安全无忧。

(3) 金卡礼遇

①专属客户经理，优先优质服务。配备专属客户经理，给客户优先、优质的“一对一”投资理财服务。

②免费精灵信使，账户变动通知。免费提供“精灵信使”短信通知服务，一旦账户资金发生任何变动，系统将实时为客户发送资金变动信息，让您随时随地掌握资金变动情况，理财更清晰。

③业务优先办理，享受优惠服务。兴业银行提供转账汇款、异地通存通兑等规定项目的手续费折扣或免费的贵宾礼遇。

④贴心人文关怀，真情温馨速递。逢重大节假日或特殊纪念日，兴业银行将通过电话、短信或寄送贺卡等方式，传达温馨问候和诚挚祝福。

⑤各项贴心提醒服务。兴业银行将友情提醒客户的贷款还款期、信用卡还款日、预约理财产品、汇款到账等重要业务的办理时限，以减少不必要的利息损失。

(4) 银卡礼遇

兴业银行对这部分客户只是提供最基本的服务，但是在保证令绝大多数客户满意基础上的，以避免小客户过多地流失，因为虽然小客户价值低，也要尽力维持不能任其自由地流失到竞争对手那边。

阅读上述资料，分组讨论以下问题：

兴业银行是如何对家庭理财卡的客户进行分级的？起到了什么效果？

客户沟通

学习目标

◇ 知识目标

了解客户沟通的作用、内容；了解企业与客户沟通的途径；了解客户与企业沟通的途径；

掌握处理客户投诉的方法。

◇ 技能目标

掌握设计企业与客户沟通方案的具体方法。

导入案例

招商银行的客户沟通

招商银行成立于1987年4月8日，是中国第一家完全由企业法人持股的股份制商业银行，总行设在深圳。成立二十多年来，招商银行秉承“因您而变”的经营服务理念，不断创新产品与服务，在中国的商业银行中，招商银行率先打造了“一卡通”多功能借记卡、“一网通”网上银行、双币信用卡、点金公司金融、“金葵花”贵宾客户服务体系等产品和服务品牌，并取得了巨大成功。

招商银行在客户沟通方面有着丰富的经验，与客户沟通的内容包括：

1. 信息沟通

理财咨询服务——空中理财服务提供专业的各类基金、理财产品、国债、保险等产品的咨询，提供市场动态信息和宏观政策解读，为客户提供最新最全的理财咨询服务。

理财规划服务——空中理财服务将根据客户的需求、财务状况、风险偏好进行专业的理财分析，给出投资组合和策略建议，供客户在日常进行投资理财时参考。

产品甄选服务——依附于招商银行强大的理财产品库，可以协助客户进行产品的比较，为客户选择符合客户投资方向的基金、理财产品、国债、黄金及保险等产品。

理财交易服务——空中理财为客户提供及时、快速、安全的投资理财交易服务，客户选定好相关的投资产品后，通过空中理财专家完成产品的购买、赎回、转换等各类理财交易服务。

2. 情感沟通

招行通过各种亲情或爱情活动，与客户进行沟通。例如举办“金葵花”亲子财商成长营，让孩子和爸爸妈妈一起学习理财。

3. 理念沟通

通过发布招行的新闻事件向社会做出公开承诺等，向客户宣传其服务理念、宗旨和承诺，使客户及时地了解企业，真正理解企业。

4. 政策沟通

招行把新的政策或客户不易理解的相关政策，还有消费者关注的热点都进行及时的宣传，有助于消费者对政策条例的了解，从而更能理解企业的行事方式。

招行采取客户沟通的策略包括：

1. 创新服务细节，让客户如沐春风

在全行深入推广“五个一”：迎声、送声、起身、问候、微笑，让“五个一”变成全行员工的自觉行动和工作习惯；推出“老人、孕妇、残疾人士优先服务窗口”；营业大厅门口设立迎候岗，让普通客户感受到尊重；通过创新推出“金葵花”贵宾客户高档饮品系列；让客户尊享高贵服务，全行“金葵花”贵宾室统一配有VIP服务专员，配备冰箱、多达6种高档饮品，为前来办理业务的“金葵花”贵宾客户提供“饮品单”任点畅饮。

为了方便老年客户办理业务，该行要求各支行在“金葵花”贵宾室、低柜理财区、会计和储蓄柜面等方便的位置，配备老花眼镜；为了方便客户在办理业务时记事需要，在柜面放置招行便签本；为了排解客户等候时的情绪，在会计柜面区添置杂志读物，供客户阅读；等等。

这些细小的举措，拉近了与客户的心理距离，令客户在接受服务时如沐春风。

2. 构建完善的服务管理体系

在功能区域的设计划分上，该行设置了24小时自助服务区、客户等候区、低柜理财服务区、现金快速服务区、非现金区、金卡服务室、“金葵花”贵宾室、公司业务服务区，并在招商银行深圳分行首创设置了指纹识别公司VIP贵宾室，功能区划分清晰，每个功能区都设立了明显的指示牌，科学的功能区域为细分客户群，从而为客户提供优质的服务奠定了基础。

3. 加强培训管理，打造优质服务团队

在招行泰然支行，有一个别具特色的“精英训练营”，进入支行的每一名新员工都要经过一个月高强度的基础技能培训，包括打字、点钞、计算器翻打、业务知识、上机模拟、服务规范等，所有员工无论学历、岗位都要参加培训并达到要求。通过精英训练的员工不仅提高了业务技能，更锻炼了平和的心态和毅力。高强度、高要求的培训为优质服务打下了良好的基础，深圳分行柜面人均业务量前10名的员工，有5名来自泰然支行。

4. 聆听顾客声音，不断提升服务水平

营业大厅及“金葵花”贵宾室显著位置对外公布24小时客户投诉电话、行长24小时服务热线以及客户意见簿等多种方式对服务进行监督。

讨论：招商银行为什么要采用这么多的策略进行客户沟通？

第一节 客户沟通的作用与内容

所谓沟通，就是信息的交流与互换。

客户沟通就是企业通过与客户建立相互联系的桥梁或纽带，拉近与客户的距离，加深与客户的感情，从而赢得客户满意与客户忠诚所采取的行动。

良好的沟通对合作双方来说是双赢的，企业进行积极有效的客户沟通，有助于拉近企业与客户的距离，有利于巩固、提升和发展与客户的关系。

企业与客户之间的沟通应当是双向沟通，既要让客户了解企业，也要使企业了解客户，这样，企业与客户之间才能增进彼此之间的了解和交流，才能够消除隔阂、化解误会、荣辱与共、利益相连。

所以，企业与客户之间的沟通应当包括以下两个方面：

一方面是企业与客户的沟通，指企业积极保持与客户的联系，通过人员沟通和非人员沟通的形式，把产品或服务的信息及时传递给客户，使客户了解并且理解和认同企业及其产品或服务。

另一方面是客户与企业的沟通，是指企业要为客户提供各种渠道，并保持渠道畅通，使客户可以随时与企业进行沟通，包括客户向企业提出的意见、建议和投诉。

一、客户沟通的作用

企业通过与客户沟通，可把企业的产品或服务的信息传递给客户，把企业的宗旨、理念介绍给客户，使客户知晓企业的经营意图，还可以把有关的政策向客户传达、宣传，并主动向客户征求对企业产品或服务及其他方面的意见和建议，理解他们的期望，加强与他们的情感交流。

（一）客户沟通是实现客户满意的基础

根据美国营销协会的研究，有三分之一不满意的客户是因为产品或服务本身的问题，其余三分之二的问题都出在企业与客户的沟通不良上。

可见，客户沟通是使客户满意的一个重要环节，企业只有加强与客户的联系和沟通，才能了解客户的实际需求，才能理解他们的期望，特别是当企业出现失误时，有效的沟通有助于更多地获得客户的谅解，减少或消除客户的不满。

一般来说，企业与客户进行售后沟通可减少退货情况的发生。例如，通用汽车公司的做法是向新车主发祝贺信，信中祝贺他选中了一辆好汽车，并且说明通用公司可以提供的售后服务。与此同时，通过广告来宣传其他购买者对产品的满意。每逢节日，通用汽车公司还会给客户赠送贺卡，但是在内容中绝对不提公司又开发了什么新的产品，这样当客户又准备买车的时候很自然会首先想到通用。

（二）客户沟通是维护客户关系的基础

企业经常与客户进行沟通，才能向客户灌输双方长远合作的意义，描绘合作的远景，才能在沟通中加深与客户的感情，才能稳定客户关系，从而使客户重复购买次数增多。

如果企业与客户缺少沟通，那么好不容易建立起来的客户关系，可能会因为一些不必要的误会没有得到及时消除而土崩瓦解。

因此，企业要及时、主动地与客户保持沟通，并且要建立顺畅的沟通渠道，这样才能维护“好客户”关系，才能赢得一大批稳定的老客户。

二、客户沟通的内容

沟通的内容主要是信息沟通、情感沟通、理念沟通、意见沟通，有时还需要政策沟通。

（一）信息沟通

信息沟通是指企业把产品或服务的信息传递给客户，也包括客户将其需求或者要求的信息反映给企业。

（二）情感沟通

情感沟通是指企业主动采取相关措施，加强与客户的情感交流，加深客户对企业的依恋所采取的行动。

（三）理念沟通

理念沟通是指企业把其宗旨、理念介绍给客户，目的是促使客户认同和接受所采取的行动。

（四）意见沟通

意见沟通是指企业主动向客户征求意见，或者客户主动将对企业的意见（包括投诉）反映给企业的行动。

（五）政策沟通

政策沟通是指企业把有关的政策向客户传达、宣传所采取的行动。

第二节　企业与客户沟通的途径

一、通过人员与客户沟通

企业人员可以当面向客户介绍企业及其产品或者服务的信息，还可以及时答复和解决客户提出的问题，并对客户进行主动询问和典型调查，了解客户的意见及客户对投诉处理的意见和建议等。

企业人员与客户沟通，双方可直接对话，进行信息的双向沟通，可使双方从单纯的买卖关系发展到建立个人之间的友谊，进而提升和保持长期的客户关系。

例如，星巴克对员工进行深度的专业培训，使每位员工都成为咖啡方面的专家，这些员工被称为咖啡大师（Coffee Master），他们被授权可以和客户一起探讨有关咖啡的种植、挑选和品尝，还可以讨论有关咖啡的文化，甚至奇闻轶事，以及回答客户的各种询问。

二、通过活动与客户沟通

通过举办活动可以让企业的目标客户放松，从而增强沟通的效果。

如通过座谈会的形式，定期把客户请来进行直接的面对面的沟通，让每个客户畅所欲言，或者发放意见征询表，向他们征求对企业的投诉和意见。通过这种敞开心扉的交流，可使企业与客户的沟通不存在障碍，同时，这也是为客户提供广交同行朋友的机会。在座谈会上，客户们可以相互学习、相互取经。此外，通过定期或不定期地对客户进行拜访，与客户进行面对面的沟通，也可以收集他们的意见，倾听他们的看法、想法，并消除企业与客户的隔阂。

另外，邀请客户联谊也是加深与客户感情的好方式，如一个可携带配偶出席的晚会将增进企业与客户的情谊。联谊活动有多种形式，如宴会、娱乐活动、健身活动、参观考察等。其目的是拉近与客户的距离，与客户建立一种朋友式的关系。

当然，企业还可以通过促销活动与客户沟通，使潜在客户和目标客户有试用新产品的理由，从而建立新的客户关系，也使现实客户有再次购买或增加购买的理由，从而有利于提升和发展客户关系。

此外，通过开展公益活动也可以达到很好的沟通效果。例如，作为一个出色的企业公民，沃尔玛自进入中国就积极开展社区服务和慈善公益活动，如开展“迎奥运　促和谐　做先锋”“奥运年　中国心”“关爱农民工子女”等公益活动，对非营利组织和公益事业（如学校、图书馆、经济发展团体、医院、医学研究计划和环保方案等）的捐赠沃尔玛也十分慷慨，从而树立了良好的公益形象。

三、通过信函、电话、网络、电邮、微信、微博、呼叫中心等方式与客户沟通

通过信函、电话与客户沟通是指企业向客户寄去信函，或者打电话宣传、介绍企业的产品或服务，或者解答客户的疑问。

例如，沃尔玛设置了全国免费客户服务热线，通过开通电话沟通服务，客户只要拨通热线电话，就可以免费与企业进行沟通，得到有关答复或者服务，从而为客户提要求、反馈意见和建议提供了便捷的渠道。

随着技术的进步和沟通实践的发展，新的沟通渠道在不断地出现，特别是互联网的兴起彻底改变了企业与客户沟通、交流的方式，企业可以在强大的数据库系统支持下，通过电子商务的手段，开设自已的网站为客户提供产品或服务信息，与客户进行实时沟通，从而缩短企业与客户之间的距离。

例如，许多知名国际大企业的网站做得非常人性化，不仅有全球性的官方网站，还有针对不同地区设计的各个地区特色的网站，只要登录网站，客户就可以掌握企业产品的所有资讯，任何的信息都可以在网站上一目了然。

另外，随着现代通信手段的发展，企业还可以通过电子邮件、手机短信、微信、微博等形式与客户沟通，提供产品与服务信息。如定期向用户邮箱发送订阅邮件、建立微信公众号及官方微博，定期发布产品及服务咨询，并在评论区回答客户疑问、解决客户需求等。

四、通过广告与客户沟通

广告的形式多样，传播范围广，可对目标客户、潜在客户和现实客户进行解释、说明、说服、提醒等，是企业与客户沟通的一种重要途径。通过广告与客户沟通的优点是：迅速及时，能够准确无误地刊登或安排播放的时间，并可全面控制信息内容，能让信息在客户心中留下深刻的印象。

通过广告与客户沟通的缺点是：单向沟通，公众信任度较低，易引起客户逆反心理，这就要求企业的广告要减少功利的色彩，多做一些公关广告和公益广告，才能够赢得客户的好感。

五、通过公共宣传及企业自办的宣传物与客户沟通

通过公共宣传与客户沟通的优点是：可以增加信息的可信度，因为它是一个与获利无关者的评论，比较可靠。另外，公共宣传还可使企业与客户沟通的信息得到免费曝光的机会，从而提高对客户的影响力。

通过公共宣传与客户沟通的缺点是企业对信息没有控制权，企业希望得到宣传的信息，未必被新闻机构所采用，即使采用，企业也无法控制何时被采用。

因此，企业还可通过内部刊物发布企业的政策与信息，及时将企业经营战略与策略的变化信息传递给客户。当然，这里的信息包括新产品的开发信息、产品价格的变动信息，新制定的对客户的奖励政策、返利的变化以及促销活动的开展等。

例如，宜家就精心为每件商品制定“导购信息”，有关产品的价格、功能、使用规则、购买程序等几乎所有的信息都一应俱全。对于组装比较复杂的家具，宜家则在卖场里反复播放录像和使用挂图解释如何组装该家具。

六、通过包装与客户沟通

企业给客户的第一印象往往是来自企业的产品，产品给客户的第一印象来自包装。包装是企业与客户沟通的无声语言，好的包装能够吸引客户的视线，给客户留下美好的印象，并引起客户的购买欲望。

包装还可以传达企业对社会、对公众的态度，以及对自然和环境的态度。现在有越来越多的生产厂商采用了无污染的、能够生物分解或循环利用的包装材料，从而给客户留下这家企业爱护环境、富有责任感的印象。

对银行这样的服务机构来说，包装就是服务的软硬件展示，如银行的营业环境及工作人员的形象等。

招商银行就非常重视服务环境的“包装”，投入了大量资源进行营业厅环境改造，如提高装修水平，设置服务标识，配备饮料，设置报纸、杂志，安装壁挂电视，让客户休闲地坐在椅子上，享受着书报杂志、牛奶茶水咖啡，看着电视等着办理业务，并由此衍生出微笑站立服务、设置低柜服务，改变传统银行冷冰冰的面孔和服务模式。当其他银行的客户在柜台前排起长龙等待办理金融业务的时候，招商银行率先推出叫号机，后来又改善排队叫号器设置，在叫号器界面上设立不同业务种类，客户按照银行卡的种类取号，分别在不同的区域排

队等候，减少了相互干扰，保证营业厅秩序，从而营造舒适的氛围。

总之，企业与客户沟通的形式多样，其目的是通过经常性的沟通，让客户清楚企业的理念与宗旨，让客户知道企业是他们的好朋友，企业很关心他们，为了不断满足他们的需要，企业愿意不断地提升产品或者服务的品质及其他一切方面，这样就能够提升客户关系。

第三节　客户与企业沟通的途径

客户与企业的沟通，是客户将其需求或者要求反映给企业，包括将对企业的意见反映给企业的行动。客户与企业的沟通途径有来人、来函、电话、网络、电邮等。

因此，为保证客户和企业的沟通，企业必须鼓励不满意的客户有便捷的方式提出自己的意见，这就需要想办法降低客户投诉的门槛，为客户提供各种便利的途径，并保持途径的畅通，让客户投诉变得简单。

一、开通免费投诉电话、24 小时投诉热线或者上网投诉等

自从美国保洁公司首创了“客户免费服务电话”以来，目前已有不少企业也效仿设立了免费热线电话，客户只要拨通热线电话，就可以免费与企业进行沟通，得到有关答复，从而为客户提要求、提建议、发牢骚敞开了大门。

日本花王公司运用其电子咨询系统，不仅为客户详细地了解企业及其产品提供了便利，也为企业及时了解和掌握客户的意见、建议和需求提供了可能，从而使企业做到按需生产、按需销售，保证产品适销对路。

惠普中国公司也为主要客户提供了 24 小时技术服务呼叫电话，随时答复客户的服务要求和使用咨询等，这对赢得客户信任、建立良好的客户关系十分有效。

二、设置意见箱、建议箱、意见簿、意见表、意见卡及电子邮箱

例如，医院可以在走廊上设置意见箱，向病人提供意见卡；餐厅可以在客户用餐完毕之后询问其感受，并请客户填写意见表。

三、建立有利于客户与企业沟通的制度

企业要积极建立客户投诉制度和建议制度，清清楚楚、明明白白地告诉客户企业接受投诉的部门及其联系方式和工作程序。

此外，企业还可设立奖励制度鼓励客户投诉。如联邦快递就保证，客户在递交邮件的次日上午 10：30 前没有收到邮件，只要客户投诉，那么邮递费用全免。上海铁路局上海站则通过设立“乘客征求意见奖”，鼓励乘客投诉。

总之，企业要方便客户与企业的沟通，方便客户投诉和提意见，并且尽可能降低客户投诉的成本，减少其花在投诉上的时间、精力和金钱等。

如果企业多创造些与客户面对面交流的机会，敞开心扉，进行平等沟通，那么企业与客户之间就没有打不开的心结、化不开的冰。

第四节　客户沟通方案设计

企业从自身实际出发，设计适合的客户沟通方案，能够便利其在正确的时间及正确的地点联系客户，用个性化的方式与客户沟通，深入洞察客户，了解他们的需求以及意见建议，以便为他们提供更加个性化的促销消息、产品推荐、售后服务等。

如图6－1所示，客户沟通方案的设计包括了确定沟通对象、确定沟通目标、设计沟通内容、决定沟通预算、选择沟通渠道与频率以及评估效果六个步骤。它们分别回答了与哪些客户沟通、希望达到哪些目的、说什么、预计花多少钱、怎么说、是否达到预期目的这六个方面的问题。

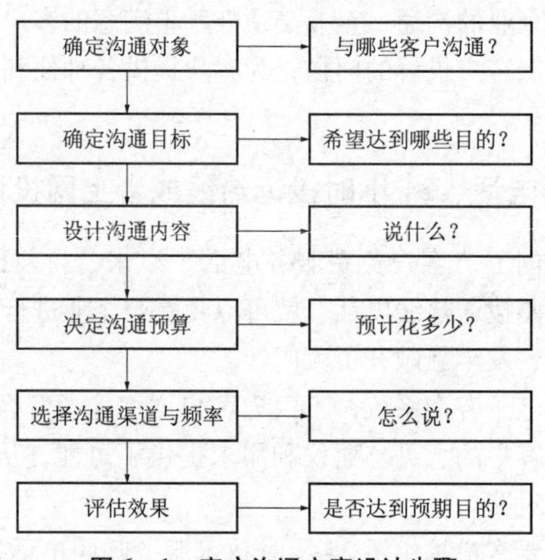

图6－1　客户沟通方案设计步骤

一、确定沟通对象

在设计客户沟通方案的开始，企业首先可以利用客户生命周期来区分客户的类型及其不同的需求和行为特征，企业需要深入研究处于不同客户生命周期中的客户的基本期望及潜在希望（见表6－1），以此确定沟通内容的设计、费用、沟通渠道的选择等。

表6－1　不同客户生命周期的基本期望及潜在期望

客户关系生命周期阶段	基本期望	潜在期望
潜在获取期	优质的有形产品，配套的附加产品	更大的物质利益，企业的关心
客户成长期	潜在获取期提供的一切价值	受到企业非同一般的重视
客户成熟期	成长期提供的一切价值，企业和自己得到的价值对等	成为企业的一部分，自我对企业的重要价值得到认同

除客户生命周期之外，企业也可以根据不同消费者的类型来确定沟通对象。例如，中国有5类消费者，可以分别称之为敢于冒险者（占14%）、努力耕耘者（占22%）、价格至上者（占27%）、潮流追随者（占26%）和时代落伍者（占10%）。

敢于冒险者乐于尝试新事物，喜欢购买最新技术和新潮的东西；努力耕耘者则以质量为第一位，愿意花钱买高质量的品牌；价格至上者讲究物价有所值，为买得合算情愿等到商品降价；潮流追随者容易受到广告影响；时代落伍者也要买品牌，但国际品牌还是国内品牌对他们来说区别不大。

此外，还可以根据客户的不同特点，将客户分为理智型、任务型、贪婪型、主人翁型、抢功型、吝啬型、关系型以及综合型，其具体特点及应对方法见表6－2。

表6－2　不同的客户类型及应对方法

客户类型	特点	应对方法
理智型	比较理智，有原则；比较细心、负责。不会因为个人的感情色彩选择对象，他们在选择供应商之前都会做适当的考核比较，得出理智的选择	坦诚、直率地交流，把自己的能力、特长、优势劣势等直观地展现给对方。承诺的一定要做到，能做到的一定要承诺到
任务型	完成上级交代的任务，不会下死功夫，只要做到比下有余就行了	周到的服务，主动为客户分析，一定要承诺得斩钉截铁，给对方吃个定心丸
贪婪型	关系比较复杂，做事目的性强，对价格压得厉害，对质量和服务也要求比较高，但这类型的客户很容易稳定，只要和对方的关系发展到一定程度就容易把握住对方需求。这类客户时常会主动要求和接受贿赂	在关系上要保持心灵沟通，不可大造声势，要给对方安全感、保密感。另外在质量、价格、服务上都要有一定的保障，这类的客户要主动送礼、主动给回扣。要注意度，不能一味满足
主人翁型	客户只在乎追求价格、质量、服务的最佳结合体，尤其对价格最为关注，所以对于这样的客户首先要在价格上给予适当的满足，再采取根据质量回升价格的战略	服务这类客户要以价格为突破口，在价格上给客户一个好的印象，在质量上可以根据客户的认知度定位
抢功型	地位一般是处于上升趋势。这样的客户眼光重点定位在质量上。在价格上只要适当就可以了	千万不可以伤其自尊心，在质量上一定要把关好，不需要与其保持太紧的联系，在日常的关键工作中给予适当的力所能及的帮助，为客户在自身公司的发展做点力所能及的事情
吝啬型	这样的客户不会因为稳定、因为信任、因为关系而选择一个固定的供应商。他们会首先比较价格，而且比较的结果是让你没有利润，然后再要求质量	不要在这样的客户身上花费太多的时间，此类型不是企业发展的重点客户

续表

客户类型	特点	对应办法
关系型	这样的客户是在先有朋友关系后成业务交往。一般是朋友介绍朋友，熟人介绍熟人。没有关系不会把你当回事	从他本人入手，了解对方的兴趣爱好、性格特点，和其培养朋友关系；从他身边的人入手，通过他身边的人介绍认识。运作中要注意朋友和客户的界限
综合型	这样的客户在交往中没有一定性格模式，特定的环境下会演变成特定类型的客户，这样的客户一般非常老到，社会经验非常丰富，关系网也比较复杂，他的生活轨迹也不容易把握，思想活动很难认清	在与这样的客户交往过程中通常采用以静制动的战略攻势比较好。始终要装作糊涂、认真、虔诚的心态，静观其变，等待把握客户的即时心态之后再对症下药

二、确定沟通目标

企业与客户沟通的目标包括了加深与现有客户的经济联系或情感联系；扩大企业知名度，吸引潜在客户，增加客户的认同感或鼓励潜在客户购买企业的产品或服务。企业在设定沟通目标的时候要注意目标的具体性、可实现性、多样性以及时间界限。

三、设计沟通内容

在设计沟通内容时，企业首先要设计沟通主题，主题的设定取决于目标客户的基本要求以及他们希望获得哪些信息。接下来企业需要考虑的是沟通内容的结构，例如重要信息的位置安排以及是否需要为客户提供一个结论。

四、确定沟通的渠道与频率

企业应该结合客户期望，在分析不同沟通渠道优劣势的基础上，选择单一或组合渠道与客户进行沟通，客户沟通的渠道包括了人员沟通渠道及非人员沟通，人员沟通的渠道有面对面交流、信函、电子邮件、网站、电话等，其沟通能力的比较如表 6－3 所示。非人员沟通的渠道包括了媒体、环境及事件。沟通的时间与频率取决于客户的需求。

表 6－3　不同人员沟通渠道沟通能力的比较

沟通渠道类型	成本	速度	传递信息的丰富性	沟通性
面对面交流	高	稍慢	很丰富	强
信函	中	慢	丰富	弱
电子邮件	低	快	丰富	较弱
网站	低	快	丰富	较弱
电话	高	很快	不丰富	较强

五、决定沟通预算

企业可以根据自身的资源或销售额或利润的比例、竞争对手的状况、或客户沟通目标来确定预算。

六、评估沟通效果

在沟通方案实施后，企业需要考虑风险如何防范、沟通效果是否实现了既定的目标、在与客户沟通的过程中存在哪些问题需要改进，或者发现了哪些新问题或者新现象。

第五节　如何处理客户投诉

一、客户投诉产生的原因

客户投诉产生的原因可分为企业原因以及客户自己的原因。

企业原因包括：

（一）产品质量或服务质量问题

通常是质量没有达到标准，或者经常出现故障。例如，当其他通信企业给客户提供越来越多的功能，网络覆盖不断扩大，接通率提高，掉线率下降，而本企业提供的通信服务却在很多地方打不通，或者经常掉线，那么客户的埋怨就会不断增加，从而产生投诉。

（二）服务态度或服务方式问题

如对客户冷漠、粗鲁，表情僵硬，或者表示出不屑；不尊重客户，不礼貌，缺乏耐心，对客户的提问和要求表示烦躁；服务僵化、被动，没有迅速、准确处理客户的问题；措辞不当，引起客户的误解。

（三）宣传过当或承诺不能兑现

企业在广告中过分夸大宣传产品的某些性能，引诱客户上当，造成客户预期的落空；或者企业对客户做了某种承诺而没有兑现，使客户的期望没有得到满足。

例如，有的商场承诺包退包换，但是一旦客户提出退换要求时，商场总是找理由拒绝。

客户原因则包括了客户对产品使用不当或客户期望过高。

二、为什么要重视客户投诉

（一）投诉的客户是忠实的客户

调查表明，投诉的客户只占全部客户的5%还不到，95%的不满意客户是不会投诉的，他们只会停止购买，或是转向其他竞争品牌，与企业的竞争对手交易，而且还会散布对企业不利的信息，这些客户根本不给企业解决问题的机会。

由此可见，企业应该感谢这些前来投诉的客户，因为他们把不满告诉了企业，而不是告诉他们的亲朋好友——他们才是企业真正的朋友。

有期望才会有投诉，客户肯花时间来投诉，说几句怨言，发几句牢骚，表明他们对本企业抱有“恨铁不成钢”的心态，表明他们对企业仍然有信心，他们期待“浪子回头金不换”。因此，可以说那些肯投诉的客户才是企业的忠实客户。

（二）投诉带来珍贵的信息

客户是产品或服务最直接的使用者和消费者，所以他们是最权威的评判者，最具有发言权。

客户投诉的确是件令人头痛的事，但是如果换个角度来看就会发现，客户抱怨或者投诉是客户对企业的产品或者服务不满的正常反应，是客户对产品或服务的期待及信赖落空而产生的不满及愤怒，它揭示了企业经营管理中存在的缺陷。因此，客户的投诉可为企业提供重要的线索，使企业可以及时了解和改进产品或服务的不足之处。

客户投诉还蕴藏着巨大的商机，因为它可以帮助企业产生开发新产品、新服务的灵感，许多知名的大企业在开发产品方面都得益于客户的抱怨。例如，美国宝洁公司通过“客户免费服务电话”倾听客户的意见，并且对其进行整理与分析研究，许多改进产品的设想正是来源于客户的投诉和意见。

（三）妥善处理投诉，可以让客户满意

有些企业的员工在处理客户投诉时常常表现出不耐烦、不欢迎，甚至流露出反感的情绪，这是一种危险的做法。因为这样往往会使企业丧失宝贵的客户资源。

如果企业对客户的投诉处理不当，那么不仅投诉客户会流失到竞争对手处，而且他还会将其不满广为传播，从而容易引发其他客户的流失。同时，由于客户的口碑效应，企业在吸引新客户时的难度会加大，而且公司的信誉也会下降，发展受到限制，甚至生存受到威胁。

“250人法则”要求企业对任何客户都待之以诚，如果得罪了一位客户，就可能得罪了另外250位客户；如果让一位客户难堪，就有可能有250位客户在背后为难你；这些不开心的客户很容易让成千上万的人知道他的感受，因此企业必须要在这个不愉快的事情发生之前迅速解决。

客户投诉的成功处理可以带来回头客业务，调查表明，不投诉的客户只有9%会再次购买，投诉的客户有15%会再次购买，投诉得到解决的客户则有54%会再次上门，如果投诉可以迅速解决，则有82%的客户会再次上门。

客户常常依靠企业处理投诉的诚意和成效评判一个企业的优劣，如果客户投诉的结果令客户满意，他们会对企业留下好印象。因此，有投诉不是坏事，关键是看怎样处理，更好的投诉处理可以获得更好的客户满意度，为企业赢得更高的品牌忠诚度，随之而来的是更好的企业业绩。

总之，客户投诉在所难免，企业要与客户建立长期的相互信任的伙伴关系，就要妥善处理客户的抱怨或投诉，把处理投诉看作一个弥补产品或服务欠佳造成的损失以及挽回不满意客户的机会，把处理投诉看作恢复客户对企业的信赖、避免引起更大的纠纷的大好机会。此外，也要把处理投诉看作促进自身进步和提升客户关系的契机。

三、处理客户投诉的四部曲

（一）让客户发泄

客户是给企业带来利润的人，是企业的衣食父母，是能够使企业失败的人，也是怀有偏爱和偏见的人。因此，客户不应是企业争辩或斗智的对象。

因此，客户来投诉时，企业应该热情地招呼对方，真诚地对待每位前来投诉的客户，并且体谅对方的语气。客户投诉时态度难免会过于激动。心理专家说，人在愤怒时，最需要的是情绪的宣泄，只要将心中怨气宣泄出来，情绪就会平静下来。所以，企业要让投诉的客户充分发泄心中的不满乃至愤怒。

在让客户发泄时要注意聆听和认同两个环节。

1. 聆听

做一个好的聆听者，不无礼、不轻易打断客户说话，不伤害客户的自尊心和价值观。聆听时要用心，要有诚意，使其感受到自己的话语受到了重视，从而鼓励其说出心里话，同时，还要协助客户准确表达观点。

另外，可以在客户讲述的过程中，不时点头，不时用“是的”“我明白”“我理解”，表示对投诉问题的理解，让客户知道你明白他的想法。此外，还可以复述客户说过的话，以澄清一些复杂的细节，更准确地理解客户所说的话；当客户长篇大论时，复述还是一个总结谈话的技巧。

2. 认同

客户投诉时，最希望自己能得到同情、尊重和理解，因此这时候要积极地回应客户所说的话，如果你没有反应，客户就会觉得自己不被关注，就可能会被激怒。

认同的常用语有：“您的心情我可以理解”“您说的话有道理”“是的，我也这么认为”“碰到这种状况我也会像您那样”。

影响投诉问题的解决可能会是多方面的，即使因为政策或其他方面的原因，根本无法解决，但只要企业在与客户沟通的过程中始终抱着积极、诚恳的态度，那么也会使客户的不满情绪降低很多。

（二）记录投诉要点，判断投诉是否成立

要记录的方面有：投诉人，投诉对象，投诉内容，何时投诉，客户购买产品的时间，使用方法，投诉要求，客户希望以何种方式解决问题，客户的联系方式……

在记录的同时，要判断投诉是否成立，投诉的理由是否充分，投诉的要求是否合理。如果投诉不能成立，也要用婉转的方式使客户认清是非曲直，耐心解释，消除误会。

如果投诉成立，企业的确有责任，就应当首先感谢客户，可以说“谢谢您对我说这件事……”“非常感谢，您使我有机会为您弥补损失……”要让客户感到他和他的投诉是受欢迎的，他的意见很宝贵。一旦客户受到鼓励，往往还会提出其他的意见和建议，从而给企业带来更多有益的信息。

感谢之后要道歉，道歉时要注意称谓，尽量用“我”，而不用“我们”，因为“我们很抱歉”听起来毫无诚意，是在敷衍塞责。

俗话说“一语暖人心”，话说得悦耳动听，紧张的气氛自然也就缓和了。

（三）提出并实施可以令客户接受的方案

道歉之后，就要着手为客户解决问题，要站在客户的立场来寻找解决问题的方案并迅速采取行动，否则就是虚情假意。

首先，要马上纠正引起客户投诉的错误。反应快表示企业在严肃、认真地处理这件事，客户对此一定会很欣赏，拖延时间只会使客户感到自己没有受到足够的重视，会使客户不断地投诉。

其次，根据实际情况，参照客户的处理要求，提出解决投诉的具体方案，如退货、换货、维修、赔偿等。提出解决方案时，要注意用建议的口吻，然后向客户说明它的好处。

如果客户对方案不满意，可以问问他的意见。从根本上说，投诉的客户不仅是要企业处理问题，而是要企业解决问题。所以，如果客户觉得处理方案不是最好的解决办法时，一定要向客户讨教如何解决。

再次，抓紧实施客户认可的解决方案。

（四）跟踪服务

即对投诉处理后的情况进行追踪，可以通过打电话或写信，甚至登门拜访的方式了解事情的进展是否如客户所愿，调查客户对投诉处理方案实施后的意见，如果客户仍然不满意，就要对处理方案再进行修正，重新提出令客户可以接受的方案。

跟踪服务体现了企业对客户的诚意，会给客户留下很深、很好的印象，客户会觉得企业很重视他提出的问题，是真心实意地帮他解决问题，这样就可以打动客户。

此外，通过跟踪服务、对投诉者进行回访，并告诉他，基于他的意见，企业已经对有关工作进行了整改，以避免类似的投诉再次发生，这样不仅有助于提升企业形象，而且可以把客户与企业的发展密切联系在一起，从而提高其忠诚度。

四、提高处理客户投诉的质量

（一）建立完善的投诉系统

企业应该建立完善的客户投诉系统，对每一位客户的投诉及处理都要做出详细的记录，包括客户投诉的内容，处理投诉的过程及结果、客户是否满意等。

这样做的目的是全面收集、统计和分析客户的意见，不断改进客户投诉的处理办法，并将获得的信息整理后传达给其他部门，以便及时总结经验和教训，为将来更好地处理客户投诉提供参考。

此外，要对投诉的处理过程进行总结与综合评价，提出改进对策，不断完善企业的客户投诉系统。

（二）提高一线员工处理投诉的水平

一线员工往往是客户投诉的直接对象，然而目前许多企业不注重这方面的训练，员工处理客户投诉凭的是经验和临场发挥，缺乏平息客户怨气的技巧。

企业应当利用各种形式，对一线员工进行培训，教会他们掌握处理客户投诉的技巧，使一线员工成为及时处理客户投诉的重要力量。

此外，要赋予一线员工一定的权力，使他们在处理一些无法预见的问题时有相对大的自主权，以便对客户提出的意见和建议做出迅速的反应，从而保证为客户提供迅速、及时、快捷、出色的服务。

（三）警钟长鸣，防患于未然

首先，分析客户投诉的原因，查明造成客户投诉的具体责任人，并对直接责任人和部门主管按照有关规定进行处罚，必要时将客户投诉及相关处理结果在企业内部进行通报，让每一个员工都知道这件事，以避免这类错误再度发生。

其次，提出“对症下药”的防止投诉问题再次发生的措施，不断改进企业工作中的缺陷。

（四）扫除客户投诉的障碍

企业要鼓励客户进行投诉，开放各种渠道引导客户投诉，并方便客户进行投诉。

本章小结

客户沟通就是企业通过与客户建立相互联系的桥梁或纽带，拉近与客户的距离，加深与客户的感情，从而赢得客户满意与客户忠诚度所采取的行动。企业与客户沟通的方式包括了企业与客户的沟通以及客户与企业的沟通。客户沟通是实现客户满意、维系客户关系的基础，企业可以通过信息、情感、理念、意见与政策与客户进行沟通。企业与客户沟通的策略包括向客户表明诚意、站在客户的立场上与客户沟通。客户沟通途径包括通过人员、服务、信函、电话、网络、电邮、微信、微博、呼叫中心、广告、公共宣传及企业自办宣传物、包装等方式与客户进行沟通；客户可以通过企业开通的免费投诉电话、24 小时投诉热线、网上投诉、意见箱、建议箱、意见表、意见卡、电子邮箱及与企业建立的客户沟通制度等与企业进行沟通。

企业可以通过确定沟通对象、确定沟通目标、设计沟通内容、决定沟通预算、选择沟通渠道与频率以及评估效果六个步骤，以便更有针对性、更有效率地与客户进行沟通。

产品或服务的质量问题、人员服务态度或服务方式问题、客户受骗上当、客户使用产品不当、客户期望过高等都会引起客户投诉。由于投诉的客户都是忠诚的客户，投诉能够带来珍贵的信息，妥善处理投诉能够让客户满意，所以企业要重视客户投诉。处理客户投诉的四部曲包括让客户发泄、记录投诉要点、判断投诉是否成立、提出并实施可以让客户接受的方案以及跟踪服务。为了提高客户投诉的质量，企业应该建立完善的客户投诉系统，提高一线员工处理投诉的水平，防患于未然，并扫除客户投诉的障碍。

关键术语

客户沟通　　客户沟通途径　　客户投诉　　客户沟通方案

配套实训

选择一家熟悉的企业，描述其客户的类型特征，并为其设计一份客户沟通方案。

课后习题

一、单选题

1. 企业分享其经营宗旨、企业价值观等给客户，并使客户认同和接受，这属于客户沟通中的（　　）。

A. 情感沟通　　B. 理念沟通　　C. 意见沟通　　D. 政策沟通

2. 雅芳通过企业的美容代表向客户传授美容心得，帮助客户成就美丽，这属于企业与客户沟通途径中的（　　）。

A. 通过人员与客户沟通

B. 通过活动与客户沟通

C. 通过广告与客户沟通

D. 通过公共宣传与客户沟通

3. 以下属于客户沟通的非人员渠道的是（　　）。

A. 电话　　B. 网站　　C. 事件　　D. 电子邮件

二、填空题

1. 客户沟通的主要内容包括________、________、________和________。

2. 处理客户投诉的四部曲是________、________、________和________。

3. 扫除客户投诉的障碍的方法包括________、________和________。

4. 产生客户投诉的原因包括________和________两方面。

三、问答题

1. 客户沟通有哪些作用？

2. 客户沟通包括哪些内容？

3. 为什么要重视客户投诉？

讨论案例

处理客户投诉的技巧

某日傍晚，一香港旅游团结束了“广州一日游”，回到了下榻的饭店。然而，不到十分钟，旅游团的一位中年女领队就光着脚来到大堂，怒气冲冲地向前台投诉客房服务员。

原来，早晨出发时，这位女领队要求楼层客房服务员为房间加一卷卫生纸，但这位服务员却只将这位客人的要求写在了交班记录本上，并没有向接班服务员特别强调指出。结果，下一班次的服务员看到客房卫生间内还有剩余的半卷卫生纸，就未再加。结果，这位客人回来后，勃然大怒。无论前台的几个服务员如何规劝、解释，她依旧坚持光着脚站在大堂中央大声说："你们的服务简直糟透了。"引来许多客人好奇的目光。值班经理和客房部经理很快赶到了，看到此情此景，他们一边让服务员拿来了一双舒适的拖鞋，一边安慰客人说："我们的服务是有做得不够好的地方，请您消消气，我们到会客室里面坐下来谈，好吗？"这时客人态度渐渐缓和下来，值班经理耐心地向客人询问了整个事件的经过和解决问题的具体意见，最后值班经理代表饭店向旅游团的每个房间都派送了一卷卫生纸，并向这位客人赠送了致歉果盘。事后，经向该团导游了解，这位领队因对旅行社当天的行程等一些事情安排不满，故心情不好，亦是其中原因之一。

从心理学的角度来分析，此案例首先是消费者心理个性的特殊反映。因为消费者的心理随时受到社会环境及个人情感、情绪的影响。当他们将个人的情感、情绪带到饭店后，就必然会影响到整个消费过程。由于客房服务员之间的沟通出现问题，导致客人因为半卷卫生纸而大动肝火。事情虽小，但由于客人心情和心理原因，出现的后果和产生的不良影响却很严重。正所谓心随境转，可能客人在情绪比较正常的状态下，打电话与客服中心联系就可以解决问题。但这时候，客人的心理不舒服、正憋着气，这半卷卫生纸无疑就成了客人不良情绪宣泄的一条导火线。

在饭店对客服务中，应时刻关注客人消费时的"求平衡"心理状态：一方面，客人要通过来饭店消费、放松，以舒缓日常生活中的压力。以经营度假村而闻名于世的"地中海俱乐部"的创始人之一特里加诺说过："以前，人们注意的是使身体得到调理，增强体力，以便重新投入工作。今天，身体状况已经得到改善，头脑却过于紧张。主要的问题是精神高度疲劳。所以，人们需要用另一种生活方式来加以调剂。"现代人为什么要求得到心理平衡？因为现代人最沉重的负担，不是体力上的，而是精神上的。对于这一点，作为酒店的经营者和服务人员，都应给予足够的重视。千万不要小看客人对半卷卫生纸、一个指甲锉、一张创可贴的需求，饭店向客人提供的，也正如特里加诺所说的，是"另一种生活方式"。另一方面，在饭店消费过程中，客人也需要保持必要的心理平衡，借此获得社会的尊重，并体现自我的尊严或体现自己的社会地位。所以客人都希望能在整个消费过程中，能获得轻松、愉快的享受，借此来舒缓日常生活中的压力。

在处理投诉时，还必须做到诚恳耐心地倾听投诉，在听的同时表示出同情，争取在感情上和心理上与投诉者保持一致，千万不要话还没听完就开始为自己做解释或辩解，这很容易引起投诉者的反感。

应该说，多数客人都是讲道理的，即使遇到个别因不了解情况产生误会或爱挑剔的客人，也要本着"宾客至上""宾至如归"的宗旨，以平常心去对待客人和理解客人，在不影响其他客人的情况下，有意让客人通过发泄，使其不平静的心情逐渐平静下来，这样有利于弄清事情的来龙去脉和问题的顺利解决。

阅读上述资料，分组讨论以下问题：

此案例中的经理在处理客户投诉的过程中运用了哪些技巧？遵循了哪些步骤？

第七章

客户满意

学习目标

◇ 知识目标

通过本章的学习，了解客户满意度的概念；把握影响客户满意度的因素；能用所学理论知识指导“提高客户满意度”的相关认知活动。

◇ 技能目标

学习和把握客户满意度测评的指标、内容、方法及策略；能用所学实务知识规范“提高客户满意度”的相关技能活动。

导入案例

美国西南航空“讨好”顾客的故事

在美国航空业流传着这样一个故事：西南航空公司遇到了一位误了班机的乘客，而该乘客要去参加本年度最重要的商务会议。于是，他们专门调拨了一架轻型飞机，将该乘客送往目的地。正是这样竭尽全力“讨好”乘客的法宝，使这家不起眼的小航空公司跻身于美国四大航空公司之列。

航空业是一个资本密集型的行业，用在飞机上的费用数量是十分巨大的。另外，航空公司还必须提供超级的顾客服务。航班延迟、行李丢失、超额订票、航班取消以及不能为乘客提供优质服务的员工等情况都会使乘客迅速疏远某个航空公司。对有些企业来讲，“以顾客为中心”只不过是一句口号而已。然而在西南航空公司，这却是一个每天都在追求的目标。比如，西南航空公司的员工对顾客的投诉所做出的反应是非常迅速的：有五名每周需要通过飞机通勤到外州医学院上学的学生告诉西南航空公司说，对他们来说最方便的那个航班却总是使他们每次要迟到15分钟。于是，为了适应这些学生的需要，西南航空公司就把航班的起飞时间提前了整整一刻钟。

讨论：西南航空公司为什么要“讨好”顾客？

第一节　对客户满意及客户满意度的认识

一、客户满意

客户满意是20世纪80年代中后期出现的一种经营理念，其基本内容是：企业的整个经营活动要以客户满意度为指针，要从客户的角度、用客户的观点而不是企业自身的利益和观点来分析客户的需求，尽可能全面尊重和维护客户的利益。

客户满意，即Customer Satisfaction（简称CS），是人的一种感觉水平，它来源于对一件产品所设想的绩效或产出与人们的期望所进行的比较。

Otiver和Linda（1981）认为顾客满意是“一种心理状态，是根据消费经验所形成的期望与消费经历一致时而产生的一种感情状态”。

Tse和Witon（1988）认为顾客满意是顾客在购买行为发生前对产品所形成的期望质量与消费后所感知的质量之间所存在差异的评价。

Westbrook和Reilly（1983）认为顾客满意是情感反应。这种情感反应是在购买过程中产品陈列以及整体购物环境对消费者的心理影响而产生的。

Philop Kotler顾客满意定义为一个人通过对一种产品的可感知效果（或结果）与他或她的期望值相比较后所形成的愉悦或失望的感觉状态。

亨利·阿塞尔认为，当商品的实际消费效果达到消费者的期望时，就会导致顾客满意，否则会导致顾客不满意。

从上面的定义可以看出，满意水平是可感知效果和期望值之间的差异函数。如果效果低于期望，顾客就会不满意；如果可感知效果与期望相匹配，顾客就满意；如果可感知效果超过期望，顾客就会高度满意、高兴或欣喜。

二、客户满意度

客户满意度（Customer Satisfaction Degree，CSD）是客户消费后对消费对象和消费过程的一种个性、主观的情感反映，是客户满意水平的量化指标，是从客户对产品或服务的质量评价中抽取的潜在变量，是对传统的、具有物理意义的产品或服务的质量评价标准的突破，是人们对质量认识的飞跃，使不同的产品或服务之间具有了质量上的可比性。

随着社会经济的发展和经济环境的变化，顾客满意作为一种经营理念早已深入人心，评价顾客满意与否及满意程度的问题受到社会、企业和消费者的普遍关注。作为企业，在为客户提供服务的时候，也在不断地去了解客户对于服务的期望值是什么，而后根据自己对于客户期望值的理解去为客户提供服务。然而，在现实中企业对于客户期望值的理解和所提供的服务，与客户自己对于服务的期望值存在着某种差距，这些差异大致有以下五种：

（1）客户期望值与企业对客户期望值的认知之间的差距。

（2）企业对客户期望值的认知与企业服务质量标准之间的差距。

（3）企业服务质量标准与企业实际服务质量之间的差距。

（4）企业实际服务质量与企业服务承诺的差距。

（5）客户的服务感受与客户的期望值之间的差距，而这种差距的大小是可以衡量的，这就是客户满意度。

第二节　衡量客户满意度的指标

一、美誉度

美誉度是客户对企业或品牌的褒扬程度，借助美誉度，可以知道客户对企业或品牌所提供的产品或服务的满意状况。

一般来说，持褒扬态度、愿意向他人推荐企业及其产品或服务的客户，肯定对企业提供的产品或服务是满意或者非常满意的。

二、指名度

指名度是客户指名消费或购买某企业或某品牌的产品或服务的程度。

如果客户在消费或购买过程中放弃其他选择而指名购买、非此不买，表明客户对这种品牌的产品或服务是非常满意的。

三、回头率

回头率是客户消费了某企业或某品牌的产品或服务后，愿意再次消费的次数。

回头率是衡量客户满意度的主要指标。如果客户不再购买该企业或该品牌的产品或服务而改购其他品牌的产品或服务，表明客户对该企业或该品牌的产品或服务很可能是不满意的。在一定时期内，客户对产品或服务的重复购买次数越多，说明客户的满意度越高，反之则越低。

四、投诉率

客户的投诉是不满意的具体表现，投诉率是指客户在购买或消费了某企业或某品牌的产品或服务之后所产生投诉的比例，客户投诉率越高，表明客户越不满意。

投诉率不仅包括客户直接表现出来的显性投诉，还包括存在于客户心底未予倾诉的隐性投诉。研究表明，客户每四次购买中会有一次不满意，而只有5%的不满意客户会投诉，另外95%的不投诉客户只会默默地转向其他企业。所以，不能单纯以显性投诉来衡量客户的满意度，企业要全面了解投诉率还必须主动、直接征询客户，发现可能存在的隐性投诉。

客户对某企业或某品牌的产品或服务的事故承受能力，也可以反映客户的满意度。当产品或服务出现事故时，客户如果能表现出宽容的态度（既不投诉，也不流失），则表明这个客户对该企业或该品牌至少是满意的。

五、购买额

购买额是指客户购买某企业或某品牌的产品或服务的金额多少。

一般而言，客户对某企业或某品牌的购买额越大，表明客户对该企业或该品牌的满意度越高；反之，则表明客户的满意度越低。

六、对价格的敏感程度

客户对某企业或某品牌的产品或服务的价格敏感度或承受能力，也可以反映客户的满意度。

当某企业或某品牌的产品或服务的价格上调时，如果客户表现出的承受能力强，则表明客户对该企业或该品牌至少是满意的；相反，如果出现客户的转移与叛离，则说明这个客户对该企业或该品牌的满意度是不够高的。

客户满意是一种很难测量的、暂时的、不稳定的心理状态，企业应经常性地测试客户的满意程度。例如，经常性地在现有客户中随机抽取样本，向其发放问卷或打电话，向客户询问：对企业的产品或服务是否满意？如果满意，达到了什么程度？满意哪些方面？不满意哪些方面？对改进产品或服务有什么建议？

如果客户的满意度普遍较高，则说明企业与客户的关系处于良性发展状态，企业为客户提供的产品或服务是受欢迎的，企业就应再接再厉；反之，企业则需下大力气来改进产品或服务。

第三节　影响客户满意的因素及提升客户满意的策略

一、影响客户满意的因素

（一）客户期望

客户期望是客户在购买、消费产品或服务之前对产品或服务的价值、品质、价格等方面的主观认识或预期。

1. 客户期望对客户满意的影响

为什么会出现，接受同一产品或者服务，有的人感到满意，而有的人感到不满意呢？因为他们的期望值不一样。

为什么有时候接受不同的产品和服务，好的不能让客户满意，而不够好的却能够使客户满意呢？因为好的产品或者服务比客户的期望要差，而不够好的产品和服务却比客户期望的要好。

客户对自己等待的时间是否满意，取决于客户对等待时间的期望值和实际等待的时间。

假设 A、B、C 三位客户同时进入一家餐厅消费，假设 A、B、C 三位客户对餐厅的期望值分别是 a、b、c，并且 $a>b>c$，假设餐厅为他们提供的服务都是 b。消费后，A 对餐厅感觉不满意，因为 A 在消费前对餐厅抱有很大的期望，其期望值为 a，但是他实际感受到的餐厅服务只是 b，而 a＞b，即，餐厅所提供的产品和服务没有达到 A 客户的期望值，使 A 客户产生失落感，所以 A 客户对餐厅是不满意的。

B 客户在消费前的期望值为 b，而他实际感受到的餐厅服务刚好达到了他心中的期望值 b，所以 B 客户对餐厅是满意的。

C 客户在消费前的期望值为 c，而在消费过程中，餐厅服务达到了 b，而 b＞c，即，餐厅所提供的产品和服务不但达到而且超过了 C 客户的期望值，从而使 C 客户产生“物超所值”的感觉，所以 C 客户对餐厅是非常满意的。

这个例子说明了客户期望对客户满意是有重要影响的，也就是说，如果企业提供产品或者服务达到或者超过客户期望，那么客户就会感到满意或很满意。而如果达不到期望，那么客户就会不满意。

2. 影响客户期望值的因素

（1）客户以往的消费经历。

客户在购买某种产品或服务之前往往会结合他以往的消费经历，对即将要购买的产品或服务产生一个心理期望值。

例如，客户过去吃一份快餐要 10 元，那么他下次再去吃快餐可以接受的价格，即对快餐的价格期望值也是 10 元；如果过去吃一份快餐只要 5 元，那么他对快餐的价格期望值就是 5 元。

即，客户以往的消费经历会影响他下次购买的期望，而对于初次消费的客户来说，由于没有消费经历和经验，他们对产品或服务的期望主要来源于他人的介绍和企业的宣传等。

（2）客户的价值观、需求、习惯、消费阶段。

不同的客户由于身世、身份及消费能力等的差异会产生不同的价值观、需求、习惯、偏好，决定了他们是与世无争还是斤斤计较；CEO、白领，或是学生，不同的客户对同样的产品或者服务会产生不同的期望。

同一个客户在不同的阶段也会产生不同的期望。例如：上一次消费客户曾对产品或者服务提出意见或建议，那么下一次他对该产品或者服务的期望就较高。如果他提出意见或者建议没有改进，就会令他感到不如意。

（3）他人的介绍。

人们的消费决定总是很容易受到他人尤其是亲戚朋友的影响，特别是在从众心理普遍存在的环境中。

如果客户身边的人极力赞扬，说企业的好话，就容易让客户对该企业的产品或服务产生较高的期望；相反，如果客户身边的人对企业进行负面宣传，则会使客户对该企业的产品或服务产生较低的期望。

（4）企业的宣传。

企业的宣传主要包括广告、产品外包装上的说明、员工的介绍和讲解等，根据这些，客户会对企业的产品或服务在心中产生一个期望值。

例如，药品的广告宣称服用七天见效，那么药品的服用者也就期望七天见效。

肆意夸大宣传自己的产品或服务，会让客户产生过高的期望值，而客观的宣传，会使客户的期望比较理性。

（二）客户感知价值

客户感知是客户在购买或消费过程中，企业提供的产品或服务给客户的感觉。客户感知的价值实际上就是客户的让渡价值，即客户购买产品或服务所获得的总价值与客户为购买该产品或服务所付出的总成本之间的差额。

1. 客户感知对客户满意的影响

假设A、B、C三家企业同时向一位客户供货，假设客户对A、B、C三家企业的期望值都是b，假设A、B、C三家企业给客户的感知价值分别是a、b、c，并且a>b>c。

购买后，客户对C企业感觉不满意，因为客户对C企业的期望值是b，但是C企业给他的实际感知价值是c，而b>c，即C企业所提供的产品或服务没有达到客户的期望值，因此使客户产生不满。

客户在购买前对B企业的期望值为b，而客户实际感受到B企业的产品或服务的感知价值刚好是b，即B企业所提供的产品或服务刚好达到了客户的期望，所以客户对B企业是满意的。

客户在购买前对A企业的期望值为b，而客户实际感受到A企业的产品或服务的感知价值是a，而a>b，即企业给客户提供的感知价值不但达到而且超过了客户的期望值，从而使客户对A企业非常满意。

2. 影响客户感知的因素

影响客户感知的因素有客户总价值和客户总成本两大方面。

一方面是客户从消费产品或服务中所获得的总价值，包括产品价值、服务价值、人员价值、形象价值等；

另一方面是客户在消费产品或服务中需要耗费的总成本，包括货币成本、时间成本、精神成本、体力成本等。

即，客户感知受到产品价值、服务价值、人员价值、形象价值、货币成本、时间成本、精神成本、体力成本八个因素的影响。

（1）产品价值。

产品价值是由产品的质量、功能、特性、品种、品牌与式样等所产生的价值，它是客户需要的中心内容，也是客户选购产品的首要因素。

一般情况下，产品价值是决定客户感知价值大小的关键因素和主要因素。产品价值高，客户感知价值就高；产品价值低，客户感知价值就低。

（2）服务价值。

服务价值是指伴随产品实体的出售，企业向客户提供的各种附加服务，包括售前、售中、售后的产品介绍、送货、安装、调试、维修、技术培训、产品保证，以及服务设施、服务环境、服务的可靠性和及时性等因素所产生的价值。

服务价值是构成客户总价值的重要因素之一，对客户的感知价值影响也较大。服务价值高，客户感知价值就高，服务价值低，客户感知价值就低。

虽然再好的服务也不能使劣质的产品成为优等品，但优质产品会因劣质服务而失去客户。例如，企业的服务意识淡薄，员工傲慢，服务效率低，对客户草率、冷漠、不友好、不耐心；客户的问题不能得到及时解决，咨询无人理睬、投诉没人处理等……都会导致客户感知价值降低。

优异的服务是提升客户感知价值的基本要素和提高产品价值不可缺少的部分，出色的售前、售中、售后服务对于增加客户总价值和减少客户的时间成本、精神成本、体力成本等方面的付出具有极其重要的作用。企业只有不断提高服务质量，才能使客户感知价值增大。

（3）人员价值。

人员价值是指企业“老板”及其全体员工的经营思想、工作作风、业务能力、应变能力等所产生的价值。例如，一个综合素质较高的工作人员会比综合素质较低的工作人员为客户创造的感知价值更高。

此外，工作人员是否愿意帮助客户、理解客户，以及工作人员的敬业精神、响应时间和沟通能力等因素也会影响客户的感知价值。例如，李素丽的服务给乘客带来温暖、尊重、体贴和愉悦，而冷漠的乘务人员则会给乘客带来不安全感、不舒服感。

（4）形象价值。

形象价值是指企业及其产品在社会公众中形成的总体形象所产生的价值，它在很大程度上是产品价值、服务价值、人员价值三个方面综合作用的反映和结果。

企业经营过程中如果存在不合法、不道德、不安全、不健康和违背社会规范的行为，企业形象价值就会很低，即使企业的产品或服务很好，客户对它的印象也会大打折扣，客户感知价值就会很低。相反，如果企业的形象价值高，将有利于提升客户感知价值。

如果客户心目中的企业形象较好，客户就会谅解企业的个别失误，而如果企业原有的形象不佳，那么任何细微的失误也会造成很坏的影响。因此，企业形象被称为客户感知的“过滤器”。

（5）货币成本。

货币成本是客户在购买、消费产品或服务时必须支付的金额，是构成客户总成本的主要的和基本的因素，是影响客户感知的重要因素。

客户在购买产品或服务时，总是希望以较少的货币成本获取更多的实际利益，以保证自己在较低的支出水平上获得最大的满足。

在产品或服务不变的情况下，低价格永远是有吸引力的。因此，如果客户能够以较低的货币成本买到较好的产品或服务，那么客户感知价值就高；反之，客户的感知价值就低。

（6）时间成本。

时间成本是客户在购买、消费产品或服务时必须花费的时间，它包括客户等待服务的时间、等待交易的时间、等待预约的时间等。

激烈的市场竞争使人们更清楚地认识到时间的宝贵，对于一些客户来说，时间可能与质量同样重要。在相同情况下，如果客户所花费的时间越少，客户购买的总成本就越低，客户的感知价值就越高。

因此，企业必须努力提高效率，在保证产品和服务质量的前提下，尽可能减少客户时间的支出，从而降低客户的购买成本，提高客户感知价值。如今，对客户反应时间的长短已经成为有些行业，如快餐业、快递业和报业成功的关键因素。

（7）精神成本。

精神成本是客户在购买产品或服务时必须耗费精神的多少。

在相同情况下，精神成本越低，客户总成本就越低，客户的感知价值就越高。相反，精神成本越高，客户总成本就越高，客户的感知价值就越低。

一般来说，客户在一个不确定的情况下购买产品或服务，都可能存在一定的风险，例如：

预期风险，即当客户的期望与现实不相符时，就会有失落感，产生不满。

心理风险，例如，客户担心购买价格低的产品会被取笑，而购买价格高的产品又会被指责摆阔。

财务风险，即购买的产品是否物有所值，保养维修的费用是否太高，将来的价格会不会更便宜等。

人身安全风险，某些产品的使用可能隐含一定风险，如驾驶汽车、摩托车可能造成交通事故等。

上述可能存在的风险，都会导致客户精神压力增加，如果企业不能降低客户的精神成本，就会降低客户的感知价值。

根据日本知名企业管理顾问角田识之的研究，一般交易活动中买卖双方的情绪热度呈现出两条迥然不同的曲线：

卖方从接触买方开始，其热忱便不断升温，到签约时达到巅峰，等收款后便急剧降温、一路下滑；

买方的情绪却是从签约开始逐渐上升，但总是在需要卖方服务的时候，才发现求助无门——这往往是买方产生不满的根源。

如果买方始终担心购买后卖方的售后服务态度会一落千丈，就会犹豫是否要购买或者要承担精神压力去购买，这就会降低客户的感知价值。

(8) 体力成本。

体力成本是客户在购买、消费产品或服务时必须耗费体力的多少。在相同情况下，体力成本越少，客户总成本就越低，从而客户感知价值就越高。

在紧张的生活节奏与激烈的市场竞争中，客户对购买产品或服务的方便性要求也在提高，因为客户在购买过程的各个阶段均需付出一定的体力。

如果企业能够通过多种渠道减少客户为购买产品或服务而花费的体力，便可降低客户购买的总成本，进而提升客户感知价值。

二、提升客户满意的策略

从以上的影响客户满意的因素考虑，要实现客户满意，必须从两方面着手：一是把握客户期望；二是提高客户的感知价值，即提高客户的让渡价值。

(一) 把握客户期望

如果客户期望过高，一旦企业提供给客户的产品或服务的感知价值没有达到客户期望，客户就会感到失望，导致客户的不满。但是，如果客户期望过低，可能就没有兴趣来购买或消费企业的产品或服务。因此，客户期望过高、过低都不行。

企业要提高客户满意度，就必须采取相应措施引导客户消费前对企业的期望，让客户对企业有一个合理的期望值，这样既可以吸引客户，又不至于让客户因为期望落空而失望，产生不满。

（二）提高客户感知

提高客户的感知价值可以从两个方面来考虑：一方面，增加客户的总价值，包括产品价值、服务价值、人员价值、形象价值；另一方面，降低客户的总成本，包括货币成本、时间成本、精神成本、体力成本。

1. 提升产品价值

（1）不断创新。

任何产品和服务都有生命周期，随着市场的成熟，原有的产品和服务带给客户的利益空间越来越小，因此，企业要顺应客户的需求趋势，不断地根据客户的意见和建议，站在客户的立场上去研究和设计产品，并利用高新科技成果不断创新，不断地开发出客户真正需要的产品，这样就能够不断提高客户的感知价值，从而提高客户的满意度。

通过科技开发提高产品的科技含量，不仅可以更好地满足客户的需要，而且可以构筑竞争者进入壁垒，有效阻止竞争对手的进攻。

（2）为客户提供订制的产品或服务。

这是指根据每个客户的不同需求来制造产品或提供服务，其优越性是通过提供特色的产品或超值的服务来满足客户需求，提高客户的感知价值，从而提高客户的满意度。

（3）树立“质量是企业生命线”的意识。

产品质量是提高客户感知和客户满意度的基础，高质量的产品本身就是出色的推销员和维系客户的有效手段。企业如果不能保证产品的质量，或是产品的质量随时间的推移有所下降，那么即使客户曾经满意，也会逐渐不满。

（4）塑造品牌。

品牌可以提升产品的价值，可以帮助客户节省时间成本、精神成本和体力成本，可以提高客户的感知价值，进而可以提高客户的满意水平。

品牌还是一种客户身份的标志，许多客户已经逐渐由产品消费转为品牌消费，这就要求企业在打造产品质量的同时，还要努力提高品牌的知名度和美誉度，树立良好的品牌形象。

2. 提升服务价值

随着购买力水平的提高，客户对服务的要求也越来越高，服务的质量对购买决策的影响越来越大。这就要求企业站在客户的角度，在服务内容、服务质量、服务水平、物流配送等方面提高档次，提供全过程、全方位的服务，从而提升客户的感知价值，进而提高客户满意度。

如果客户想到的企业都能给予，客户没想到的企业也能提供，这必然使客户感到企业时时刻刻对他的关心，从而会对企业产生满意。

产品售前、售中、售后的服务也是提升客户感知价值的重要环节。

售前及时向客户提供充分的关于产品性能、质量、价格、使用方法和效果的信息；售中提供准确的介绍和咨询服务；售后重视信息反馈和追踪调查，及时处理和答复客户的意见，对有问题的产品主动退换，对故障迅速采取措施排除或提供维修服务。

3. 提升人员价值

提升人员价值包括提高“老板”及全体员工的经营思想、工作效益与作风、业务能力、应变能力、服务态度等，从而提高客户感知价值及客户满意度。

例如，法国的化妆业巨子伊夫·罗歇，每年向客户投寄8 000万封信件，信件写得十分中肯，而且还编写《美容大全》，提醒大家有节制地生活比化妆更重要，因此他得到广大客户，尤其是妇女的信赖，成为女士心中的美容导师，从而提升了客户的感知价值和满意度。

优秀的员工在客户中享有很高的声望，能吸引众多客户，对于提高企业的知名度和美誉度具有重要意义。例如，北京王府井百货大楼优秀营业员张秉贵以“一团火”精神热心为客户服务，被誉为“燕京第九景”。

企业可以通过培训和加强管理制度的建设来提高员工的业务知识和专业技术水平，提高员工为客户服务的娴熟程度和准确性，从而提高客户的感知水平，进而提高客户的满意度。

提高员工满意度也是提升人员价值，进而提升客户感知价值和客户满意度的手段。因为员工满意度的增加会促使员工提供给客户的产品或服务的质量提高。

4. 提升形象价值

企业形象好，会形成对企业有利的社会舆论，为企业的经营发展创造一个良好的氛围，也提升了客户对企业的感知价值，从而提高对企业的满意度，因此企业应高度重视自身形象的塑造。

企业形象的提升可通过形象广告、新闻宣传、庆典活动、展览活动、公益广告、赞助活动等方式来进行。

5. 降低货币成本

仅有产品的高质量仍然不够，还要合理制定产品价格。企业定价应依据市场形势、竞争程度和客户的接受能力来考虑，尽可能做到按客户的“预期价格”定价，并且千方百计地降低客户的货币成本，坚决摒弃追求暴利的短期行为，这样才能提升客户的感知价值，提高客户的满意度。

作为“世界500强”的领袖企业沃尔玛提出“帮客户节省每一分钱”的宗旨，提出了“天天平价、始终如一”的口号，并努力实现价格比其他商号更便宜的承诺，这无疑是使沃尔玛成为零售终端之王的根本所在。

企业要站在客户的立场上，先为客户省钱，才有机会赚钱。例如，春兰公司充分考虑到中间商的利益，尽量给中间商更多实惠，有时给中间商让利幅度高达30%，年末还给予奖励，从而降低了中间商的货币成本，提升了中间商对春兰公司的感知价值和满意度。

此外，企业还可以推出俱乐部制和会员制，使客户享受到多种价格优惠和价格折扣，从而降低客户的货币成本，提升客户的感知价值和满意度。

降低客户的货币成本不仅仅体现在价格上，还体现在提供灵活的付款方式和资金融通方式等方面。当客户规模较小或出现暂时财务困难时，企业可以向其提供延期付款、赊购等信贷援助。

6. 降低时间成本

即在保证产品与服务质量的前提下，尽可能减少客户的时间支出，从而降低客户购买的总成本，提高客户的感知价值和满意度。

例如，世界著名的花王公司在销售其产品的商场中安装摄像头，以此来记录每位客户在决定购买“花王产品”时所用的时间。“花王公司”根据这些信息改进了产品的包装和说明，对产品摆设进行重新布置，调整产品品种的搭配，让客户可以在最短时间内完成消费行为。据公司1999年的统计，经过产品摆设的重新布置和品种调整后，客户决定购买花王洗发水所用时间为47秒，而在1984年，客户的购买时间为83秒。

7. 降低精神成本

降低客户的精神成本最常见的做法是推出承诺与保证。

安全性、可靠性越重要的购买或消费，承诺就越重要。例如，美容业推出“美容承诺”，并在律师的确认下，与客户签订美容服务责任书，以确保美容服务的安全性、无后遗症等。

企业为了降低客户的精神成本，还可以为客户购买保险，例如，航空公司、旅行社、运输公司等为旅客或乘客买保险，目的就是减少客户的购买风险，从而降低客户的精神成本。

企业提供细致周到、温暖的服务也可以降低客户的精神成本。例如，企业的工作人员在为客户维修、安装时，自己带上拖鞋和毛巾，安装好后帮客户把房间打扫干净，把对客户的打扰减少到最低限度……这些细节都充分体现了企业对客户的关怀、体贴和尊重，从而降低了客户的精神成本，给客户留下好的印象。

8. 降低体力成本

如果企业能够通过多种销售渠道接近潜在客户，并且提供相关服务，就可以减少客户为购买产品或服务所花费的体力成本，从而降低客户购买的总成本，提高客户的感知价值和满意度。

例如，对于装卸和搬运不太方便、安装比较复杂的产品，如果企业能为客户提供良好的售后服务，如送货上门、安装调试、定期维修、供应零配件等，就会减少客户为此所耗费的体力成本，从而提高客户的感知价值和满意度。

本章小结

现代企业经营是以顾客导向为理念的，在激烈的市场竞争中，企业要赢得顾客，战胜竞争者，最根本的一条就是要使自己的商品和服务满足顾客的需要，使消费者满意，即顾客满意。

客户满意度（Customer Satisfaction Degree，CSD）是客户消费后对消费对象和消费过程的一种个性、主观的情感反映，是客户满意水平的量化指标。

企业的整个经营活动要以客户满意度为指针，要从客户的角度、用客户的观点而不是企业自身的利益和观点来分析客户的需求，尽可能全面尊重和维护客户的利益。

影响客户满意的因素来源于客户期望和客户的感知价值。

客户期望是客户在购买、消费产品或服务之前对产品或服务的价值、品质、价格等方面的主观认识或预期。

客户感知是客户在购买或消费过程中，企业提供的产品或服务给客户的感觉。客户感知的价值实际上就是客户的让渡价值，即客户购买产品或服务所获得的总价值与客户为购买该产品或服务所付出的总成本之间的差额。

从以上的影响客户满意的因素考虑，要实现客户满意，必须从两方面着手：一是把握客户期望；二是提高客户的感知价值，即提高客户的让渡价值。

关键术语

客户满意　　客户满意度　　衡量指标　　影响因素

提升策略

配套实训

1. 学生对自己开设的网店近半年的客户信息进行整理。

2. 通过电话、短信、千牛、电子邮件等方式对客户展开关于店铺产品满意度与服务满意度的回访并详细记录。

3. 回访完成时对回访记录进行汇总分析，形成网店产品满意度及服务满意度分析报告。

课后习题

一、单选题

1. 在客户关系管理里，客户的满意度是由以下哪两个因素决定的（　　）。

A. 客户的期望和感知　　B. 客户的抱怨和忠诚

C. 产品的质量和价格　　D. 产品的性能和价格

2. 对于企业来说，达到（　　）是基本任务，否则产品卖不出去；而获得（　　），是参与竞争取胜的保证。

A. 客户忠诚，客户满意　　B. 客户价值，客户忠诚

C. 客户满意，客户价值　　D. 客户满意，客户忠诚

3. 在工业化社会，客户购买行为可分为三个阶段，其中情感消费阶段人们的价值选择标准是（　　）。

A. 好与差　　B. 喜欢与不喜欢

C. 满意与不满意　　D. 忠诚与不忠诚

4. 在工业化社会，客户购买行为可分为三个阶段，其中理性消费阶段人们的价值选择标准是（　　）。

A. 好与差　　B. 喜欢与不喜欢

C. 满意与不满意　　D. 忠诚与不忠诚

5. 客户满意中超出期望的公式是（　　）。

A. 感知服务 > 预期服务　　B. 感知服务 < 预期服务

C. 感知服务 = 预期服务　　D. 感知服务 ≤ 预期服务

6. 当客户只有一个期望值无法满足时，（　　）不是我们应对的技巧。

A. 说明原因　　B. 对客户的期望值表示理解

C. 提供更多的有效解决方案　　D. 与客户据理力争

7. 客户投诉的最根本原因是（　　）。

A. 客户没有得到预期的期望　　B. 客户得到预期的期望

C. 我们的产品质量不好　　D. 我们的后续服务不好

8. 客户期望的服务质量可以用（　　）来表示。

A. 公司价值　　B. 客户让渡价值

C. 客户忠诚度　　D. 客户关系价值

二、问答题

1. 客户满意与客户满意度有哪些区别?
2. 衡量客户满意度的指标是什么?
3. 影响客户满意的因素来源于哪些方面?
4. 影响客户期望值的因素是什么?
5. 影响客户感知值的因素是什么?
6. 如何通过调整客户期望与客户感知之间的差距来提高客户的满意度?

讨论案例

万科的客户满意度打造

在被美国《商业周刊》评为2006年年度最佳商业读物的《创新：创造客户需求的五个方法》这本书中，作者认为："最好的信息来源是预期的顾客和合作伙伴。"这一期杂志出版的同一天，正是"万科倾听：10 000个爱家心愿"活动的获奖心愿公布日。在数以万计的参与者中产生了10名特别大奖和300名爱家心愿奖。

对万科来说，这个活动远不是一个简单的品牌营销活动，它是在为全国成立时间最早也是规模最大的客户俱乐部——万客会落户杭州夯实基础。2007年1月13日，万客会宣布在杭州正式成立。这个会员人数近20万人的客户俱乐部究竟有什么样的特色?

万客会是零门槛

"万客会的第一个特点是开放而非封闭的组织。并不是说只有买了万科的房子才能成为万客会的会员，租了房子、买过万科二手房甚至对万科有兴趣的客户，包括同行，都可以通过申请成为会员。"浙江万科南都房地产有限公司总经理、杭州万客会会长丁健说。

根据万科的研究，租住或者通过二手房购买万科物业的客户，因为喜欢社区居住氛围和万客会的缘故，往往也会成为万科的忠实客户，从而在二次置业的时候，首选万科的物业。不过，这种零门槛不是无限制地招募客户，它和动态调整会员权益相对应。在万客会，积分方式非常多，会员的积分管理可以在线查询，无论购房、推荐购房、参加专题活动、向杂志投稿，都将获得万客会的积分，这些积分将会用于提升客户的等级，实现积分兑换，参与更多客户俱乐部的活动。每年积分位于该级别前5%的会员都会被自动升级为更高级别，享受更高级别的权益。如对于顶级的铂金卡会员来说，不仅可以获得万客会携手花旗私人银行等专业机构推出的财富管理咨询，还可以享受上门签约等便利，而即便是最基本的蓝卡会员，也可以有各种方式来参与活动，了解万科的产品和服务。对于那些一年之内没有激活或者没有参与万科活动的，会员可以享受的权益就会被减少或取消，只有通过网络、电话或者是发送短信的方式激活，服务会再次启动。

客户满意度影响员工奖金

万客会会员还有一项重要的使命：每年10月开始，他们中的一部分会被随机邀请参与一项完全独立于万科的客户满意度调查，这项调查的结果在每年12月公布，它被称为万科的“体检报告”。“体检报告”健康与否的分数，在2003年被正式用于万科一线公司绩效考核；在2004年用于个人绩效考核，并与各一线公司总经理奖金挂钩；在2005年与万科一线所有员工奖金挂钩。

浙江万科南都副总经理吴蓓雯说：“客户满意度调查，可以帮助我们衡量万科集团及下属各个一线公司和各个专业端口，包括工程、销售、客服、物业管理的工作表现，同时识别客户满意度的因素，找出客户满意度最主要的影响因素，以及不满意的主要原因。体检以后我们会发现公司的哪些指标还不错，哪些指标在数据方面要关注了，怎么样去改善它。”

万科从2002年开始正式引入客户忠诚度概念，衡量忠诚度的标准有三个方面：第一，对总体是否满意；第二，如果再购买房产，是否会购买万科的房子；第三，如果推荐朋友购买会不会推荐万科的房子。这三个问题全部回答是，才算具有忠诚度的客户。根据著名调查研究公司盖洛普的研究发现，在2005年，万科的总体满意度是82%，推荐率是74%，再购买率是64%，客户忠诚度是53%，高于行业平均水平。而忠诚度高的效果也很明显：平均每个万科的业主会向6.21个人推荐万科，而且成功拉动1.28个人购买，成功率达到20%。

万科在客户满意度研究中还发现：没有出现质量问题的业主满意度和忠诚度分别是91%和64%，对质量问题处理不满意的业主，其满意度和忠诚度分别是77%和46%，而出现了质量问题，对质量问题处理满意的业主，满意度和忠诚度高达93%和69%。这让万科明白，有效的事后补救反而可以获得客户更高的满意和忠诚。

阅读上述资料，分组讨论以下问题：

1. 以万科为代表的房地产企业的客户满意度主要来源于哪些因素？
2. 万客会的客户满意度调查可以为企业后续改善经营活动创造哪些价值？

第八章

客户忠诚

学习目标

◎ 知识目标

通过本章的学习，了解顾客忠诚度的内涵和意义；熟悉客户忠诚度的衡量指标；重点掌握如何建立和提高客户忠诚度的方法。

◎ 技能目标

能准确地衡量客户忠诚度；能结合实际谈谈如何提高客户忠诚度。

导入案例

日本化妆品公司维持客户忠诚度的秘诀

日本的一家化妆品公司设在人口百万的大都市里，而这座城市每年的高中毕业生相当多，该公司的老板灵机一动，想出了一个好点子，从此，他们的生意蒸蒸日上，成功地掌握了事业的命脉。

这座城市中的学校，每年都送出许多即将步入黄金时代的少女。这些刚毕业的女学生，无论是就业或深造，都将开始一个崭新的生活，她们脱掉学生制服，开始学习修饰和装扮自己。这家公司的老板了解到这个情况后，于是每一年都为女学生们举办一次服装表演会，聘请知名度较高的明星或模特儿现身说法，教她们一些美容的技巧。在招待她们欣赏、学习的同时，老板自己也利用这一机会宣传自己的产品，表演会结束后他还不失时机地向女学生们赠送一份精美的礼物。

这些应邀参加的少女，除了可以观赏到精彩的服装表演之外，还可以学到不少美容的知识，又能个个中奖，人人有份，满载而归，真是皆大欢喜。因此许多人都对这家化妆品公司颇有好感。

这些女学生事先都收到公司管理员寄来的请柬，这请柬也设计得相当精巧有趣，令人一看卡片就目眩神迷，哪有不去的道理？因而大部分人都会寄回报名单，公司根据这些报名单准备一切礼物。据说每年参加的人数，约占全市女性应届毕业生的90%以上。

在她们所得的纪念品中，附有一张申请表。上面写着：如果您愿意成为本公司产品的使用者，请填好申请表，亲自交回本公司的服务台，你就可以享受到公司的许多优待。其中包括各种表演会和联欢会，以及购买产品时的优惠价等等。大部分女学生都会响应这个活动，纷纷填表交回，该公司管理员就把这些申请表一一加以登记装订，以便事后联系或提供服务。事实上，她们在交回申请表时，或多或少都会买些化妆品回去。如此一来，对该公司而言，真是一举多得，不仅吸收了新客户，也实现了把客户忠诚化的理想。

讨论：企业主动“拉拢”和“培养”企业忠诚客户的做法有哪些优势？

第一节　对客户忠诚的认识

一、客户忠诚的定义

（一）客户忠诚营销理论

客户忠诚营销理论（Customer Loyal，CL）是在流行于20世纪70年代的企业形象设计理论（Corporate Identity，CI）和80年代的客户满意理论（Customer Satisfaction，CS）的基础上发展而来的。其主要内容可表述为：企业应以满足客户的需求和期望为目标，有效地消除和预防客户的抱怨和投诉、不断提高客户满意度，促使客户更加忠诚，在企业与客户之间建立起一种相互信任、相互依赖的“质量价值链”。

（二）客户忠诚

有学者从研究角度出发，把客户忠诚细分为行为忠诚、意识忠诚和情感忠诚。但是，对企业来说，他们最关心的是行为忠诚，如果只有意识忠诚或者情感忠诚，却没有实际的行动，对于企业来说就没有直接意义。

客户忠诚是指客户对企业的产品或服务的依恋或爱慕的感情，它主要通过客户的情感忠诚、行为忠诚和意识忠诚表现出来。其中情感忠诚表现为客户对企业的理念、行为和视觉形象的高度认同和满意；行为忠诚表现为客户再次消费时对企业的产品和服务的重复购买行为；意识忠诚则表现为客户做出的对企业的产品和服务的未来消费意向。这样，由情感、行为和意识三个方面组成的客户忠诚营销理论，着重于对客户行为趋向的评价，通过这种评价活动的开展，反映企业在未来经营活动中的竞争优势。

（三）客户忠诚度

客户忠诚度，又可称为客户黏度，是指客户对某一特定产品或服务产生了好感，形成了“依附性”偏好，进而重复购买的一种趋向，是一种忠心的表现形式。简单地说，客户忠诚度是客户对其产品或是服务的回头率的大小。

总的来说，客户忠诚度是一种心理活动，是客户对某种需求或是欲望的认定，表现出对一种产品或是服务的认同，即使其本质发生了变化，也一再认为它是好，是对的，不会产生任何的怀疑态度。某种程度上是一种病态的变现。有时候表现会很强烈，甚至会与自己看法不一样的人产生敌对的态度。

二、客户满意与客户忠诚之间的关系

市场激烈竞争的结果，使得许多产品或服务在品质方面的区别越来越小。这种产品的同质化结果，使产品的品质不再是客户消费选择的主要标准，客户越来越看重厂商能否满足其个性化的需求和能否为他提供高质量与及时的服务，因此对客户满意与忠诚进行研究的工作便越来越重要了。

客户满意与客户忠诚是一对相互关联的概念，但两个概念有着明显的不同。实际上，客户满意是客户需求被满足后的愉悦感，是一种心理活动。客户满意度与态度相关联，争取客户满意的目的是尝试改变客户对产品或服务的态度；而忠诚客户所表现出来的却是购买行为，并且是有目的性的、经过思考而决定的购买行为。衡量客户忠诚度主要有两方面，即客户的保持度和客户的占有率。忠诚的客户群体是一个相对稳定的动态平衡。从来没有永远的忠诚，企业无法买到客户的忠诚，只能增加客户的忠诚。

（一）客户满意不等于客户忠诚

客户忠诚是从客户满意概念中引出的概念，是指客户满意后而产生的对某种产品品牌或公司的信赖、维护和希望重复购买的一种心理倾向。客户忠诚实际上是一种客户行为的持续性，客户忠诚度是指客户忠诚于企业的程度。客户忠诚表现为两种形式：一种是客户忠诚于企业的意愿；一种是客户忠诚于企业的行为。而一般的企业往往容易对此两种形式混淆起来，其实这两者具有本质的区别，前者对于企业来说本身并不产生直接的价值，而后者则对企业来说非常具有价值。道理很简单，客户只有意愿，却没有行动，对于企业来说没有意义。企业要做的，一是推动客户从“意愿”向“行为”的转化程度，二是通过交叉销售和追加销售等途径进一步提升客户与企业的交易频度。

（二）客户忠诚是客户满意的提升

客户忠诚是客户满意的升华。客户满意是一种心理层面的满足，是客户消费之后所表达出的态度；客户忠诚出自客户满意的概念，客户忠诚则可以促进客户重复购买的发生，是一种后续的、持续的交易行为，对于大多数企业来说，客户的忠诚才是更重要的，是更需要关注的，而客户的满意并非客户关系管理的根本目的。

（三）客户忠诚比客户满意更有价值

很多时候，许多企业并没有深刻理解客户满意与客户忠诚内涵的差异，将两者混淆使用，使得企业的客户关系管理步入了某些误区。我们如今所面临的现实情况是，在竞争日趋激烈、以客户为导向的市场环境中，越来越多的公司持续追逐客户满意度的提升，并且大多数时候，很多企业追逐的成效并不尽如人意。并且，他们发现，企业如果仅仅只是追求客户满意度，在某种程度上往往并不能解决最终问题。因为大多数时候，尽管企业的客户满意程度提高了，但企业的获利能力并没有立即获得改善，企业利润并没有得到增加。究其原因，关键就是企业没有使得客户对企业的满意上升到对企业的忠诚。满意的客户并不一定能保证他们始终会对企业忠诚，满意的客户并不一定会因此产生重复购买的行为而给企业带来价值。

衡量客户忠诚的主要指标是客户保持度（Customer Retention，即描述企业和客户关系维系时间长度的量）和客户占有率（Customer Share，即客户将预算花费在该公司的比率）。有资料表明，仅仅有客户的满意还不够，当出现更好的产品供应商时，大客户可能会更换供应商。

满意度衡量的是客户的期望和感受，而忠诚度反映客户未来的购买行动和购买承诺。客户满意度调查反映了客户对过去购买经历的意见和想法，只能反映过去的行为，不能作为未来行为的可靠预测。忠诚度调查却可以预测客户最想买什么产品，什么时候买，这些购买可以产生多少销售收入。

客户的满意度和他们的实际购买行为之间不一定有直接的联系，满意的客户不一定能保证他们始终会对企业忠诚，产生重复购买的行为。在一本《客户满意一钱不值，客户忠诚至尊无价》的有关“客户忠诚”的畅销书中，作者辩论到：“客户满意一钱不值，因为满意的客户仍然购买其他企业的产品。对交易过程的每个环节都十分满意的客户也会因为一个更好的价格更换供应商，而有时尽管客户对你的产品和服务不是绝对的满意，你却能一直锁定这个客户。”

例如许多用户对微软的产品有这样那样的意见和不满，但是如果改换使用其他产品要付出很大的成本，他们也会始终坚持使用微软的产品。最近的一个调查发现，大约25%的手机用户为了保留他们的电话号码，会容忍当前签约供应商不完善的服务而不会转签别的电信供应商，但如果有一天，他们在转约的同时可以保留原来的号码，相信他们一定会马上行动。

不可否认，顾客满意度是导致重复购买最重要的因素，当满意度达到某一高度，会引起忠诚度的大幅提高。顾客忠诚度的获得必须有一个最低的顾客满意水平，在这个满意度水平线下，忠诚度将明显下降。但是，顾客满意度绝对不是顾客忠诚的重要条件。

小链接

热情服务赢得顾客

英国裤袜国际连锁公司的主人米尔曼开始只经营男士领带，且营业额不高。后来她发现不仅是男士，而且妇女也要求购物方便、快捷，她们往往不愿为购买一双长筒袜而挤进百货商场，而愿意只花几分钟在一家小店购得。米尔曼对顾客的这种心理摸得很清楚，十分注重经营速度、方便顾客和周到服务。尽管价格上略高于百货商场，但周到的服务足已弥补了价格较高的不利因素，而且还绰绰有余。米尔曼1983年4月在伦敦一个地铁车站创建第一家袜子商店时，资金不足10万美元。经过几年的经营，她的公司现已成为世界上最大的妇女裤袜零售专业连锁公司，在英国已有上百家分店，在欧美其他国家有30多家分店，销售额已近亿美元。米尔曼的公司的发展，靠的就是向顾客提供快捷、方便和周到的服务。

在美国得克萨斯州利昂时装店有一名叫塞西尔·萨特怀特的女销售员，已经67岁了，她一年销售的鞋子价值60万美元，她自己的年收入达10万美元。她由于出色的服务质量而被称为传奇人物。

顾客总是慕名而来，也满意而去。走进这家商店，经常看到不少妇女在等她，在她的顾客中，有政府女职员，有在公司工作的女职员，也有女律师、女医生，还有政府官员和企业界巨头的夫人。她们不仅每隔一定时间就到塞西尔那里去买鞋，而且当准备出差或旅行时也去她那里，以觅一双舒适美观的鞋。妇女们喜欢去她那里买鞋并非那里的鞋特别时髦，也不是店里的设施特别讲究，而是塞西尔给予她们的那种特殊的、情意绵绵的关注和服务，当她接待顾客时，会使顾客感到好像她生活中除你之外再没有任何人似的。如果这双鞋你穿着不合适，她是不会让你买的；如果另一双鞋穿在你脚上不好看，她也决不会卖给你；她进库房为你拿出来挑选的鞋，有时可多达300双。每次你试穿一双，她都陪你照镜子，而且，她有时会跪在你脚下，帮你穿上脱下。塞西尔这样做，自有她的服务观念：人们都希望生活中有些令人高兴的事，而大部分妇女，她们到我这里来，所需要的正是热情周到的服务。这种服务观念像一块强大的磁石，吸引了众多忠实的顾客。

第二节 客户忠诚的类型

顾客忠诚可以划分为以下不同的类型，其中顾客超值忠诚是面临激烈竞争的服务企业的最高追求，它要比其他种类的顾客忠诚更为重要，更有持续竞争力。

一、垄断忠诚

垄断忠诚是指顾客别无选择下的顺从的态度，如某一产品或服务为某一个公司垄断，客户别无选择。这种顾客通常是低依恋、高重复的购买者，因为他们没有其他的选择。我国水、电等公用事业公司就是垄断忠诚一个最好的实例。另外，微软公司的很多产品也具有垄断忠诚的性质。一位客户形容自己是“每月100美元的比·盖茨俱乐部”的会员，因为他至少每个月要为他的各种微软产品进行一次升级，以保证其不落伍。

二、惰性忠诚

惰性忠诚是指顾客由于惰性而不愿意去寻找其他的供应商。这些顾客是低依恋、高重复的购买者，他们对公司并不满意。如果其他的公司能够让他们得到更多的实惠，这些顾客便很容易被人挖走。拥有惰性忠诚的公司应该通过产品和服务的差异化来改变顾客对公司的印象。

一个典型的惰性忠诚的例子是：一位制造商总是从同一家卖主那里订购某一专门部件。他们之所以总是选择一家特定的卖主，是因为他们对于订货程序非常熟悉。

三、方便忠诚

方便忠诚的顾客是低依恋、高重复购买的顾客。这种忠诚类似于惰性忠诚。同样，方便忠诚的顾客很容易被你的竞争对手挖走。这类顾客重复购买是由于地理位置比较方便，当然，有时也是因为彼此熟悉。某个办公室经理二十多年来一直负责办公用品的采购。由于习惯，他总是在附近同一超市中购买。我们在购买盐、醋、酱油、牙膏等日用消费品时，总习惯在附近的小超市购买，既便利又可享受持卡的优惠。这都是方便忠诚。

四、潜在忠诚

潜在忠诚是低依恋、低重复购买的客户。客户希望不断地购买产品或服务，但是公司的一些内部规定或其他的环境因素限制了他们。例如，客户原本希望再来购买你的产品，但是卖主只对消费额超 1 000 元的消费者提供免费送货。或顾客希望再次光顾，但是其他因素限制了他们。

五、价格忠诚

对于价格敏感的客户会忠诚于提供最低价格的批发商。这些低依恋、低重复购买的客户是不能发展成为忠诚客户的。现在市场上有很多一元店、二元店、十元店等小超市，就是从低价出发，做好自己的生意，但这种超市重复光顾的客户并不是很多。

六、激励忠诚

公司通常会为经常光顾的客户提供一些忠诚奖励。激励忠诚与惰性忠诚类似，客户也是低依恋、高重复购买的那种类型。当公司有相关奖励活动的时候，客户会积极前来购买；当活动结束后，客户们就会转向其他有奖励的或者更多奖励的公司。

经常选择美国航空公司的旅行者是为获得其所提供的免费飞行里程，这就是激励忠诚的表现。我国 1 到 7 月份，为了吸引暑假外出旅游的教师和学生，各大航空公司竞相对持教师证和学生证的乘客给予优惠，以激励他们乘坐飞机，这也是激励忠诚的一个表现。

七、超值忠诚

超值忠诚是一种典型的感情或品牌忠诚。超值忠诚的客户是高依恋、高重复购买的客户，这种忠诚对于很多行业来说都是最有价值的。客户对于那些使其从中受益的产品或服务情有独钟，不仅乐此不疲地宣传他们的好处，而且还热心向他人介绍。

例如一个顾客把他最近购买的新款索尼笔记本电脑带到朋友家中，并向其炫耀它的新功能；另一顾客不顾路途遥远也要到专卖店去购买“耐克”牌运动鞋；一位摄影爱好者总是购买 35 毫米柯达胶卷，而对其他型号的胶卷从不问津。这些都是超值忠诚的表现。

第三节　衡量客户忠诚度的指标

顾客对企业的忠诚度，可以用下列指标进行衡量：

一、客户重复购买的次数

客户在购买东西时，经常会货比三家，觉得哪家符合自己的欲望，就选择哪家，但是很多客户并没有固定的购买商家，处于一种随意的状态，原因是找不到对自己真正有利的地方，或不能引起商家的足够重视。所以想让客户再次或是多次购买自己的产品，要重视客户，仔细了解客户所需。这样就能加大客户的再次购买，重复购买，这就是客户忠诚度的一种表现。在一定时期内，顾客对某一品牌产品重复购买的次数越多，说明对这一品牌的忠诚度就越高，反之就越低。应注意在确定这一指标的合理界限时，必须根据不同的产品加以区别对待。

二、客户挑选时间的长短

客户在购物时，大部分人会花相当长的时间去挑选自己所需的物品，但是一旦认定之后其购买的时间是相当短的，所以我们要尽量缩短其选择的时间，最好的办法是让客户相信我们，觉得我们是值得信任的，这样就能缩短挑选的时间，也能体现出客户对企业的忠诚度。但由于信赖程度有差别，对不同产品，顾客购买挑选时间的长短也是不同的。一般来说，顾客挑选时间越短，说明他对某一品牌商品形成了偏爱，对这一品牌的忠诚度越高，反之则说明他对这一品牌的忠诚度越低。在运用这一标准衡量客户忠诚度时，必须剔除产品结构、用途方面的差异而产生的影响。

三、客户对价格的敏感程度

每个客户在其购买商品时，心中都有一个底价，就是所谓的心理价位，一旦认为符合自己的心理价位时其购买速度就会很快，否则反之。所以只有在价格方面留有弹性，让客户觉得商家是为自己考虑的，方能使其接受其产品的价格。购买者一旦认定，就会马上购买，在以后的购买中不会就价格方面而产生过多的顾虑。消费者对价格都是非常重视的，但并不意味着消费者对各种产品价格敏感程度相同。事实证明，对于喜爱和信赖的产品，消费者对其价格变动的承受能力强，即敏感程度低；而对于不喜爱的产品，消费者对其价格变动的承受能力弱，即敏感度高。据此亦可衡量消费者对某一品牌的忠诚度。运用这一标准时，要注意顾客对于产品的必需程度、产品供求状况及市场竞争程度三个因素的影响。在实际运用中，衡量价格敏感度与品牌忠诚度的关系，要排除这三个因素的干扰。

四、客户对竞争品牌的态度

品牌竞争在当今市场上不再是产品质量与价格方面的竞争，而是服务的竞争，但是什么样的服务才是客户所需，这就要针对不同的客户提供不同的服务。有人认定国外的产品，也有人支持国货，这个就要看客户对企业的忠诚度如何了。所以想要在品牌竞争中获胜就要懂得怎么去为客户服务，了解客户对其竞争品牌的真正态度。人们对某一品牌态度的变化，多是通过与竞争产品相比较而产生的。根据顾客对竞争对手产品的态度，可以判断顾客对某一品牌的产品忠诚度的高低。如果顾客对竞争对手产品兴趣浓，好感强，就说明对某一品牌的忠诚度低。如果顾客对其他品牌的产品没有好感，兴趣不大，就说明对某一品牌产品忠诚度高。

五、客户对产品质量的承受能力

当今社会，质量方面的问题，日益引起客户的重视。随科技的进步，出现了很多化学的东西，让人无法判定其真假或是否有害。所以企业想顾客购买自己的产品，首先是顾客信任企业，认同企业，企业的产品在质量方面是要能被顾客接受的，是对其无害的，这些都是客户对产品质量承受能力的影响因素。任何一个企业都可能因种种原因而出现产品质量问题，即使名牌产品也在所难免。如果顾客对某一品牌的印象好，忠诚度高，对企业出现的问题会以宽容和同情的态度对待，相信企业很快会加以处理。若顾客对某一品牌忠诚度低，则一旦产品出现质量问题，顾客就会非常敏感，极有可能从此不再购买这一品牌的产品。

六、客户购买费用的多少

在客户忠诚度的衡量中，其购买力的大小是不容忽视的。很多人想买，但是没钱买，这个是存在的客观事实，所以想赢得客户的忠诚，一方面你就要有客户所能支付得起并喜欢的商品或是服务，最好是根据不同的消费群体设置不同的商品价位，符合其购买者的购买能力；另一方面让购买者认为物超所值，这样才能赢得客户的回头。

第四节　影响客户忠诚的因素及提升客户忠诚的策略

一、影响客户忠诚的因素

对于服务型企业来说，客户忠诚是企业长期获利并保持竞争优势的根本，通常客户忠诚与服务质量、服务体验、关系互动、理念认同与增值感受这五个关键影响因素有着直接的相关性。

（一）服务质量

服务质量是客户所获得的产品与服务的实质价值，包括产品质量、服务水平和交付能力三个最主要的方面。

产品质量是客户获得价值的静态体现，服务水平和交付能力是企业向客户提供价值的流程设计与行动体现。比如航空公司需要向头等舱乘客提供舒适的客舱环境和舒心的服务体验，而快递公司需要具备向客户承诺的响应速度与准确送达能力。

对于以客户为中心的服务性企业来说，产品质量只是服务质量的一个方面，在产品相对同质化的金融服务业、电信通信业与交通运输业，服务水平和交付能力会显得更为重要。

（二）服务体验

服务体验是客户在接受企业提供的产品与服务过程中的心理感受与满足感。随着信息技术进步带来的客户接触点分散化，服务体验对客户忠诚行为的影响力也在增加。比如一位理财客户偶尔在银行理财中心现场接受服务，平常使用网上银行软件的体验服务，即使客户认为企业提供的网上银行软件很好用，但是在现场服务体验感知不好，也会造成客户对企业整体印象不佳，有可能因此而造成客户流失。某位证券交易客户在使用证券公司提供的交易软件和资讯服务，虽然证券公司提供的交易软件很好用，但有可能某个关键的资讯信息不及时导致了客户的投资决策失误，造成了投资损失，有可能进而会影响客户的忠诚行为。

（三）互动关系

互动关系是企业和客户之间的双向沟通过程。要保持客户忠诚，就不能没有互动。既然是互动，就是企业和客户之间两个方面发起关系的过程，一方面包括企业主动发起的面向客户的服务沟通与关系维系动作，比如企业向客户表达的生日祝福等；另一方面也包括由客户主动发起的沟通或是客户主动回应企业的行动表现，比如客户主动向客户提供意见和反馈的行为等。仅有互动并不一定能够促进客户忠诚关系的维系，更为重要的是这样的互动关系是否本着互利互益关系的原则和服务为本的理念。

（四）理念认同

客户忠诚也与客户与企业之间的理念认同有关，对于服务型企业来说更是如此。这种理念认同不仅是对于企业产品设计和生产理念的认同，更重要的是对于企业的品牌理念和服务理念的认同。企业对于其理念的适当性传播和沟通对于建立与客户之间的认同至关重要，这也是为什么许多企业都要向最好的客户提供企业刊物的原因，一方面向客户提供有价值的产品知识和信息资讯，另一方面也是让客户更加深入地了解和体验企业服务文化和产品理念的过程。客户对企业的高层次忠诚往往是客户对企业形成了理念层面的认同，客户往往是因为对企业理念的认同才会产生拥护企业的行动。比如 Google 就通过核心价值观的有效传播，成功地促使客户在理念层面上建立了对于企业的认同。

（五）增值感受

企业如何能够让客户获得真实的价值增值感受，是企业实现长期定价优化的决定性因素之一。一些服务性企业在这一方面有着非常成功的经验和实践。比如国际航空业通行的面向飞行常旅客的会员奖励计划，就在最初简单的里程奖励模式的基础上不断完善，建立了更为完善的基于产品类型和定价水平的分层里程累积奖励模式。对于经常乘机旅行的常旅客，航空公司运用这种分层奖励的方式构建了持续良性的心理刺激，并增加了里程奖励的增值感受，从而达到了有效激励常旅客在下一次乘机时优先选择自己航空公司的预期效果。

二、提升客户忠诚的策略

（一）建立员工忠诚

有一个不争的事实：具有高层次客户忠诚度的公司一般同时也具有较高的员工忠诚度。如果一个企业的员工流动率非常高，该企业要想获得一个较高的客户忠诚度，那简直就是不可能的，因为客户所获得产品/服务都是通过与员工接触来获得的。因此，客户忠诚的核心原则是：首先要服务好你的员工，然后才有可能服务好你的客户。

（二）树立“客户导向”的服务理念

激发客户对企业的忠诚的重要因素有：内在价值、交易成本、各种关系利益人的互动作用、社会或感情承诺。但是企业只是拥有了这些品质，还不一定能够获得太多的高忠诚客户，因为企业必须首先要有一种“以客户为中心”的文化，并且把这种文化反映到企业各个业务部门的业务流程中。

（三）确定客户价值取向

要提升客户忠诚度，我们首先要知道哪些因素将影响客户的取向。客户取向通常取决于三方面：价值、系统和人。当客户感觉到产品或者服务在质量、数量、可靠性或者“适合性”方面有不足的时候，他们通常会侧重于价值取向。期望值受商品或者服务的成本影响，对低成本和较高成本商品的期望值是不同的。但当核心产品的质量低于期望值时，他们便会对照价格来进行考虑。

（四）实践二八法则

企业实施客户忠诚计划时应该要好好应用一下二八法则。概括地说，企业80%的收入来源于20%的客户。客户对于企业来说价值是不一样的，其中一些客户为公司带来了长期的价值。明智的公司应该能够跟踪客户、细分客户，并根据客户的价值大小来提供有针对性的产品和服务。因此我们在推行客户忠诚计划时，应该把重点放在20%~30%的高价值客户上，但同时我们应该考虑对一些有高增值潜力的客户采取相应的策略。

（五）让客户认同物有所值

只有保持稳定的客源，才能为品牌赢得丰厚的利润率。但是，当商家把“打折”“促销”作为追求客源的唯一手段时，“降价”只会使企业和品牌失去它们最忠实的“客户群”。促销、降价的手段，不可能提高客户的忠诚度，“价格战”只能为品牌带来越来越多的“毫无忠诚可言”的客户。而当商家、企业要寻求自身发展和高利润增长时，这部分客户必将流失。培养忠诚的客户群，不能仅做到“价廉物美”，更要让客户明白这个商品是“物有所值”的。由于“经营同质化”，企业只有细分产品定位、寻求差异化经营、找准目标客户的价值取向和消费能力，才能真正培养出属于自己的“忠诚客户群”。

（六）循序渐进，强化客户关系

客户忠诚于企业必然会处于一种特定状态，因此企业理解客户目前所处的状态就能够清楚地认识到，如何才能够提升客户的忠诚度。一般来说，客户忠诚度可以划分为5个阶段：猜疑、期望、第一次购买客户、重复购买客户、品牌宣传客户。如果你的客户关系建立只限于维护流程不能确保提升客户的忠诚度，应该要重新考虑一下。

（七）用心做事，用情服务

在消费者意识抬头的时代，良好的服务是建立客户忠诚度的最佳方法。服务包括服务态度、回应客户需求或申诉的速度、退换货服务等，要让客户清楚了解服务的内容以及获得服务的途径。因为当今的客户变得越来越挑剔，并且在购买了产品后会非常“敏感”，他们在与公司交易时，希望能够获得足够的愉悦，并且能够尽量减少麻烦。当这些客户获得了一个很好的客户服务（大服务）体验时，他们自然会形成“第二次购买”；不过，如果他们获得了一个不好的体验时，他们会向周围更多的人宣传他们的“不幸”。因此，企业要想提升客户体验，必须要把与产品相关的服务做到家，然后才是真正的产品销售。

（八）化解客户抱怨

对于大多数公司而言，客户抱怨向公司明确表达出来的只有10%，剩下的90%的客户抱怨是客户没有机会向公司表述出来的，这些抱怨只能反映到一些行为中，例如拖欠公司的应付账款，对一线的客户服务人员不够礼貌，等等。而且，借助于Internet，这些不开心的客户很容易会让上千人知道他的感受。因此，企业必须要在不愉快的事情发生之前快速解决，尽量给客户一个倾诉抱怨的机会，让他们有机会说出心中的不畅，同时尽量解决这些引起不畅的问题。企业可以根据客户响应时间、客户趋势分析来设立公司的准则。在国外，

“职员抱怨监控”是高层用来决策的一个重要工具。另外，服务不周造成的危害是显而易见的。

弥补这种危害带来的影响，应被视为是一次机遇而不仅仅是痛苦的例行公事。我们解决客户抱怨的时候，可以从两方面入手，一是为客户投诉提供便利，二是对这些投诉进行迅速而有效的处理。

（九）获得和保留客户反馈

研究表明，客户反馈与客户对优质服务的感知是密切相关的。Internet 的到来已经改变了客户对反馈的感知。逐渐地，客户开始期待能够获得企业 24 小时的全程服务。而且，现在的客户也已经习惯了访问网站，并期望能够在网上获得问题的答案。一些最新出现的技术工具，例如基于 Web 的自助式服务、E-mail 管理、Chat/Web call-back，逐渐成为公司客户服务部门的关键应用之一。

（十）主动提供客户感兴趣的新信息

一对一个人化的服务已经成为一个趋势，例如可以设计一个程式，请客户填入他最感兴趣的主题，或是设计一个程式自动分析客户资料库，找出客户最感兴趣的主题。当有这方面的新产品时便主动通知客户，并加上推荐函，必能给客户一个不一样的个人化服务感受。

（十一）做好“客户再生”

学者研究发现，向一个流失客户销售产品的成功率是向一个新客户销售成功率的两倍。在很多公司，挽回流失客户通常是最容易忽视的、可增加收入的策略。一般情况下，公司每年平均流失客户 20% ~40%；因此公司不仅需要建立客户获取和客户保留策略，还需要建立“客户再生”策略。因为没有一家公司能够实现 100% 的客户保留，因此，每一家公司都需要重新获取这些已经流失的高价值客户。

（十二）针对同一客户使用多种服务渠道

研究者研究表明，通过多种渠道与公司接触的客户的忠诚度要明显高于通过单渠道与公司接触的客户。不过这个结论的前提是，客户通过进入实体商店、登录网站或者是给呼叫中心打电话都可以获得同样的服务。为了实现这种多渠道的产品交付和产品服务，公司必须要能够整合这些多种渠道的资源和信息，只有这样才能够清晰地知道客户到底在何时喜欢何种渠道，并且无论客户使用何种渠道，企业相关的与客户接触的人员都能够获得与客户相关的、统一的信息。客户的善变性、个性化追求，使得我们的企业不得不改变渠道，别无选择，否则，客户只会流向竞争对手。另外，企业应该与客户建立多层联系。企业所具有的和与客户接触的知识绝不应该来自单一的如客户服务人员的联系，这种狭窄的接触会使企业造成信息失真，并产生不准确的判断，而且这种委托关系是很脆弱的，当联系发生变化时，会为竞争者敞开大门，理想的情况是客户与企业之间有多层的联系，并且多层联系的信息能够得到整合。

本章小结

本章节在概述了客户忠诚的基础上，论述了客户忠诚对企业的重要意义，最后找出了影响客户忠诚的因素以及培养客户忠诚度的一些办法。

客户忠诚是指客户对企业的产品或服务的依恋或爱慕的感情，它主要通过客户的情感忠诚、行为忠诚和意识忠诚表现出来。其中情感忠诚表现为客户对企业的理念、行为和视觉形象的高度认同和满意；行为忠诚表现为客户再次消费时对企业的产品和服务的重复购买行为；意识忠诚则表现为客户做出的对企业的产品和服务的未来消费意向。

客户忠诚度，又可称为客户黏度，是指客户对某一特定产品或服务产生了好感，形成了“依附性”偏好，进而重复购买的一种趋向。

客户忠诚可以划分为不同的类型，其中客户超值忠诚是面临激烈竞争的服务企业的最高追求，它要比其他种类的客户忠诚更为重要，更为有持续竞争力。

超值忠诚是一种典型的感情或品牌忠诚。超值忠诚的客户是高依恋、高重复购买的客户，这种忠诚对于很多行业来说都是最有价值的。

对于服务型企业来说，客户忠诚是企业长期获利并保持竞争优势的根本，通常客户忠诚与服务质量、服务体验、关系互动、理念认同与增值感受这五个关键影响因素有着直接的相关性。

关键术语

客户忠诚营销　　客户忠诚　　客户忠诚度　　垄断忠诚
惰性忠诚　　方便忠诚　　潜在忠诚　　价格忠诚
激励忠诚　　超值忠诚

配套实训

1. 结合上一阶段针对客户服务展开的回访以及店铺后台的销售记录，找出网店的忠诚客户。

2. 有针对性地制定提升客户忠诚的详细方案，并将通过一段时间的运营后客户忠诚提升的效果形成报告。

课后习题

一、单选题

1. 客户关系管理营销策略成功实施的关键是（　　）。

A. 发掘潜在顾客　　B. 留住低贡献客户

C. 保持客户忠诚度　　D. 培育负值客户

2. 在客户关系管理中，以下不属于客户忠诚的表现是（　　）。

A. 对企业的品牌产生情感和依赖

B. 重复购买

C. 即便遇到对企业产品的不满意，也不会向企业投诉

D. 有向身边的朋友推荐企业的产品的意愿

3. CRM 研究的忠诚类型是指（　　）。

A. 垄断忠诚　　B. 亲友忠诚

C. 惰性忠诚　　D. 信赖忠诚

4. 客户对供电公司所提供的电力服务的使用是基于（　　）。

A. 垄断忠诚　　B. 亲友忠诚

C. 惰性忠诚　　D. 信赖忠诚

5. 著名经济学的二八原理是指（　　）。

A. 企业 80% 的销售额来自 20% 的老顾客

B. 企业有 80% 的新客户和 20% 的老客户

C. 企业 80% 的员工为 20% 的老客户服务

D. 企业的 80% 的利润来自 20% 的老顾客

6.（　　）是指客户对某一特定产品或服务产生了好感，形成了偏好，进而重复购买的一种趋向。

A. 客户满意度　　B. 客户价值

C. 客户忠诚度　　D. 客户利润率

7. 客户忠诚度是建立在（　　）基础之上的，因此提供高品质的产品、无可挑剔的基本服务，增加客户关怀是必不可少的。

A. 客户的盈利率　　B. 客户的忠诚度

C. 客户的满意度　　D. 客户价值

8. 满意度和忠诚度之间的关系，在（　　）中表现得最为紧密？

A. 行业竞争激烈的企业客户关系

B. 实施客户积分计划的企业客户关系

C. 退出成本/门槛高的企业客户关系

D. 专利技术产品企业客户关系

二、问答题

1. 什么是客户忠诚营销？
2. 什么是客户忠诚度？
3. 简要阐述客户满意与客户忠诚之间的关系？
4. 客户忠诚有哪些类型？
5. 影响客户忠诚的指标有哪些？
6. 如何提升客户忠诚度？

讨论案例

新航以优质服务塑造客户忠诚度

1993 年，英国伦敦著名的杜莎夫人蜡像馆，出现了一尊东方空姐蜡像。这是杜莎夫人蜡像馆第一次以商业人像为原形而塑造的蜡像，其原形是美丽的新加坡航空公司小姐，人们称她们为“新加坡女孩”（Singapore Girl）。杜莎夫人蜡像馆破例的原因，则是基于新加坡航空公司（简称新航）完善的机舱服务和长久以来成功塑造了东方空姐以客为尊的服务形象。

如何通过高质量的产品或者服务，保持客户的忠诚度，这是一个令众多公司绞尽脑汁、冥思苦想的问题，因为忠诚的客户往往带来高额的商业利润。不可否认，享誉世界的新航无疑是最有资格回答这一问题的公司之一。

1. 关注客户——优质服务塑造客户对公司忠诚度

“不管你是一名修理助理，还是一名发放工资的职员，或是一名会计，我们能有这份工作，那是因为客户愿意为我们付费，这就是我们的‘秘密’。”新航前总裁Joseph Pillay在创业伊始就不停地以此告诫员工，塑造和灌输“关注客户”的思想。在这一点上，Joseph Pillay和劳特朋不谋而合。作为4Cs（consumer、cost、convenience、communication）营销理论的倡导者，劳特朋认为：要了解、研究、分析消费者的需要与欲求，而不是先考虑企业能生产什么产品；要了解消费者满足需要与欲求愿意付出多少钱（成本），而不是先给产品定价；要考虑顾客购物等交易过程如何给顾客方便，而不是先考虑销售渠道的选择和策略；要通过互动、沟通等方式，将企业内外营销不断进行整合，把顾客和企业双方的利益无形地整合在一起。显而易见，4Cs营销理论的4个方面都在强调同一个问题：关注客户。

在长达32年的经营中，新航总是果断地增加最好的旅客服务，特别是通过旅客的需求和预测来推动自身服务向更高标准前进。早在20世纪70年代，新航就开始为旅客提供可选择餐食、免费饮料和免费耳机服务；20世纪80年代末，新航开始第一班新加坡至吉隆坡之间的“无烟班机”；1992年年初，所有飞离新加坡的新航客机都可以收看美国有线电视网络的国际新闻；2001年，新航在一架从新加坡飞往洛杉矶的班机上首次推出了空中上网服务——乘客只需将自己的手提电脑接入座位上的网络接口，就可以在飞机上收发电子邮件和进行网上冲浪。在过去3年内，新航花费将近4亿元提升舱内视听娱乐系统，为将近7成（所有远程飞机）飞机换上这个系统，花费了超过6亿元提升机舱娱乐设施和商务舱座位。

“如果你的客户选择了竞争对手，那将是一件让人沮丧的事情。而避免沮丧的有效办法是获得客户忠诚度，”学者Abel Chica在MBA教程中写道，“获得顾客忠诚度并不仅仅是让他们感到真正的满意。这只是实现忠诚度的一个必要条件。对于客户，最直接的关于满意的概念是，拿你提供给他的‘价值’与竞争对手所提供的加以比较。同时，如果想使客户忠诚，就不能只考虑短期的利益，而必须考虑怎样长期地发展这种关系。”

随着竞争的加剧，客户对服务的要求也像雨后破土的春笋一样疯长，“人们不仅仅把新航和别的航空公司做对比，还会把新航和其他行业的公司，从多个不同的角度进行比较。”Yap先生清醒地意识到“新航遇到的挑战永无止境。任何时候都要从整个服务过程出发，去寻找可以改进的地方”，这样的理念在新航已经成为一个清晰的文化和政策。

为了在竞争中保持优势地位，新航成为世界上第一家引入国际烹饪顾问团和品酒师的航空公司，该顾问团每年为新航提供4次食谱和酒单。硬件只是基础，软件才是真功夫。

当然，服务的一致性与灵动性同时受到关注。比如，怎样让一个有十三四个人的团队在每次飞行中提供同样高标准的服务？新航在对服务进行任何改变之前，所有的程序都会经过精雕细琢，研究、测试的内容包括服务的时间和动作，并进行模拟练习，记录每个动作所花的时间，评估客户的反应。

服务力求做到灵活且富有创造性，这一点也是新航对员工的要求。当一位乘客要求吃素食，而飞机上正好没有准备相应的食物，新航希望乘务人员做到的是，返回厨房想办法找出一个解决方案，比如把各式各样的蔬菜和水果拼在一起，而不是告诉乘客没有准备这样的食物。

2. 向内“吆喝”——培育员工对公司的忠诚度

所有培养客户忠诚度的文化理念、规章制度都需要人来执行。这就意味着，如果新航内部员工没有对公司保持足够的满意度和忠诚度，从而努力工作，把好的服务传递给顾客，那么，客户的忠诚度将无从谈起。

注意倾听一线员工的意见，关注对员工的培训，这些都是新航能够在市场上取得优异表现的根本所在。换句话说，只有内部员工对企业忠诚，才能使外部客户对企业忠诚。

在以动态、专注与培训而闻名的新航，从上到下，包括高级副总，每个人都有一个培训的计划，一年会有9 000名员工被送去培训。新航所属的新加坡航空集团有好几个培训学校，专门提供几种核心的职能培训。即使受到经济不景气打击时，员工培训仍然是新航重点优先投资的项目。假如你完成很多培训课程，就可以去休息一段时间，甚至还可以去学习一门语言，做一点儿新的事情，其目的是“使员工精神振奋”。

3. “服务上比对手好一点点就够了”——控制服务成本与商业利润之间的平衡

“我们不想成为最大的航空公司，我们想成为最盈利的航空公司。”在新航刚刚成立时，新加坡政府就明确表示，政府不会补贴；公司的所有员工都根据公司的盈利状况论功行赏；新航有一个激励系统，它会根据公司的盈利状况来给员工发奖金，从上到下，所有人的奖金都是由同一公式算出来的。

因此，新航不仅仅致力于为客户提供优质的服务，而且通过各种方式力求控制服务成本与商业利润之间的平衡。的确，新航希望提供最好的座椅、最好的客舱服务、最好的食物以及最好的地面服务，但是它同时还要求这些代价不能太高。比如，在往返新加坡和曼谷之间的短途航班上，最好的食物不可以是龙虾，那样做会导致破产。“只要在每一项服务上比对手好一点点就够了”，这样就能确保每个航班多赢得一点儿利润，也有能力再去创新。同时，它还密切关注油价，以便及时做出是否提高燃油附加费的决定。

在1972年，新航还只是一个拥有10架飞机的小型航空公司，如今，几乎每年新航都会获得各种世界性的营销服务大奖，也一直是世界上最盈利的航空公司之一。对于这家保持30多年领先，并总是能够获得丰厚利润的航空公司而言，成功的原因可能很多，但是，“致力于培养员工和客户对企业的忠诚度”无疑是其中一个重要的答案。

阅读上述资料，分组讨论以下问题：

1. 新航成功的客户忠诚策略是从哪些方面入手的？

2. 在社交媒体快速发展的背景下，你认为新航应该从哪些方面制定出新的客户忠诚策略？

第九章

客户流失及挽回

学习目标

◈ 知识目标

通过本章的学习，理解客户流失的含义及其类型；能够识别客户流失的主要因素；能用所学理论知识指导“流失客户的挽回”的相关认知活动。

◈ 技能目标

学习和掌握客户流失防范和挽回措施；能用所学实务知识规范“流失客户的挽回”的相关技能活动。

导入案例

酒店的客户是怎样流失的?

2016 年 10 月 13 日，某酒店第三季度优质服务明星颁奖大会在三号会议室召开，58 名服务明星的名字一时间传遍酒店，成为同事们之间的美谈。然而，在本部销售人员拜访一家曾经经常在酒店客房、餐饮消费，但近两个月已无消费记录的 ×× 卡客户时，该公司的副总经理是这样说的：“每次都是你们的销售人员热情地把我们邀请过去，但每次我们都是被你们的服务人员赶走的!”

该公司是由港商投资的电器公司，位于宝安固戍，是该酒店的 ×× 卡红卡客户之一。因其董事长系香港人，需常住酒店，故经常入住该酒店客房，且入住期间常在酒店各餐店用餐，月平均消费 3 万元左右。公司负责人反映，该酒店服务人员素质欠佳，并举了很多例子说明，主要集中于以下两点：

1. 服务生硬呆板，语气强硬，不给客人面子

大约 4 个多月前，该公司董事长陪同客人在酒店某餐厅吃饭，在结账时，客人要求签单

挂账，服务人员径直走过去，当着众多客户的面说因该公司未及时支付挂账单，已被停止使用签单权，当面拒绝客户的签单要求。

因酒店财务一般于每月 5 至 10 日对挂账公司邮寄上月账单，如果在寄账单当月未能结清，则会停止此公司的签单挂账权，待结清后再开通。而该公司规定的各类付款务必于当月 5 日前结清，当酒店的账单寄到时，刚好错过了付款时间，所以经常被停止使用签单权。因有好几家公司的付款周期都与该公司相同，后经本部与财务沟通，已对此类公司的付款周期进行了调整。但在未调整前，餐饮服务人员类似的“服务”情况竟出现过两次，使该公司的董事长及相关负责人心存不悦。

作为服务人员，遵守公司规定并没有错，但亦应尊重客人，如能将客人带至一旁轻声委婉地向客户说明，效果定会有所不同。

2. 待客“一视同仁”，未能让熟客感受到特殊关怀

因该公司主要前来酒店消费的就是其董事长本人，每月均有住房及用餐记录，但每次消费时，负责接待的服务人员均以陌生的眼光看着他，从未能热络地称他一声“×先生”，只有某餐饮部门的管理人员表现稍好一点。酒店待客的“一视同仁”（视若陌生人）让其感到不受尊重，加上上述两次事件的发生，该董事长命令其下属员工，以后宁可到其他酒店，也不得再到该酒店消费。

从 6 月份开始，该公司真的就不再过来了，直到负责维系该公司关系的销售人员发现，并协同销售经理一同拜访，方得知个中缘由。经调查了解到，该公司在都之都已包下一长住房，专用于其董事长来深住宿。据说相较本酒店，都之都的服务人员很热情，让其感受到如亲人般的关怀，故他宁可选择硬件不如该酒店的都之都酒店作为其定点消费场所。

后经酒店本部销售人员的盛情相邀，该公司负责接待的×小姐方表示有机会会跟其领导表达酒店的热情的。在销售人员的争取下，该公司将于 10 月 26 日预订 33 间该酒店豪华房及套房，还在中餐厅订了 5 席宴席。为了挽回此客户，酒店本部将全程关注该公司的消费过程，力争将其从都之都的手中争取回来。

在销售人员对客拜访时，经常发现该酒店的客户流向都之都及宝晖等酒店，客户对该酒店的硬件是非常赞赏的，但对于软件却评价不高。为了提高酒店经营效益，酒店大力推出一系列促销活动，并通过多种手段给予客人优惠，其出发点无非都是希望通过酒店的举动感动客户，让其成为忠实客户，从而使酒店经营收入得到提高。但有时候事与愿违，由于酒店的综合服务水准不够稳定，在对客服务过程中遇到问题时处理也不够灵活，导致客人不满，无形当中便造成了客户的流失。

讨论：酒店客户流失的主要原因是什么？

第一节　客户流失的原因

作为企业的管理者，经常会遇到这样的情况：某一天，某个客户忽然说，他决定终止和企业的合作，转为经营某竞争对手企业品牌的产品；企业的一名业务员辞职，接着他负责的几个客户都相继结束了和企业的合作；已经合作三年的一个客户最近居然连续三个月没有进

货了……

客户流失是指客户由于种种原因不再忠诚，而转向购买其他企业的产品或服务的现象。造成客户流失除了有企业自身的原因外，还有客户本身的原因。

一、企业的原因

（一）公司人员流动导致客户流失

这是现今客户流失的重要原因之一，特别是公司的高级营销管理人员的离职变动，很容易带来相应客户群的流失。

（二）竞争对手夺走了客户

任何一个行业，客户毕竟是有限的，特别是优秀的客户，更是弥足珍稀的，20% 的优质客户能够给一个企业带来 80% 的销售业绩，这是个恒定的法则。所以，往往优秀的客户自然会成为各大企业争夺的对象。任何一个品牌或者产品肯定都有软肋，而商战中的竞争对手往往最容易抓到企业的软肋，一有机会，就会乘虚而入，所以也警示企业一个问题，那就是加强员工团队的建设问题。

（三）市场波动导致失去客户

任何企业在发展中都会遭受震荡，企业的波动期往往是客户流失的高频段位。再有一个问题就是企业资金出现暂时的紧张，比如出现意外的灾害等，都会让市场出现波动，这时候，嗅觉灵敏的客户们也许就会出现倒戈。其实，在当代市场中，以利为先的绝大多数商人多是墙头草，哪边有钱可赚就会倒向哪边。

（四）细节的疏忽使客户流失

客户与厂家是以利益关系纽带牵在一起的，但情感也是一条很重要的纽带，一些细节的疏忽，往往也会导致客户的流失。企业忽视的一个问题是，消费者是“上帝”，是“衣食父母”但是忘记了一个原则：经销商是企业与“衣食父母”之间的纽带。一些民营企业老板比较吝啬，一些区域代理商大老远地来到企业参观，最终连顿饭都不给吃。当人家已经定好票返程的时候才说，应该请你去吃饭。这种细节的疏忽也容易导致代理商放弃合作。

（五）诚信问题让客户流失

有些业务经理喜欢向客户随意承诺条件，结果又不能兑现，或者返利、奖励等不能及时兑现给客户。客户最担心和没有诚信的企业合作，一旦有诚信问题出现，客户往往会选择离开。例如：山东一家医药企业，给经销商的承诺很多，答应进货 30 万就给一台微型车，但是半年过去了，企业各部门开始互相推托，不予兑现承诺。这样一来客户的心理就有一种感觉，认为企业不够诚信，许多经销商放弃了与该企业的合作。

（六）大企业轻视小客户

店大欺客是营销中的普遍现象，一些著名厂家的苛刻的市场政策常常会使一些中小客户不堪重负而离去，或者是“身在曹营心在汉”，抱着一定抵触情绪来推广产品。一遇到合适时机，就会甩手而去。药店、大型超市连锁企业是个典型的例子，一些小企业进店费用很高，对小企业而言根本就接受不了，一个单品要 1 万元的进店费用，但是一般的大众消费品卖多少才能够赚够进店费啊。

（七）企业管理失衡导致客户流失

大家都知道20/80法则，很多企业都设立了大客户管理中心，对小客户则采取不闻不问的态度。广告促销政策也都向大客户倾斜，使得很多小客户产生了心理不平衡而离去。其实不要小看小客户20%的销售量，若累加起来也很可观。因此，企业真的应该重视一些小客户，大客户是红花，也应该有绿叶的陪衬呀！

（八）沟通不畅自然流失

有些客户的流失属于自然流失，公司管理上的不规范，长期与客户缺乏沟通，或者客户转行转业等。关键所在就是企业的市场营销和管理不到位，不能够与一线的市场做更多的沟通。现在的商业领域很广泛，生产企业也处在供大于求的状态，所以企业如果不能够很好地去维护自己的客户，那么流失客户资源是非常正常的表现。

二、客户的原因

（一）客户不满意是影响客户流失的重要因素

客户挑选商品的第一步就是高质量的产品，如果你给客户提供的产品粗制滥造，造成客户利益受损，客户就不会满意，更不会建立较高的客户忠诚度。这就好比生活中我们去菜市场的商贩那儿采购食材，连续采购三天，三天回家称量重量都不准，缺斤少两，第四天你肯定不会再去了是一个道理。

除此之外缺乏服务意识也会引起客户的不满，提到服务意识可能很多人会想到服务态度，事实上服务意识还包括解决问题的时效，工作效率低下等服务意识淡薄的行为是直接导致客户流失的重要因素。

（二）客户利益减少

随着市场成熟及产品价格透明度的提高，产品带给客户的利益空间往往越来越小。若企业不能及时进行产品创新，客户为了获得利益，势必会选择有创新性的企业合作，毕竟利益才是维系双方关系的纽带。

（三）客户转移成本较低

转移成本又称为客户的跳槽成本，或者是客户离开企业而选用竞争对手或者同类别、同性质产品或者服务所需付出的代价。

举一个在传统领域最为常见的例子。过去手机通话是朋友间联系的主要工具，而且大多数客户习惯将手机通讯录保存在SIM卡上，因为如果保存在手机上，一旦更换手机，就需要重新录入通讯录，否则可能造成与朋友的失联。客户在使用某个手机号码的过程中积累了大量的亲朋好友的电话号码或者是重要客户的电话号码，而如果另外一家电信运营商推出了另外一种资费优惠的不同号码段的卡，我们选择这种新的卡和号码，就有可能丢失掉我们以往联系方式的便捷性和别人联系我们的方式。为了使用新的号码而付出的上述成本就是转移成本。因为转移成本太高，所以在过去我们很少选择换手机号码。但是随着信息技术的发展，现在我们手机通讯录上保留的手机号码都能实时上传更新到云服务器上，而且手机用户用于联系的通信工具除了通话，还可以是QQ或者微信等，即使更换了手机号码，也不会出现和朋友们失联的状况，这就使得手机换号这个行为对于客户而言转移成本大大降低。

（四）客户对企业的信任和情感不够深

有一句古老的销售谚语说：“在相同的情况下，人们愿意同他们的朋友做生意。在不同的情况下，人们仍然愿意同他们的朋友做生意。”人们往往愿意和熟悉的朋友做生意，即使与陌生人做生意，也要一步步地试探，原因就在于信任度和情感还不够。当然，客户在和陌生的销售人员沟通时，一般不会说“这是因为我跟你没有情感，对你不信任”，而是以各种理由作为托辞。主要表现为：拒绝和销售人员沟通；销售人员讲解后，客户不赞同；拿同类产品打压比较，如：等销售人员介绍完产品后，客户告诉销售人员某某产品的知名度比你们公司还大，产品质量比你的还好，但价格比你低很多等；敷衍了事，如客户对销售人员态度不冷不热，和你沟通时心不在焉，无论你说的是什么，他总是嗯嗯啊啊；担心购买后效果不理想，从而找各种理由推托，如销售人员介绍完产品后，客户对产品持怀疑态度，就会告诉销售人员“过一段时间再说”“我考虑考虑”“现在资金紧张”等。所以销售人员要意识到这一点，也就是在没有取得客户的信任前不要过早地销售你的产品。因为你说得越多，客户的防备心理越重，信赖感就越不容易建立，最终销售也就越不容易成功。

（五）企业在客户服务和管理方面不够细腻、规范

企业管理波动和人力资源管理不力，员工跳槽，带走了客户。企业转型、资金暂时短缺、高层管理分歧等管理运营波动往往是客户流失的高频期，企业管理的波动自然造成市场风险，这时候，嗅觉灵敏的客户们也许就会出现倒戈；在商业战场，客户都是以“利”为先，树欲倒，猢猴也散。很多企业由于在客户关系管理方面不够细腻、规范，客户与企业之间业务员的桥梁作用就被发挥得淋漓尽致，而企业自身对客户影响相对乏力，一旦业务人员跳槽，老客户就随之而去，与此带来的是竞争对手实力的增强。企业的管理团队一旦成了“流动大军”，特别是公司高层营销管理人员流失，如果控制不当，在他们流失的背后，往往伴随着客户的大量流失。

（六）客户不满企业的行为

并非所有的企业都能时时提供令客户满意的服务。客户拥有的选择权越多，对于低水平服务的忍耐度就会越低。在当今这样一个信息开放的社会化网络时代，客户转换服务提供商也变得越来越容易。在许多服务行业里，如银行业、证券业、保险业、航空服务、酒店服务和零售业，实际的客户满意度并不如企业管理者自我感觉的那样良好。

服务容忍度是一个用来反映客户对企业提供服务的忠诚度和依赖程度的指标。例如在客户越来越注重效率的时代，预订服务时的长时间等待就是一个致命的服务问题。人们经常会抱怨拨打某家大型航空公司的电话销售热线时经常需要在线等待长达15分钟以上。对于那些经常乘机的旅客来说，这种长时间的在线等待就有可能使得客户不满企业的行为。

第二节　对客户流失的识别

对于企业而言，如何识别客户流失呢？一般可借助下列指标：

一、客户指标

客户指标主要包括客户流失率、客户保持率和客户推荐率等。

客户流失率是客户流失的定量表述，是判断客户流失的主要指标，用公式表示为：客户流失率 = 客户流失数/消费人数 ×100%，它直接反映了企业经营与管理的现状。

客户保持率是客户保持的定量表述，也是判断客户流失的重要指标，用公式表述为：客户保持率 = 客户保持数/消费人数 ×100% 或 1 - 客户流失率，它反映了客户忠诚的程度，也是企业经营与管理业绩的一个重要体现。

客户推荐率是指客户消费产品或服务后介绍他人消费的比例。

客户流失率与客户保持率、客户推荐率成反比。通过客户调查问卷和企业日常记录等方式可获得上述客户指标信息。

二、市场指标

市场指标主要包括市场占有率、市场增长率、市场规模等。通常客户流失率与上述指标成反比。企业可通过市场预测统计部门获得这方面的信息。

三、收入利润指标

收入利润指标指销售收入、净利润、投资收益率等。通常客户流失率与此类指标成反比。企业可通过营业部门和财务部门获得上述信息。

四、竞争力指标

在激烈的市场竞争中，一个企业所流失的客户必然是另一个企业所获得的客户。因此，判断一下企业的竞争力，便可了解该企业的客户流失率。通常竞争力强的企业，客户流失的可能性要小些。企业可借助行业协会所开展的各类诸如排名、达标、评比等活动或权威部门和人士所发布的统计资料获得上述信息。

第三节　正确对待客户流失

一、流失客户可能会给企业带来很大的负面影响

客户背后有客户，流失一位重复购买的客户，不仅使企业失去这位客户可能带来的利润，还可能损失与受其影响的客户交易的机会，并且会极大地影响企业对新客户的开发。

客户流失不断消耗企业的财力、物力、人力和企业形象，对企业造成巨大伤害。好客户的流失如同釜底抽薪，让多年投入客户关系维护中的成本与心血付之东流。当与客户关系破裂后，企业如不能尽快及时地修复客户关系就可能造成客户的永远流失。流失客户如成为竞争对手的客户，积少成多就会对企业产生威胁。

因此，企业一方面要争取“破镜重圆”；另一方面，实在无法“重归于好”的，也要安抚好，有效阻止无法挽回的流失客户散布负面评价，造成不良影响。

二、有些客户流失是不可避免的

新陈代谢是自然界的规律。企业的客户也有一个新陈代谢的过程，特别是在今天的市场上，在各种因素的作用下，客户流动的风险和代价越来越小，客户流动的可能性越来越大，客户关系在任一阶段、任一时点都可能出现倒退，不论是新客户还是老客户，都可能会流失。

虽然很多企业提出了“客户零流失”的目标，但是这个目标太不切合实际。幻想留住所有客户是不现实的，就算能够做到，成本也会相当高，得不偿失——因为企业的产品或服务不可能得到所有客户的认同，企业不可能留住所有的客户。完全避免客户流失是不切实际的，企业应当冷静看待客户的流失，确保客户流失率控制在一个很低的水平。

有些客户的流失很正常。他们对不同企业提供的产品或服务的差异根本就不在乎，转向其他企业不是因为对原企业不满意，只是想尝试一下新的企业的服务，或者只是想丰富自己的消费经历。对于这种流失，企业无能为力、很难避免，流失是必然的。

三、流失客户有被挽回的可能

只要企业下足功夫，能够纠正引起客户流失的失误，有些流失客户还是有可能回归的。研究显示，向流失客户销售，每 4 个中会有 1 个可能成功；而向潜在客户和目标客户销售每 16 个才有 1 个成功。可见，争取流失客户的回归比争取新客户容易得多。而且只要流失客户回头，他们会继续为企业介绍新客户，从这个意义上讲，企业也不应完全放弃他们。

因此，在客户流失前，企业要防范客户的流失，极力维护客户的忠诚；当客户流失成为事实时，企业则应该最大限度地挽回流失客户。当客户关系出现倒退时，企业不应该轻易放弃流失客户，而应当重视他们，积极对待他们，尽力争取挽回他们，尽快恢复与他们的关系，促使他们重新购买企业的产品和服务，与企业继续建立稳固的合作关系。

四、“亡羊补牢”为时未晚

如果深入了解、弄清客户流失的原因，企业就可以获得大量珍贵信息，发现经营管理中存在的问题，就可以采取必要措施及时改进，从而避免其他客户的再流失。

相反，如果没有找到或者需要很长时间才能找到客户流失的原因，企业就不能采取有效措施加以防范，那么这些原因就会不断地“得罪”现有客户而使他们最终流失。

小链接

“亡羊补牢”为时未晚

美国显微扫描公司是为医院化验室生产自动化微生物化验设备的专业公司。20 世纪 90 年代初，公司发现很多小型化验室客户成为跳槽者，为此，公司要求销售人员与每一个跳槽客户交谈，了解他们跳槽的根本原因。调查结果表明，问题在于客户既怀疑公司医疗设备的可靠性，又对公司的售后服务不满意。

显微扫描公司虚心听取跳槽客户的意见，重新研制了新型医疗设备，提高了化验的精确性，缩短了化验时间，并完善了售后服务。通过短短两年的努力，许多跳槽客户又重新回到公司，该公司不仅在市场上确立了领先地位，而且经济收益也明显提高。

第四节　挽回流失客户的策略

一、调查原因，缓解不满

企业要积极与流失客户联系，访问流失客户，诚恳地表示歉意，送上鲜花或小礼品缓解他们的不满；要了解流失的原因，弄清楚问题究竟出在哪里，并虚心听取他们的意见、看法和要求，让他们感受到企业的关心，给他们反映问题的机会。

例如，IBM公司就非常重视老客户的保留，当一个客户流失时，IBM公司会尽一切努力去了解自己在什么地方做错了——是价格太高、服务不周到，还是产品不可靠，等等。公司不仅要和那些流失客户谈话，而且对每一位流失客户都要求相关的销售人员写一份详细的报告，说明原因并提出改进意见，并且采取一切办法来恢复客户关系，从而控制客户的流失率。

小链接

美国第一银行对流失客户的管理

1982年，美国第一银行总裁库雷召集了300多名员工开会，说他收到许多不满客户的来信，他指示从现在开始要致力于取悦、维系客户。为了实现这个目标，第一银行开始针对流失客户询问一些问题，包括为何离开、有什么要求。银行将收集到的信息整理后，制定出一个行动方案并开始执行，同时经常检查流程，以符合客户日益变化的需求。

8年后，第一银行的客户流失率在行业中最低，大约每年只有5%，是其他银行的一半。在没有多做额外工作的情况下，第一银行的产业排名由第38名上升到第4名，利润增加了16倍。

二、“对症下药”，争取挽回

企业要根据客户流失的原因制定相应对策，尽力争取及早挽回流失客户。如：针对价格敏感型客户的流失，应在定价策略上采取参照竞争对手的定价策略，甚至采取略低于竞争产品的定价，这样流失掉的也自然而然会自己跑回来；针对喜新厌旧型的客户的流失，应该在产品、广告、促销上面多一些创新，从而将流失客户吸引回来。

三、对不同级别客户的流失采取不同的态度

不是每一位流失客户都是企业的重要客户，在资源有限的情况下，企业应根据客户的重要性来分配投入挽回客户的资源，挽回的重点应该是那些最能盈利的流失客户，这样才能达到挽回效益的最大化。

对有价值客户当竭力挽回，对他们中不再回头的客户也要安抚好，使其无可挑剔、无闲

话可说，从而有效地阻止他们散布负面评价而造成不良影响；对于没有价值甚至是负价值的流失客户则持放弃态度。

（一）对“重要客户”要极力挽回，对“主要客户”也要尽力挽回

一般来说，流失前客户能够给企业带来较大价值的，被挽回后也将给企业带来较大价值。因此，给企业带来价值大的关键客户应是挽回工作的重中之重，如果他们流失，企业就要不遗余力地在第一时间将其挽回，而不能任其流向竞争对手处——因为他们是企业的基石，失去他们，轻则会给企业造成重大损失，重则伤及企业元气，这也是企业不得不做的事情。

（二）对“普通客户的流失”和“非常难避免的流失”，可见机行事

普通客户的重要性仅次于关键客户，且他们还有升级的可能，因此要尽力挽回流失的普通客户，使其继续为企业创造价值。

企业可根据自身实力和需要决定投入对“普通客户的流失”和“非常难避免的流失”的挽回努力。如果不用很吃力，或是举手之劳，则可以试着将其挽回。

（三）基本放弃对“小客户”的挽回努力

由于“小客户”的价值低，对企业又很苛刻，数量多且零散，挽回他们需要很多成本，甚至高于他们带来的利润，放弃这类客户对企业反而有利。因此，企业对这类客户可以抱基本放弃的态度，采取冷处理，顺其自然，不予理会。

（四）彻底放弃根本不值得挽留的劣质客户

以下客户不值得挽留：不可能再带来利润的客户；无法履行合同规定的客户；无理取闹、损害员工士气的客户；需要超过了合理的限度，妨碍企业对其他客户服务的客户；名声太差，与其建立业务关系会损害企业形象和声誉的客户。

本章小结

随着市场竞争的日趋激烈，客户个性化要求越来越高，客户流失现象也愈加频繁。客户不满意是影响客户流失的重要因素。

转移成本又称为客户的跳槽成本，或者是客户离开我们而选用竞争对手或者同类别、同性质产品或者服务所需付出的代价。

客户指标主要包括客户流失率、客户保持率和客户推荐率等。

客户流失率是客户流失的定量表述，是判断客户流失的主要指标，用公式表示为：客户流失率=客户流失数/消费人数×100%，它直接反映了企业经营与管理的现状。

客户保持率是客户保持的定量表述，也是判断客户流失的重要指标，用公式表述为：客户保持率=客户保持数/消费人数×100%或1-客户流失率，它反映了客户忠诚的程度，也是企业经营与管理业绩的一个重要体现。

客户推荐率是指客户消费产品或服务后介绍他人消费的比例。

客户流失率与客户保持率、客户推荐率成反比。

关键术语

客户流失　　客户流失率　　客户保持率　　客户推荐率

配套实训

1. 结合上一阶段针对客户服务展开的回访以及店铺后台的销售记录，找出网店的流失客户。

2. 有针对性地制定流失客户挽回的详细方案，并将通过一段时间的运营后客户挽回的效果形成报告。

课后习题

一、单选题

1.（　　）是客户对企业的褒扬程度。

A. 美誉度　　B. 指名度　　C. 回头率　　D. 抱怨率

2.（　　）是指客户消费了该企业的产品或服务之后再次消费，或如果可能愿意再次消费，或介绍他人消费的比例。

A. 美誉度　　B. 指名度　　C. 回头率　　D. 抱怨率

3.（　　）是指客户指名消费某企业产品或服务的程度。

A. 美誉度　　B. 指名度　　C. 回头率　　D. 抱怨率

4.（　　）是指产品或服务的销售能力。

A. 销售力　　B. 指名度　　C. 回头率　　D. 美誉度

5. 产品质量越高，生产效率越高，经济效益（　　）。

A. 越低　　B. 越高　　C. 平等　　D. 亏损

二、多选题

1. 质量是全面的质量，既包括（　　），又包括工程质量和工作质量。

A. 产品质量　　B. 服务质量　　C. 生产质量　　D. 品牌质量

2. 企业客户流失的原因有（　　）。

A. 因价值而流失　　B. 因系统而流失

C. 因员工而流失　　D. 因竞争而流失

E. 因失误而流失

三、问答题

1. 客户流失来自企业的原因有哪些？

2. 客户流失来自客户自身的原因是什么？
3. 对客户流失的识别要依据哪些指标？
4. 简要阐述对不同级别客户的流失要采取哪些差异化的挽回策略。

讨论案例

宝洁面临的严峻挑战

众所周知，宝洁公司是一个全球知名的日化公司，这个公司旗下有着许多被我们消费者所熟知的品牌，且占领着大部分洗发、护肤、清洁用品的市场。宝洁公司的产品主要市场为美国本土和中国，但是随着日益激烈的品牌竞争，且各大公司的产品也日趋多元化发展，宝洁公司在中国市场的销售面临难题。

继宝洁公司在中国首次推出的润妍洗发水黯然退出市场之后，今年7月面世两年的激爽沐浴露也宣布全面退出中国市场。再看看至今毫无波澜的飘柔，以及众多卖场不见踪影或者只零星出现的舒肤佳产品，仔细算来，宝洁公司除了进入中国推出的几个品牌之外，这几年陆续推出的新品都无一例外地遭受打击，不是无法达到预期目标，就是对市场冲击不够，又或者销声匿迹。

又比如在洗衣粉市场领域里，“奇强”和“雕牌”主攻中低品牌的空档，走“农村包城市”路线，一路将品牌局限于城市的宝洁远远抛在身后，比如“碧浪”和“汰渍”。日化市场品牌格局多元化愈演愈烈，众多本土企业在低端市场上找到了生存发展空间。而随着人们生活水平的提高，宝洁的产品也不可能全部满足消费者的需求，市场的蛋糕变大了，抢食者越来越多，宝洁的市场份额下降不足为奇。虽然宝洁的品牌价值对于很多竞争对手来说都比较遥远，但更多日化产品消费理念日益多元化，并向“物美价廉”方向发展，宝洁的品牌影响力在一级市场也受到了严峻考验，中高端消费群体以惊人的速度向“强势竞品和干扰性竞争品牌”分散流失。

加上最近出现的宝洁公司旗下SK-Ⅱ系列化妆品“烧碱风波”事件传遍整个美容市场，后来SK-Ⅱ产品经广东省出入境检疫局检测发现含有钕和铬等违禁成分。这无疑是对宝洁公司形象的雪上加霜。不可否认，宝洁公司很优秀，但是若不及时发现自身的不足，适应中国本土的市场，做出相应销售计划的调整，公司在中国的市场份额还会继续大面积地流失，且随着新发展起来的日化品牌公司日益深入人心，宝洁公司以后掌握市场格局的机会就更小了。

阅读上述资料，分组讨论以下问题：

1. 宝洁公司客户流失的原因是什么？
2. 针对宝洁公司存在的客户流失问题可以采取哪些策略进行挽回？

第十章

电子商务时代下的客户关系管理

学习目标

◇ 知识目标

理解电子商务时代客户关系管理的特点、流程和基本运作模式；能用所学理论知识指导网络客户关系管理的相关认知活动。

◇ 技能目标

具备在网络环境下，利用信息技术与智能技术规划客户关系管理系统的基本技能；能熟练运用网络客户服务工具为客户开展服务；能运用网络调研工具对客户进行调研和分析。

导入案例

星巴克客户关系管理战略创新

近几年，为了适应移动电子商务的发展趋势，星巴克开发了智能手机应用，提供了便捷的购买选择。客户能使用手机应用生成的条码在特定商店中消费，给星巴克店员扫描条码即可完成付款，还可以通过 PayPal 充值。由于处理速度快，而且客户不再需要排队等待服务，也减少了携带钱包的不便，这种付款方式对消费者来说，是最灵活便捷的支付方式。星巴克推出的两款 iPhone 应用程序分别是："星巴克移动会员卡"（Starbucks card mobile）和"我的星巴克"（my Starbucks）。移动会员卡应用程序能让客户同时享有星巴克会员卡及移动商务的所有功能，还推出了 Android 版本。公司在利用技术迎合客户需求的同时，还在提供移动商务交易方面获取竞争优势。另一方面，尽管经济疲软和经济危机导致客户反响并不乐观，但公司的强劲经营表现还是为其全球扩张战略做出了贡献。移动支付和星享卡手机应用是星巴克当前营销策略的拓展。2009 年至 2010 年，星享卡使用量增加21%，美国共6 800家星巴克门店开通该服务。移动营销计划似乎为星巴克获取了更多建立客户长期关系的机会。通过下载手机应用，消费者以开放手机权限为条件与星巴克交换，获得更优质服务。客户在获得福利的同时，也带来一些隐患，包括个人信息安全、交易安全等。为了提高下载手机应用给消费者带来的好处，星巴克采取了积分制度，客户通过手机应用完成一定购买量后可获得相应积分，积分达到一定数量即可获赠咖啡。可见，星巴克运用智能手机应用提高了客户消费的便捷程度，提高了星巴克核心服务的质量，提高了客户忠诚度。

讨论：移动端成为星巴克与消费者接触和互动的重要渠道，会为企业未来的客户关系管理带来哪些变化？

第一节　电子商务时代下客户关系管理的新特点

客户关系管理是一个不断加强与顾客交流，不断了解顾客需求，并不断对产品及服务进行改进和提高以满足顾客需求的连续过程。其内含是企业利用信息技术和互联网技术实现对客户的整合营销，是以客户为核心的企业营销的技术实现和管理实现。客户关系管理办法注重的是与客户的交流，企业的经营是以客户为中心，而不是传统的以产品或以市场为中心。为方便与客户的沟通，客户关系管理可以为客户提供多种交流的渠道。

一、客户关系管理的特点

（1）能集中企业内部原来分散的各种客户数据从而形成正确、完整、统一的客户信息为各部门所共享。

（2）客户能得到来自企业任何一个部门的一致的信息。

（3）由于企业内部的信息处理是高度集成的，客户可选择多种方式如电子邮件、电话、传真等与企业联系，并都能得到满意的答复。

（4）由于客户与公司交往的各种信息都能在对方的数据库中得到体现，因此能最大限度地满足客户个性化的需求。

（5）公司可以充分利用客户关系管理系统，准确判断客户的需求特性，以便有针对性地开展客户服务，提高客户忠诚度。

二、电子商务时代下客户关系管理的新特点

（一）以服务网络客户为中心

传统的客户关系管理的核心思想是将企业的客户（包括最终客户、供应商、分销商以及其他合作伙伴）作为最重要的企业资源，通过完善的客户服务和深入的客户分析来满足客户的需求，保证实现客户的价值。在电子商务条件下，传统的管理思想已经不够用了。互联网带来的不仅仅是一种手段，它触发了企业组织架构、工作流程的重组以及整个经营管理思想的变革。电子商务条件下的客户关系管理（服务）主体首先是网络

客户。

（二）网络互动型的管理机制

电子商务条件下的客户关系管理立足于网络条件，实施于企业的市场营销与服务。通过网络条件，向客户提供全面、个性化的服务。快捷的网络互动可以强化对客户的跟踪服务，提升信息处理能力，使经营者能够与消费者协同建立和维护卓有成效的客户关系，从而使企业有可能提供更快捷和更周到的优质服务，提高客户满意度，吸引和保持更多的客户，创造更好的经济效益。

（三）广泛使用管理信息技术

电子商务条件下的客户关系管理势必广泛使用管理信息技术，包括广泛使用客户管理软件和物流信息技术手段。数据挖掘、数据仓库、销售自动化以及其他信息技术紧密结合在一起，为企业的销售、客户服务和决策支持等领域提供了一个自动化的解决方案，从而顺利实现由传统企业经营模式到以电子商务为基础的现代企业经营模式的转化。

（四）社会化媒体引领消费新时尚

社会化媒体是互联网时代的一种新媒体，用户可以利用电脑、手机等多种终端方便地获取社会化媒体上的信息。每一个社会化媒体后面，都是一位活生生的消费者。社会化媒体已经成为企业塑造品牌形象与进行产品销售的重要通道。社会化媒体创造出新的营销模式，在消费者洞察、热点引爆、持续营销和品牌关怀等方面创造出的价值，将对客户服务领域产生深刻影响。

第二节　电子商务平台客户关系管理的流程

要确保客服工作的努力与付出是有价值的，就需要有一个合理的客服工作流程。流程运营过程要规范，有了规范做事自然也会事半功倍。下面就以一年一度的“双十一”购物狂欢节为例，介绍如何通过合理的客户关系管理流程来保障业务的顺利运转。

一、售前服务

无论是否处在“双十一”的活动中，售前服务一样重要，一个售前服务做得好的店铺会比其他店铺的成交量高一成左右，可见其重要性。下面主要介绍下售前服务客服具体要做哪些工作。

（一）客户咨询与应答

无论是面对客户的咨询还是各种疑问都能准备好相应的问候语以及专业的话术，才是一个合格的客服人员。一个店铺的整体实力以及客户对于店铺的好感度也与客服的态度和话术有着直接的关系。

1. 客服必须掌握的技能

做好售前客户咨询服务的前提就是对店铺各类情况的掌握；比如产品的属性数值、产品的库存情况、安全库存的通知、销售政策的熟知以及邮费情况的熟知，当然在“双十一”以及其他活动期间最终要的还是客服人员对于活动情况的熟知。

2. 客户咨询的应答

在客户咨询物流信息、库存情况和产品是否有优惠的时候，依照自己所掌握的信息，结合当时实际情况向客户详细解答，以达到促成交易的目的。

3. 商品特价的申请与回复

在客户咨询时根据当时情况向客户进行解答，如成交失败，记录此次失败的原因，并且将之前的客户分类记录，再有特价优惠的活动时，优先联系此类客户以及稳定的老客户，一般情况下此类客户成交量是比较高的。

（二）订单的跟进

1. 订单达成

在与客户进行沟通解答时，与客户议价的话术不要像智能回复一样死板，可以适当地卖萌或者装下可怜，博取客户的好感度，争取引导客户进行追加订单，增加客单量。并且在后台备注客户信息，以便于下次对客户的沟通。

2. 订单的确认

此环节中要主动并且仔细地与客户核对所购商品的规格信息，以及客户所填的个人信息是否正确。

3. 客户付款

在客户付款以后将物流信息告知客户，并且表示对客户此次购物的感谢，添加旺旺好友，备注并分类。表示以后有同类产品最新活动会主动联系客户，以便于客户可以及时地参加活动，获得客户好感。

4. 销售报表

制作每日或者每周销售报表并备份，以便于更快地更改店铺的不足，以及为店铺下一步的运营计划起到数据支持的作用。

二、售中服务

“双十一”结束的一周内反而要比“双十一”刚开始的时候要受重视而且要更忙碌，最为忙碌的就是客服人员，客服人员在这段时期主要做的工作是：

（一）查看客户未付款的状态

在“双十一”期间有很多人下了订单但是却迟迟没有付款，就需要去了解一下客户未付款的原因，并随之利用相应的方式去催款，态度要尽量好一些，并做到积极耐心地解答客户的各种疑问，避免客户流失。

1. 淘宝新客户

可以通过订单中预留的手机号码进行沟通以了解其未付款原因，然后催款。

2. 淘宝老客户

客户是因为支付平台原因可以选择电话或者旺旺催款，拍错宝贝的话可以不催或者让客户取消订单。选择别家也要进行短信问候，争取变成回头客。

3. 还在犹豫的客户

可以进行服务消息的间接催付或者电话、短信催付，但态度一定要好，要有耐心，了解其犹豫的原因，并适当进行解答。

4. 店铺回头客

这类客户一般都是稳定客户，未付款的情况出现得不是很多，一般选择短信催收便可，但是不要过于频繁，以防惹人厌烦。

（二）客户已付款的状态

客户成功下单并且支付货款，虽然已达成交易，但是为了以后还能继续发展成为回头客，就一定要对客户关注的问题格外上心，客户关注的无非就是订单查询的问题。具体流程如下：

1. 查询订单状态

在订单已经发出或者还未发出的时候，应该主动查询物流的详细信息或者是查询快递仓库的信息并且主动告知客户，打消客户的顾虑并安抚客户的心态。

2. 换货/更改物流

在订单已发的时候联系物流人员看快递还能否追回，如果能追回就马上重新发货并且更改物流；订单无法追回的情况下，应主动联系并向客户致歉，与客户协商重新补发货或者直接拒签。

3. 取消订单

在订单已发的时候联系物流公司，如快递可以追回，就立即召回并且配合客户取消订单；无法追回快递，就主动联系客户并致歉，争取客户能协助拒签；在订单未发送的时候，直接为客户取消订单，并且问候客户，希望以后能再次光顾。

三、售后服务

虽然“双十一”已经结束，但是店铺还是不能松懈，一定要考虑好“双十一”过后的各种问题。毕竟在“双十一”结束的一周内，各种咨询以及投诉问题会呈井喷式爆发，所以，售后服务不可大意。在“双十一”结束后的售后服务集中在以下几点：

（一）售后查件咨询

在客户下单以及付款成功以后最为关注的就是快递的查询。售后查件咨询可以由客服进行网络或者电话查询，然后主动将查询后的结果告知客户，或者建议客户自行去网络或者App 中查询。

（二）产品售后问题

客户收到产品的时候，产品可能会有瑕疵或者是损坏。客户觉得不满意会联系售后客服协商解决问题。了解了产品的详细情况后，售后问题一般有两种解决方案：

1. 产品自身质量问题

在发货时因没有注意将本身就有瑕疵或者质量差的产品误发给客户的情况下，就需要主动了解客户的需求，退货要与客户确定需要退款的实际金额然后进行退款，线上客户提供货物实时照片。确认是产品自身问题就让客户将货物发回，验收货物，货物验收完毕进行退款，并赔偿客户的快递费或者提供一些小礼品向顾客致歉；客户需要换货依旧是按照上面的流程，在验收完货物以后向客户快递新的产品并且附赠一点小礼物致歉。

2. 快递运输问题

在客户收到产品的时候如果发现是由于运输途中快递公司的暴力装卸或者是没有对产品采取必要的保护措施从而使得产品出现问题甚至严重损坏，可以与客户协商一起追究快递公司的责任，由快递公司对客户的损失进行赔偿。

（三）差评解决办法

在客户收到货物并且对此次购物进行评价时，可能会由于各种各样的原因，直接给予差评或者中评。但是差评对于店铺的影响是十分巨大的，所以这时就需要妥善地进行处理，争取让客户将差评删除或者修改。

1. 分析客户给予差评的原因

在联系客户修改评论之前，还是需要做足功课，先了解客户购买了哪些商品，分析客户为何给予差评，并且根据客户的心理准备好应对客户的话术，贸然地去联系客户修改评论，只会起反作用。

2. 及时与客户沟通

在做足前期准备后，立刻主动通过旺旺或者电话联系客户，并且态度一定要诚恳，仔细了解客户给予中差平的实际原因，表示虚心地接受客户的建议，且可以进行一定的补救措施，协商解决。

3. 差评解决措施

在与客户沟通以后，可以适当地询问客户是否接受修改评论的请求。如客户接受修改，可以选择赠送客户一些小礼品，并向客户表示感谢；如客户不接受修改，可以与客户协商提供补偿措施，现金红包或者是小礼品之类的；暂时没有修改的客户，切不可马上去催促，应立即做好备注，随时准备进行二次的跟踪询问。

第三节　电子商务平台的客服工具及技巧

一、电子商务平台的客服工具

曾经，开网店，要打开多个页面，访问多个应用，现在千牛一个工作台，即可实现宝贝上下架、接单做生意和实时看数据，成为经营开店必备。千牛工作台作为卖家版旺旺升级版，是淘宝客服必备的工具，可实现客服接待、店铺管理等功能。

千牛具有客服接待、智能回复、掌上店铺这三大实用功能。

（一）客服转接

1. 客服转接

遇到不属于自己的问题时，把顾客转给其他客服接待。在千牛工作台，实现快速转接的操作如图 10－1 所示。

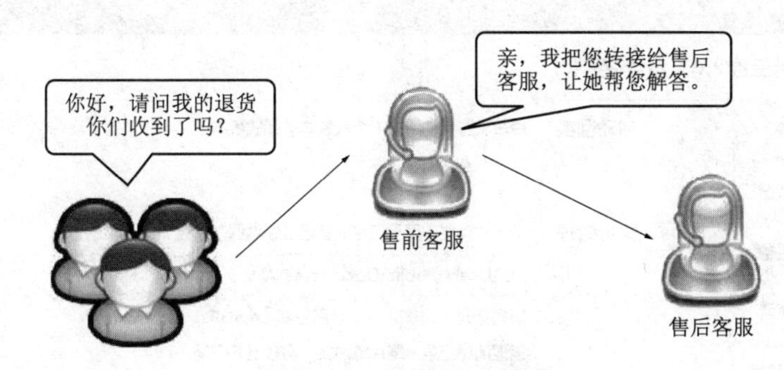

图 10－1　客服转接示意图

2. 把客户转给其他客服

单击图 10－2 千牛对话框右上角的第一个按钮，就可以转发消息给团队其他成员，实现将客户转给其他客服，进行后续处理。

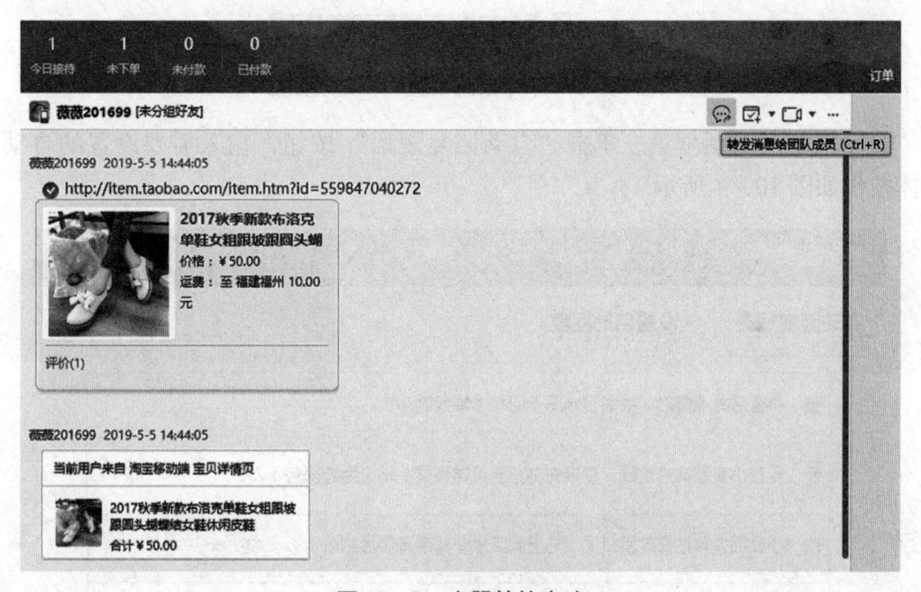

图 10－2　客服转接方法

（二）智能回复

客服以一敌多，光靠提升打字速度是不够的，还要掌握千牛工具的智能回复功能，包括设置自动回复、设置快捷短语、设置千牛机器人。

1. 设置自动回复

单击千牛工作台左下角的“系统设置”按钮，在“系统设置”对话框中选择“自动回复”，再单击上方第一个“自动回复”按钮，进行自动回复设置。具体操作如图 10－3 所示。

图 10 – 3　千牛系统设置——自动回复

在“自动回复”对话框里，单击“自动回复短语”按钮，输入需要设置的自动回复短语。具体操作如图 10 – 4 所示。

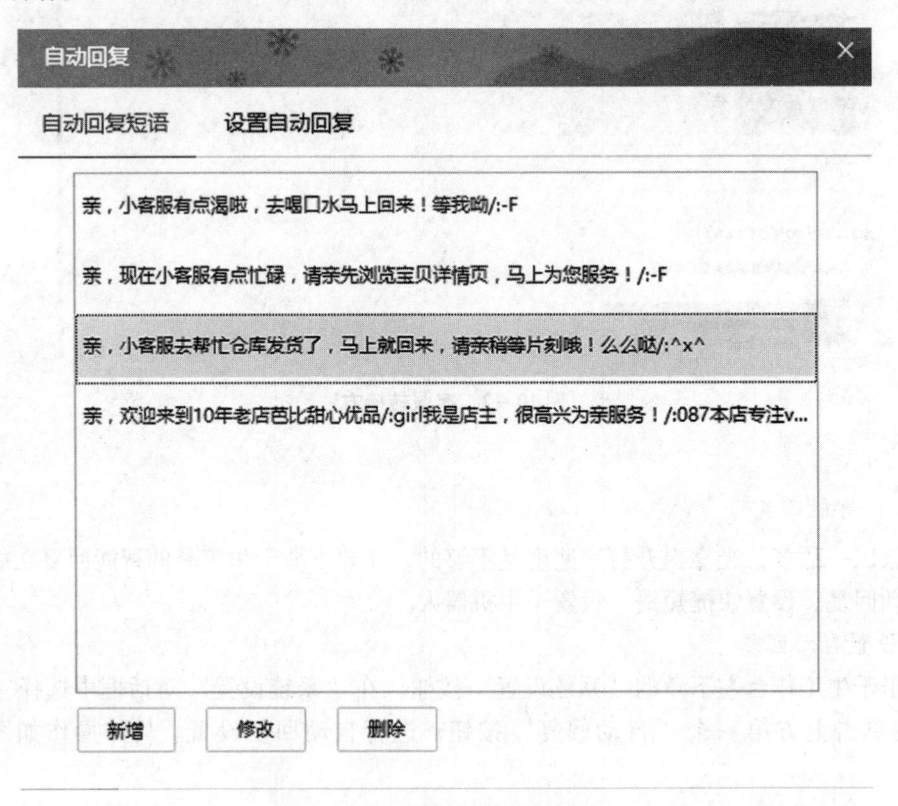

图 10 – 4　千牛输入自动回复短语

单击“设置自动回复”按钮，在当天第一次收到买家消息时，客服状态为“忙碌”时，当客服状态为“离开”时，或联系人数超过一定人数时，选择相应的自动回复短语即可。具体操作如图 10－5 所示。

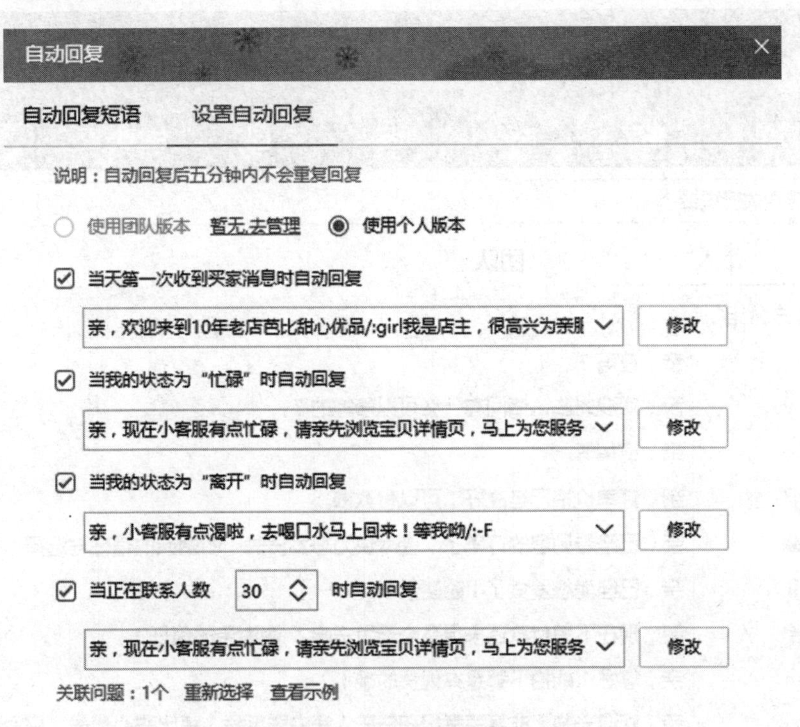

图 10－5　千牛设置自动回复

2. 设置快捷短语

客服每日会遇到很多类似提问，把这些问题的答案设成快捷回复，就可以节省很多打字和思考的时间。新增快捷短语的操作如图 10－6 所示。

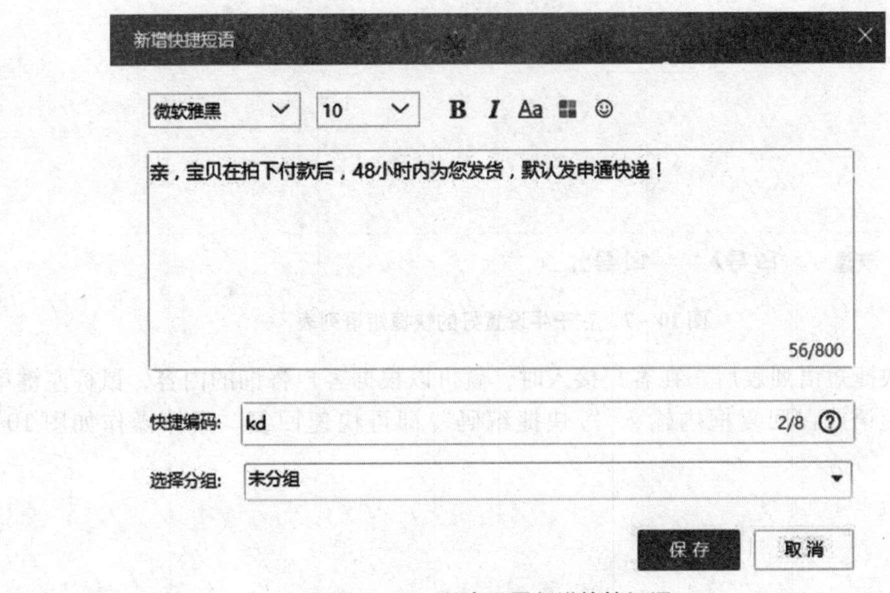

图 10－6　千牛设置新增快捷短语

除了新增外，还可以通过导入进行快捷短语的设置，设置好的快捷短语列表。具体操作如图 10－7 所示。

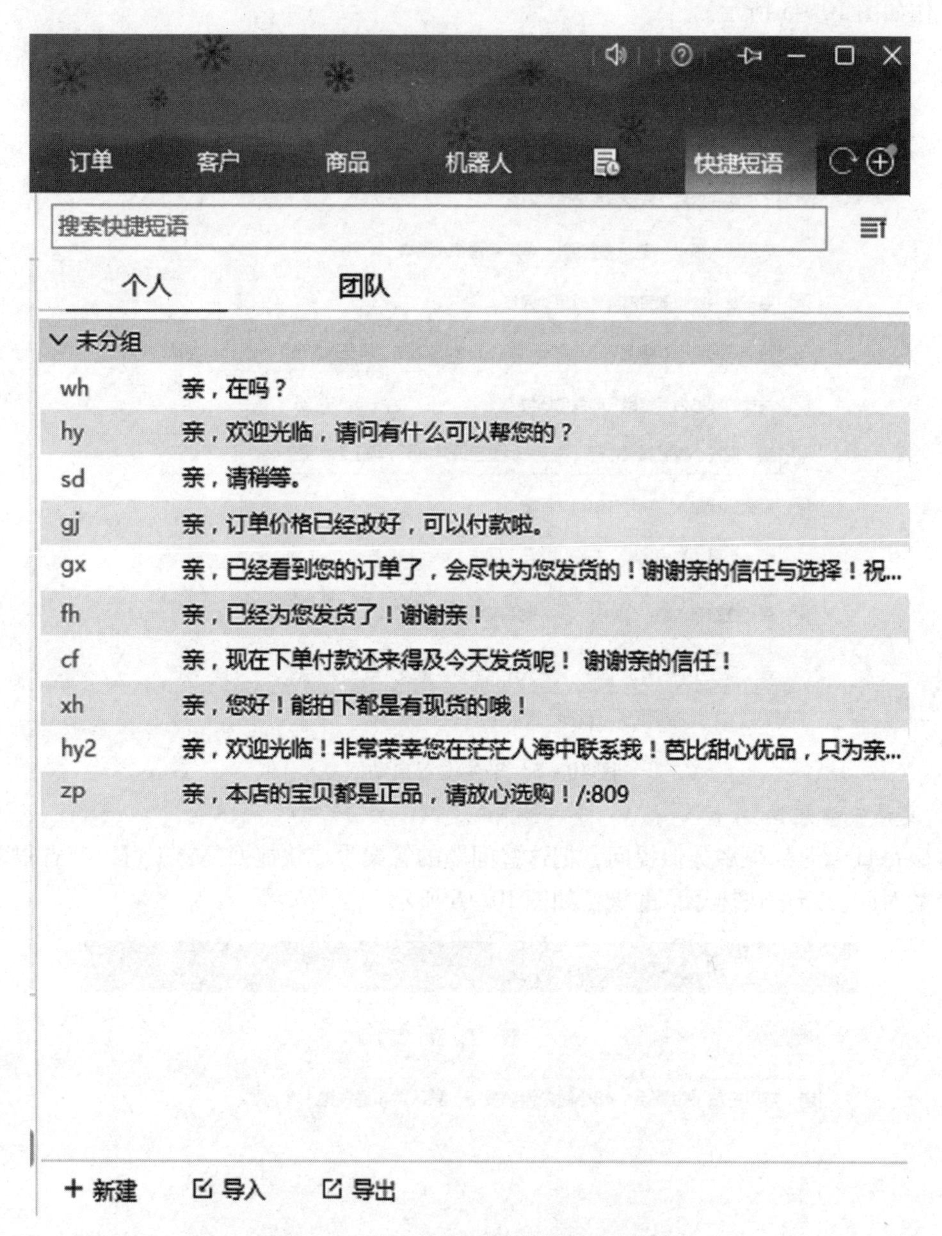

图 10－7　在千牛设置好的快捷短语列表

设置好快捷短语列表后，在客户接入时，就可以根据客户咨询的内容，鼠标左键单击相应的快捷短语或在回复框内输入“/快捷编码”即可快速回复。具体操作如图 10－8 所示。

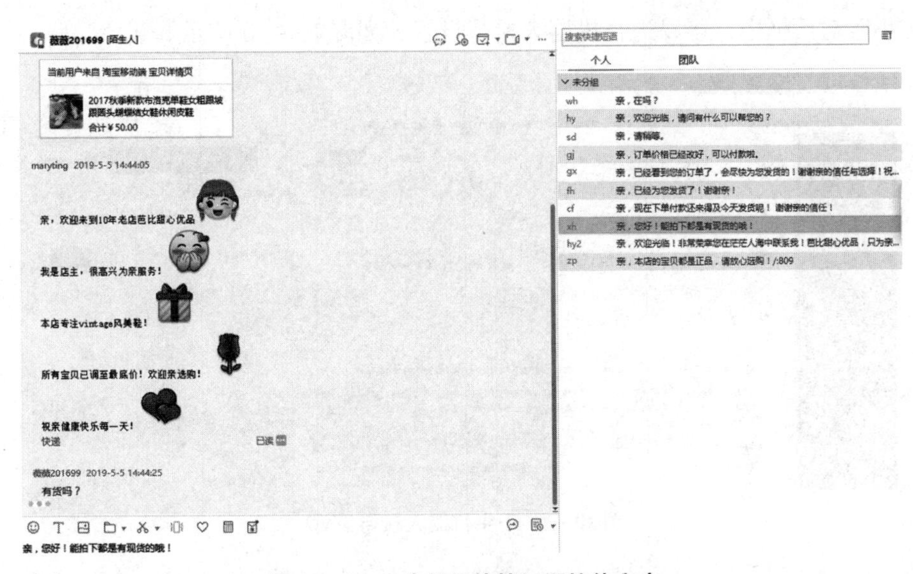

图 10－8　千牛使用快捷短语接待客户

如果觉得快捷回复还是不够方便，那么还可以在千牛开启机器人。

3. 开启千牛机器人

单击千牛对话框顶端右侧第四个按钮“机器人”，单击“去开启”按钮，即可开启店小蜜智能辅助机器人，在人工客服不在线时，由机器人来解答客户的咨询，为客户服务。具体操作如图 10－9 所示。

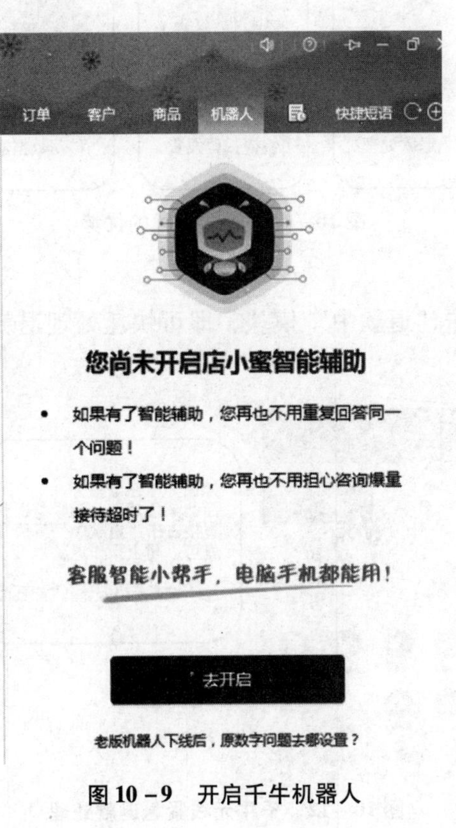

图 10－9　开启千牛机器人

在店小蜜对话框中，可以进行机器人接待设置，如图 10－10 所示。

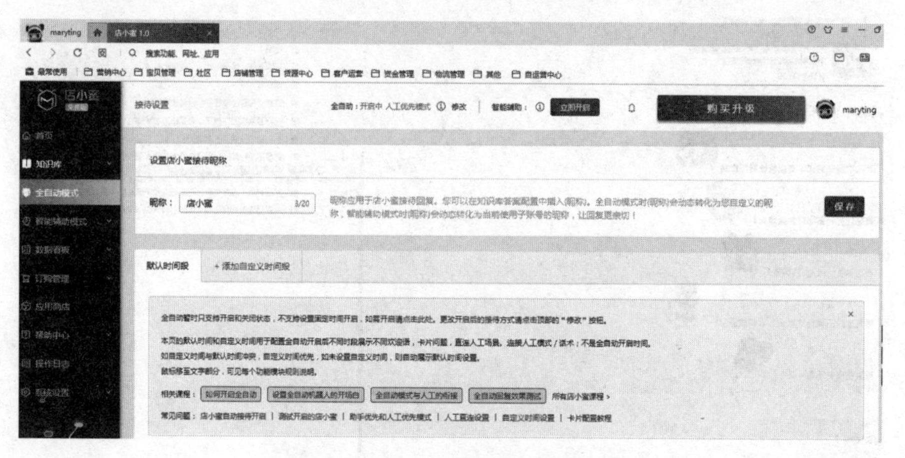

图 10－10 千牛机器人接待设置

（三）掌上店铺

手机端千牛是 PC 端千牛的重要辅助工具，有着很多方便快捷的使用方法。

1. 千牛无线的优势

千牛无线具有紧急退款处理、快捷扫码发货及移动数据等功能，如图 10－11 所示。

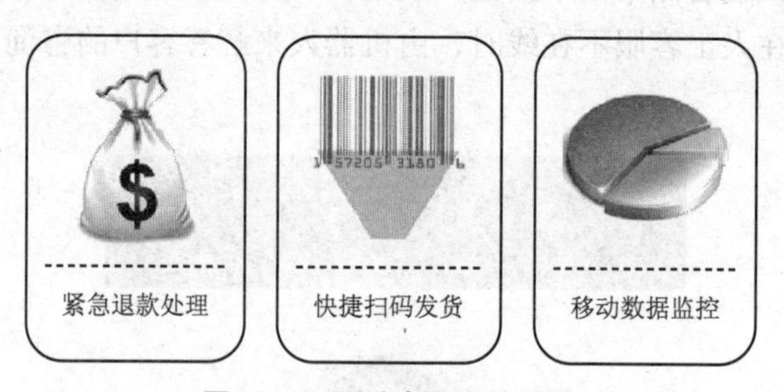

图 10－11　千牛无线的优势

2. 紧急退款处理

可以在千牛无线，单击“退款中”模块，即可快速处理退款操作，提升客户体验。具体操作如图 10－12 所示。

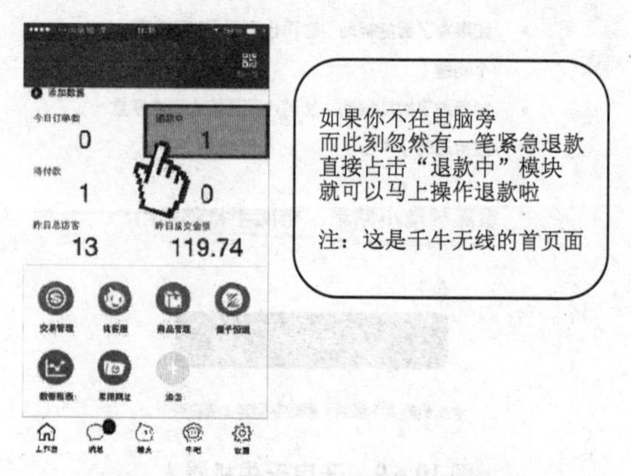

图 10－12　千牛无线紧急退款处理

3. 快捷扫码发货

可以在千牛无线，单击“待发货”模块，即可进行扫码发货，快速处理订单。具体操作如图 10－13 所示。

图 10－13 千牛无线快捷扫码发货

二、电子商务平台的客服技巧

电子商务平台的客服作为网店销售的第一线人员，代表着网店的品牌，也是网店的形象代言人。因此客服在网店中担当重要的角色，是了解客户的需求，解答客户疑问，促进客户下单的重要环节。

（一）客服心理培训

有些客服由于店内的产品不好，就很怕顾客提问，然后导致询单转化差，售后更怕客户找上门。这个问题唯一的解决办法就是让客服真正地去肯定自家的产品，要知道世界上没有完美的产品，不要觉得产品有问题或者顾客问到产品的缺点就答不上来。

（二）客服情绪控制

客服要控制自己的情绪。作为网店客服，将会面对着各种各样的人，遇到再难缠的顾客，也不应该情绪化。要牢记“客户是上帝”这句话，哪怕是客户没有在店内下单，也不要言语相向，因为客户虽然这次没有购买，但是不排除有下次购买的机会。

（三）客服意识培训

1. 服务意识

站在客户的角度去思考问题，当你是一个买家的时候希望别人怎么对待你，你现在就怎么对待你的客户。基本要求是礼貌热情。

2. 销售意识

拥有强大的洞察力是客服的基本要求，从聊天过程中发现客户的真正需求和购买能力，这是提高询单转化率的神器。客服推荐也是提高转化率的又一好方法。给每一个询单的买家根据聊天情况最少发一个推荐，另外搭配推荐还可以挽回可能流失的订单。

第四节　客户满意度调查的具体操作

一、问卷星

问卷星是一个专业的在线问卷调查、测评、投票平台，专注于为用户提供功能强大、人性化的在线设计问卷、采集数据、自定义报表、调查结果分析系列服务。与传统调查方式和其他调查网站或调查系统相比，问卷星具有快捷、易用、低成本的明显优势，已经被大量企业和个人广泛使用，典型应用包括：

针对企业用户的服务：客户满意度调查、市场调查、员工满意度、调查企业内训、需求登记、人才测评、培训管理等；

针对高校用户的服务：学术调研、社会调查、在线报名、在线投票、信息采集、在线考试等；

针对个人用户的服务：讨论投票、公益调查、博客调查、趣味测试等。

二、使用问卷星开展客户满意度调查的操作步骤

（一）登录问卷星网站（https://www. wjx. cn/），如图 10－14 所示。

图 10－14　问卷星网站首页

（二）注册账号

（1）单击右上角的“注册”按钮。

（2）在注册页面填写账户信息。

用户名：字母＋数字；密码：8～20 个字符，包含字母和数字；填写关联手机号码后，填写好将收到的验证码；以上四项填写好后单击“创建用户”按钮。

（3）创建问卷调查表。

①注册好后，登录进入个人界面。

②单击左上角“创建问卷”按钮，如图 10－15 所示。

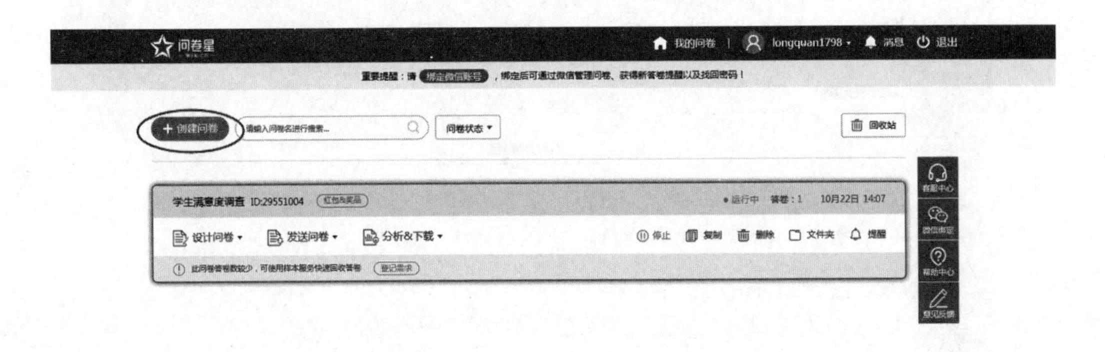

图 10－15　问卷星——创建问卷

③在创建文件类型页面选择创建问卷的方式，如图 10－16 所示。

图 10－16　问卷星——创建调查

④在创建调查的页面既可以在文本框中自己命名并设计调查表也可以选择模板或者导入文本，选择好后单击“创建”按钮。

⑤进入题目添加页面，单击“批量添加题目”按钮，如图 10－17 所示。

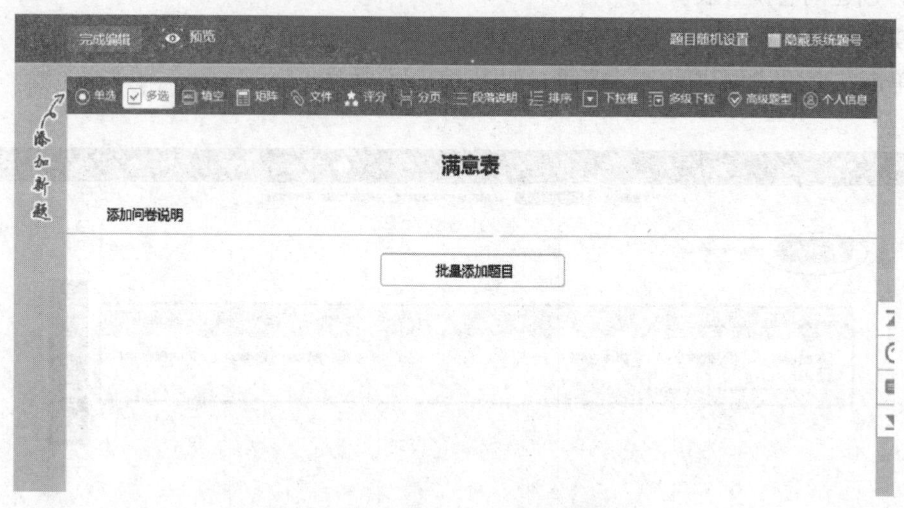

图 10－17　问卷星——批量添加题目

⑥根据填写说明将所要问的问题和选项填入窗口，如图 10－18 所示。

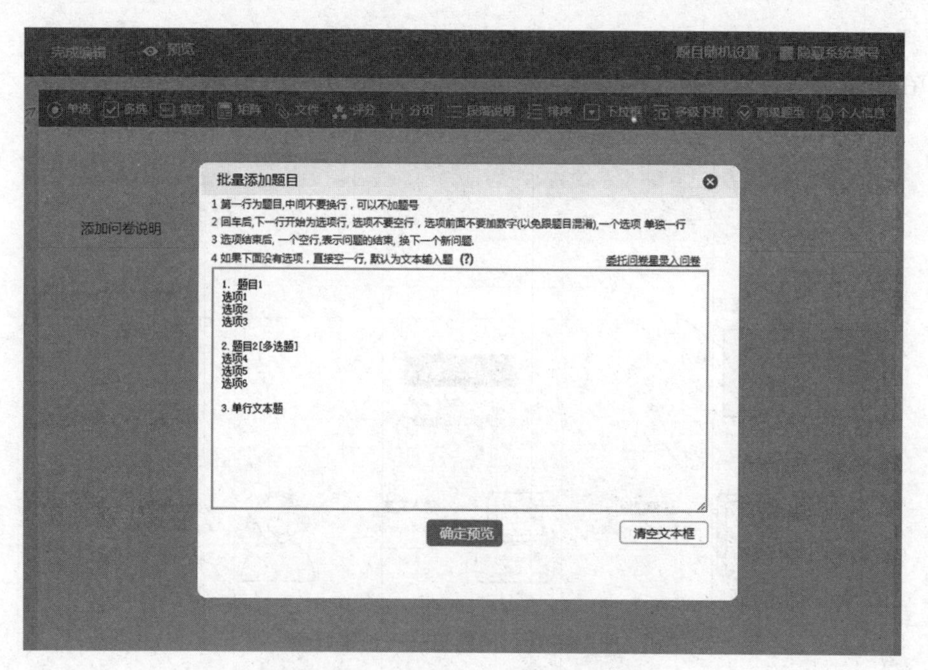

图 10－18　问卷星——填写问题和选项

⑦编辑问卷题目、答案填写形式。

⑧录入完所有题目后，可单击左上角预览页面，查看问卷显示效果，如图 10－19 所示。

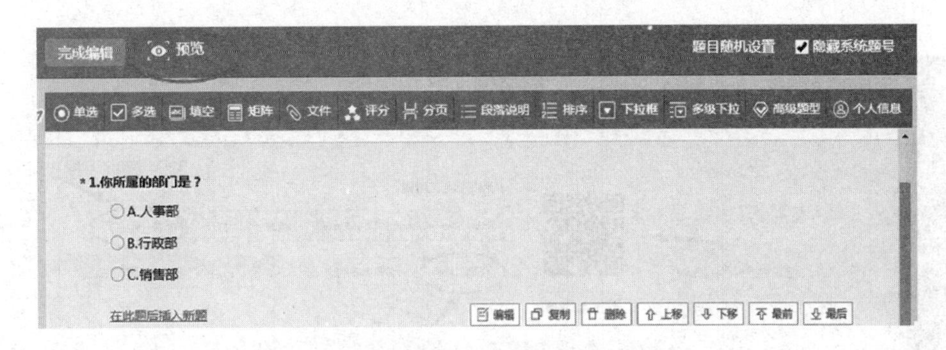

图 10－19　问卷星——预览问卷显示效果

⑨试卷题目设定完毕后单击右上角“完成编辑”按钮，在新页面上单击“发布此问卷”，如图 10－20 所示。

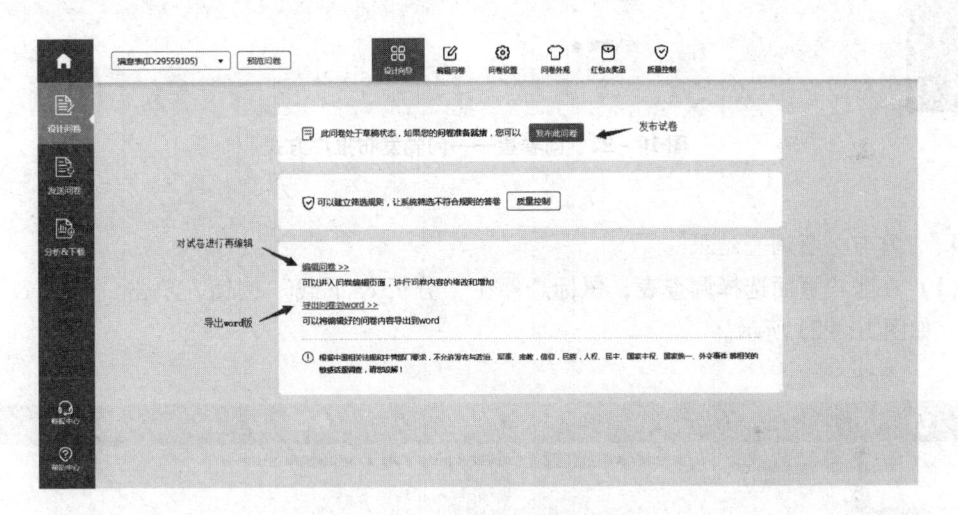

图 10－20　问卷星——发布问卷

弹出问卷发布成功的窗口即生成并发布问卷，如图 10－21 所示。

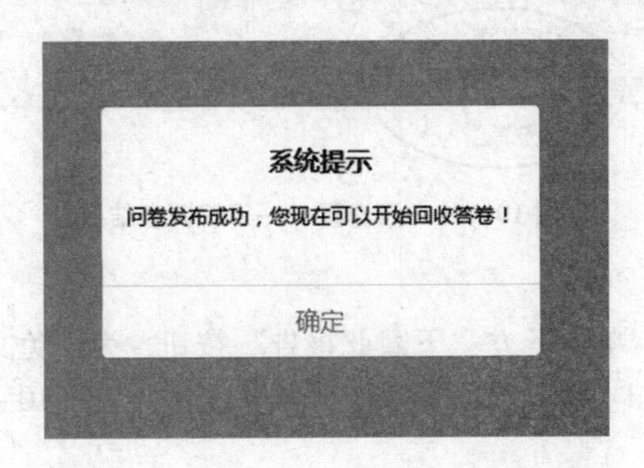

图 10－21　问卷星——问卷发布成功提示

⑩将问卷发布到各个社交软件，如图 10－22 所示。

图 10-22　问卷星——问卷发布推广方式

4. 汇总与分析调查结果

（1）在账户页面选择调查表，鼠标悬停在“分析 & 下载”按钮，单击“统计 & 分析”选项，如图 10-23 所示。

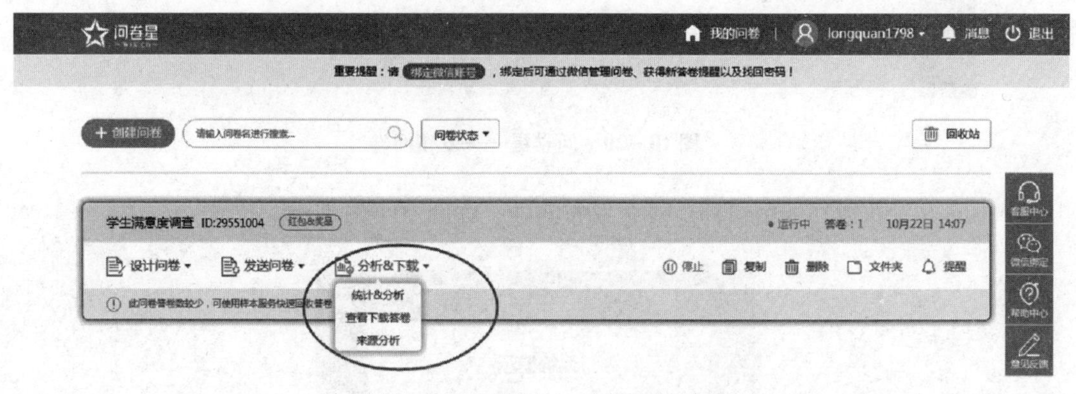

图 10-23　问卷星——了解调查结果

（2）查阅调查结果，单击下方“下载此报告”按钮，为避免文件传输过程中内容混乱和便于打印，选择“Word 文档（.doc）”和“A4”选项，如图 10-24 所示。

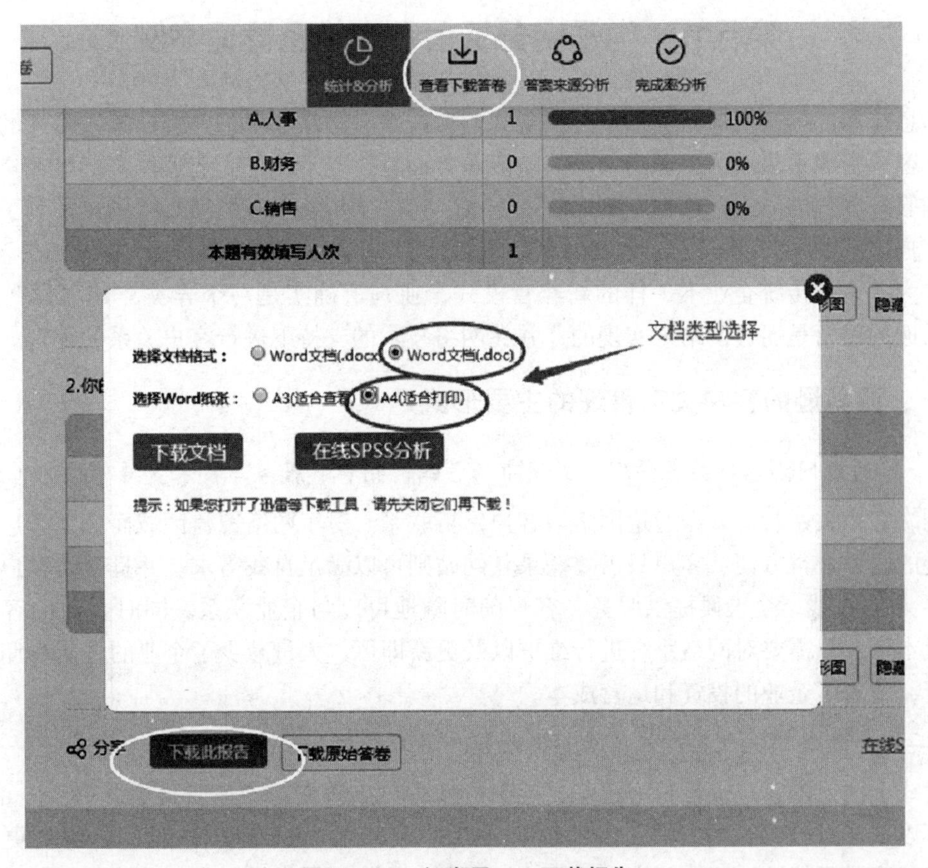

图 10－24　问卷星——下载报告

（3）如需查看各份答卷，单击上方“查看下载答卷”按钮，根据需求选择下载数据，如图 10－25 所示。

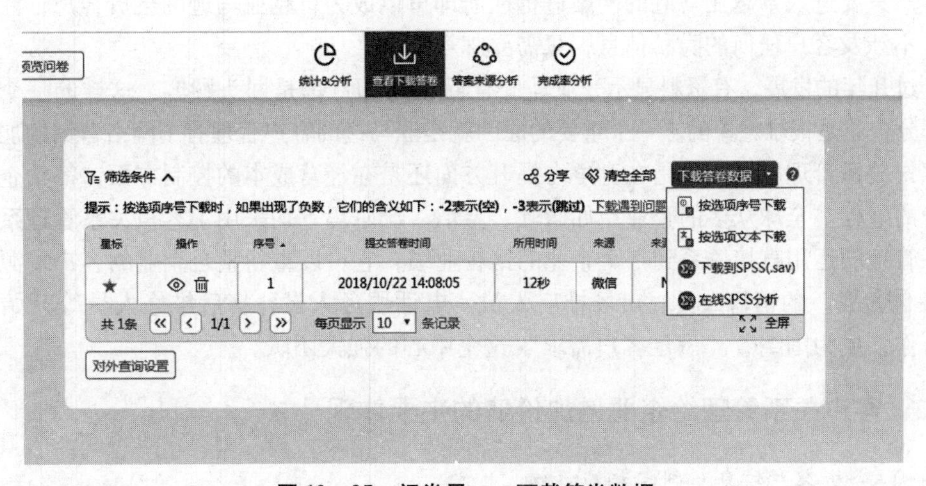

图 10－25　问卷星——下载答卷数据

第五节　电子商务平台客户关系管理案例

信息技术的飞速发展，提供了运用现代信息技术、网络技术进行客户关系管理的现实可能性。客户资源不仅成为企业的一种战略资源，而且改变了传统商业运作中接触客户、销售产品和服务客户的方式。这种新型的管理方式，打破了传统营销的固有格局，开辟了网络营销中客户之间的平等、互补以及共赢关系的崭新格局。

作为一个与传统企业不一样的新经营模式，亚马逊确实是一个异类，其“异”主要在于亚马逊的经营是通过网络来实现的，并在网络技术的支持下进行客户关系的管理。

一、亚马逊的客户关系管理的主要形式

（一）通过网络客户关系管理，提高市场营销、销售、服务与技术支持领域的工作效率

网络客户关系管理，需通过网络与客户保持联系。对于网络覆盖区域而言，客户与卓越亚马逊的联系非常方便。客户只需要登录其网站则可以满足自我需求。并且网络客户关系管理，24 小时在线，全天候提供服务，客户随时随地可以与企业联系。同时企业的客户关系维护成本低，只需要对网络系统进行维护以及更新即可，大量减少了企业的人员雇佣和其他的投资，节省了企业的投资和运营成本。

（二）个体营销，改善客户体验和提升客户忠诚度

对线上注册的客户进行行为跟踪、挖掘，针对热点潜在客户适时地展开一对一的营销。客户可以选择自己喜欢的方式，同卓越亚马逊进行交流，方便地获取信息，得到更好的服务。卓越亚马逊能够持续改善客户体验，根据客户的信息提供定制化、个性化的服务。随着客户满意度的不断提高，客户忠诚度也将随之提升，并能吸引到更多的新客户。

（三）通过邮箱即可注册，客户联系方便快捷

客户只要进入卓越亚马逊的网站进行注册即可以成为卓越亚马逊的会员客户，注册信息简单，不涉及客户任何的隐私信息，只需要邮箱即可。

经过几年的发展，有资料显示，亚马逊有近 80% 的订单是回头顾客。这样的一个数字在绝大部分企业是很难想象的。一个重要的原因就是亚马逊的客户管理有了网络营销的加入。

客户关系管理应用不论是在竞争力提升方面还是在经营成本的控制方面，都给企业带来了显著的好处。全球众多的企业，如微软、宝洁、沃尔玛等均采用了客户关系管理系统。客户关系管理的运用直接关系到一个企业的销售业绩，它可以重新整合企业的客户资源，使原本“各自为战”的销售人员、市场推广人员、电话服务人员、售后维修人员等开始真正的协调合作，成为围绕着“满足客户需求”这个中心的强大团队。

二、客户关系管理给企业增加价值的主要体现

（一）分析客户信息，制定相应策略

通过对客户信息的分析，识别企业值得投资的高价值客户群，并根据这个信息，制定相应的策略。企业资源是有限的，管理中有二八定律原则，即 20% 的客户为企业带来 80% 的

利润，忠诚、持久而稳定的顾客群成为企业最宝贵的资源。

（二）整合客户资源，提升服务水准

通过对客户资源的整合，在企业内部达到资源共享，从而为客户提供更快速更周到的优质服务，吸引和保持更多的高质量客户。如何使客户满意并成为忠诚客户，这是企业盈利的核心问题。客户关系管理可以使企业对客户信息进行全面整合，在企业内部充分共享，从而为客户提供更快速更周到的优质服务。由于客户的一切信息都能够掌握，就可以有的放矢地提供及时、周到、优秀的客户服务，使企业通过客户价值的最大化、客户服务的最优化来实现企业利润的最大化。

在实际操作中，触发中心和挖掘分析中心是客户关系管理的两个重心所在，但它们并没有一个清晰的分界。客户关系管理的开始是由触发中心开始的，同时也是进行挖掘分析的前提和基础，客户关系管理重在对客户数据的挖掘分析，两者的关系是相辅相成，不可分割的。21世纪是一个科技高速发展的时代，随着网络的逐步普及，网络技术的逐步成熟，网络营销必将成为企业营销的主旋律。企业需要将自己的客户数据库与网站有机地连接起来，就可以根据客户对网页浏览的顺序、浏览过的商品种类、停留的时间长短为客户建立个人档案，识别出具有相似浏览习惯的顾客。同时，企业的内部管理系统应该和电子商务前端的客户关系管理很好地连接起来，这样的话，不管客户从哪个渠道进来，都可以迅速连接企业的后台管理系统。企业的业务运作以及网站的运作都应该围绕着客户需求这一中心，要符合客户的需求，遵循客户的浏览习惯，有效地增强客户的忠实度。基于一体化的网络数据库系统完全将企业客户关系管理系统中的业务、决策支持和营销系统整合成一个一体化的数据库应用形式，对企业日常工作也是极大的辅助，成为一个系统性的整合营销体系，极大地提高了企业的营销能力和销售效果。

本章小结

要确保客服工作的努力与付出是有价值的，就需要有一个合理的客服工作流程。流程运营过程要规范，有了规范自然做事情也会事半功倍。以一年一度的“双十一”购物狂欢节为例，介绍了如何通过合理的客户关系管理流程保障业务的顺利运转。

千牛工作台作为卖家版旺旺升级版，是淘宝客服必备的工具，可以实现客服接待、店铺管理等功能。

问卷星是一个专业的在线问卷调查、测评、投票平台，专注于为用户提供功能强大、人性化的在线设计问卷、采集数据、自定义报表、调查结果分析系列服务。

关键术语

千牛　　　　问卷星

配套实训

1. 结合前一阶段学生对网店客户进行的一轮客户关系管理的提升，在“问卷星”上发布客户满意度调查的问卷，对客户宣传此次调查活动。

2. 在规定的时间内确保回收不少于150份有效问卷，对回收的问卷进行分析并形成完整的客户满意度调研报告。

课后习题

一、单选题

1. 以下哪种客户服务工具不属于电子商务环境下的客户关系管理在前端实施的服务功能（　　）。

A. 个性化网页服务功能

B. 在线客服

C. 订单自助跟踪服务

D. 客户状态分析

2. 在客户关系管理系统的功能当中，以下哪项管理功能不在客户关系管理的范畴之内（　　）。

A. 销售管理　　B. 采购管理　　C. 呼叫中心　　D. 数据挖掘

3. 正确选择客户关系管理系统是企业实施客户关系管理的基础和关键，客户关系管理系统选择方法的第一步是（　　）。

A. 明确企业实施客户关系管理的目标

B. 分析实现企业目标的方法和途径

C. 多渠道了解各家客户关系管理厂商的解决方案

D. 全面了解备选的软件厂商

4.（　　）是企业在顾客未接触产品之前所开展的一系列刺激顾客购买欲望的服务工作。

A. 售前服务　　B. 售中服务　　C. 售后服务　　D. 顾客关系

5. 要成功地给客户带来优质的服务体验，首先要提升的是（　　）。

A. 工作时间　　B. 产品质量　　C. 服务意识　　D. 对制度的了解

6. 以下不属于常见的客服影响因素的是（　　）。

A. 响应时间　　B. 服务态度　　C. 专业知识　　D. 物流快慢

7. 当客服需要说“我不能……”时，最适合转换成的语言是（　　）。

A.“您好，我很愿意为您服务，但是这件事情我不大清楚，我们有专业的工作人员负责解决，我请他和您联系，请稍等。”

B.“你很好，但是我不会这么做。”

C.“你的说法很正确，可惜我们没有这个服务。”

D.“很抱歉，我们公司要求不能这样。”

8. 客服说服顾客常用到的技巧不包括（　　）。

A. 使用夸张的语言表情表示活泼热情　　B. 树立对商品的自信心

C. 调节气氛，以退为进　　D. 投其所好，以心换心

二、问答题

1. 电子商务时代下客户关系管理的新特点是什么？
2. 电子商务平台客户关系管理的流程有哪些步骤？
3. 电子商务平台的客服工具千牛工作台有哪些改善服务体验的功能？
4. 电子商务平台的客服技巧需要注意哪些方面？

讨论案例

京东“以人为本”的客户关系管理

京东取得的巨大成功离不开其成功高效的客户关系管理。京东商城在“以人为本”的理念下，不断为消费者提供个性化服务，不断丰富客户体验。

1. 打造全国客服中心

京东商城建立全国客服中心，目前拥有150个呼叫坐席，提供7~12小时的服务。客服中心以呼入、呼出、IVR服务为主要的服务形式，服务于广大京东客户、准客户，包括订单咨询业务、修改、取消、价格保护、售后服务等各类咨询服务项目。

2. “211限时达”与特色上门服务

京东把服务当作一个品牌来经营，为消费者提供“211限时达”配送服务，“售后100分”，“全国免费上门取件”等售后服务举措，并尝试出售一系列特色上门服务，包括上门装机服务、电脑故障诊断服务、家电清洗服务等。

3. 京东承诺在运输“保价费”上永久免费

在配送环节上承担保险费用，运输过程的风险一律由京东承担，客户收到货物如果有损坏、遗失等情形，只要当场提出声明，京东立刻发送全新的商品先行予以更换。

4. 建立专业博客系统

京东建立京东产品博客系统，为广大网友发表产品技术或者使用方面的评论、增强购物体验、提高购买满意度提供了一个交流平台，同时也为经营者听取消费者呼声、改进服务质量提供了一个良好的途径。

京东正是靠着这样的客户关系管理，积累了上亿的客户资源，为之后的更好发展做了良好的铺垫。

阅读上述资料，分组讨论以下问题：

1. 京东的客户关系管理存在着哪些问题？
2. 针对这些问题提出相应的改进方案。

参考文献

[1] 苏朝晖. 客户关系的建立与维护 [M]. 4 版. 北京：清华大学出版社，2018.

[2] 苏朝晖. 客户关系管理：理念、技术与策略 [M]. 3 版. 北京：机械工业出版社，2018.

[3] 苏朝晖. 客户关系管理：建立、维护与挽救 [M]. 北京：人民邮电出版社，2016.

[4] 邬金涛，严鸣，薛婧. 客户关系管理 [M]. 2 版. 北京：中国人民大学出版社，2018.

[5] 徐奕胜，刘雨花，杨慧桢. 电子商务客户关系管理 [M]. 北京：人民邮电出版社，2018.

[6] 李海芹，周寅. 客户关系管理 [M]. 北京：北京大学出版社，2017.

[7] 柏晓旭，甄增荣. 移动电商：客户关系管理方向 [M]. 北京：人民邮电出版社，2016.

[8] 汤兵勇，孙天慧. 客户关系管理 [M]. 3 版. 北京：高等教育出版社，2015.

[9] 杨路明，等. 客户关系管理理论与实务 [M]. 3 版. 北京：电子工业出版社，2015.

[10] 周万发，饶欣. 客户关系管理理论与实务 [M]. 北京：清华大学出版社，2015.

[11] 徐伟. 客户关系管理理论与实务 [M]. 北京：北京大学出版社，2014.

[12] 魏中龙. 客户服务技巧 [M]. 北京：中国经济出版社，2013.

[13] 周洁如. 客户关系管理经典案例及精解 [M]. 上海：上海交通大学出版社，2011.

[14] 邵兵家. 客户关系管理 [M]. 2 版. 北京：清华大学出版社，2010.

[15] 谷再秋，潘福林. 客户关系管理 [M]. 北京：科学出版社，2009.

[16] 边长勇. 招商银行走到高端客户背后 [J]. 当代经理人，2005 (1)：74－75.

[17] 周金龙. 银行业金融机构消费者个人信息保护的建议 [J]. 现代金融，2018 (8)：31－33.